新时代新理念职业教育教材·铁道运输类
高等职业教育校企合作开发教材

铁路行车规章

主　编　赵宇航　刘　佳
副主编　孙　冲　谢迎春
参编者　李海荣　杜海滨
主　审　田晨明

北京交通大学出版社
·北京·

内容简介

本书由高校教师和铁路企业专家根据《高等职业学校专业教学标准》《铁道交通运营管理专业建设指导标准》，结合职业教育新理念、新特点、新要求，以《铁路技术管理规程》等铁路规章为参考，融入现代学徒制、"岗课赛证"综合育人等理念进行编写。

本书采用项目教学、任务驱动编写模式，针对铁路行车岗位、调车岗位所需技能及各项规章条文，设计了6个项目共26个任务。

本书适合作为高等职业院校铁道交通运营管理专业及相关专业的教材，也可供中等职业院校相关专业学生及从事铁路运输相关工作的职工参考、学习。

图书在版编目（CIP）数据

铁路行车规章 / 赵宇航，刘佳主编. -- 北京 : 北京交通大学出版社，2025. 5. -- ISBN 978-7-5121-5515-2

Ⅰ. U292.11

中国国家版本馆 CIP 数据核字第 2025BX0876 号

铁路行车规章
TIELU XINGCHE GUIZHANG

策划编辑：张　亮　　责任编辑：陈可亮
出版发行：北京交通大学出版社　　电话：010–51686414　　http://www.bjtup.com.cn
地　　址：北京市海淀区高梁桥斜街 44 号　　邮编：100044
印 刷 者：艺堂印刷（天津）有限公司
经　　销：全国新华书店
开　　本：185 mm×260 mm　　印张：11　　字数：272 千字
版 印 次：2025 年 5 月第 1 版　　2025 年 5 月第 1 次印刷
印　　数：1～2 500 册　　定价：49.00 元

本书如有质量问题，请向北京交通大学出版社质监组反映。对您的意见和批评，我们表示欢迎和感谢。
投诉电话：010-51686043，51686008；传真：010-62225406；E-mail：press@bjtu.edu.cn。

前　　言

铁路是国民经济大动脉，在经济发展与社会运行中肩负着无可替代的关键使命。铁路以其大运量、高效率、低能耗等突出优势，承担着人员流动与物资运输的重任，编织起连接城市与乡村、地区与地区的运输网络，有力推动着社会的进步与发展。为了确保铁路行车安全、高效、有序，铁路的各项行车规章就成为了其中的核心准则与关键保障。

铁路的各项行车规章条文，系统且全面地涵盖了铁路行车组织、调度指挥、信号运用、列车运行等各个环节的规范与要求。这些规章并非凭空而来，而是在应对复杂多变的铁路运输环境，并在总结过往经验教训的基础上，经过反复论证与实践检验而形成的。

本书主要参考《铁路技术管理规程》中关于技术设备和行车组织的相关条文，同时融入现行的《铁路运输调度规则》等相关内容，旨在为铁道交通运营管理专业及相关专业学生、新入职铁路员工及渴望深入学习铁路行车知识的人员，提供一套全面、权威且实用的学习资料。通过对铁路行车规章的深入剖析，帮助读者准确把握铁路行车工作的基本原理、操作流程和安全要点。

在内容编排上，本书从铁路行车规章的基础知识讲起，逐步深入到各个具体规章的详细解读，结合实际案例进行分析，便于读者理解和掌握。同时，为适应铁路技术的不断发展和行车规章的更新变化，编写团队时刻关注行业动态，及时将最新的规章内容和技术要求融入书中，确保知识的时效性与准确性。

本书由辽宁铁道职业技术学院赵宇航、刘佳任主编，辽宁铁道职业技术学院孙冲、谢迎春任副主编，辽宁铁道职业技术学院李海荣和中国铁路沈阳局集团有限公司吉林车务段杜海滨参与编写。具体编写分工如下：李海荣编写项目 1，孙冲编写项目 2，谢迎春编写项目 3，刘佳编写项目 4，赵宇航编写项目 5、项目 6 的任务 6.3，杜海滨编写项目 6 的任务 6.1、任务 6.2。全书由中国铁路沈阳局集团有限公司运输部田晨明主审。除此之外，特别感谢中国铁路沈阳局集团有限公司调度所孔繁星，中国铁路沈阳局集团有限公司职工培训基地李想、李殿学参与了书稿的审稿工作，对本书的编写提出了诸多宝贵意见。

希望广大读者通过学习本书，能够对铁路行车规章的相关内容及重要性具有一定的认知。由于编者水平有限，书中存在不足之处在所难免，恳请各位专家、师生及相关读者提出批评及改进意见。

编　者

2025 年 2 月

目　　录

项目1 概　　述

项目概述

本项目以“安全优质、兴路强国”“新时代小东精神”“零违章、零违纪、零事故”等行业特色精神为切入点，利用生动的案例作为任务引入，介绍铁路技术管理的主要内容，《铁路技术管理规程》（简称《技规》）、《行车组织规则》（简称《行规》）、《车站行车工作细则》（简称《站细》）、《铁路运输调度规则》（简称《调规》）等铁路行车基本规章及作业标准，以及铁路运输行车人员岗位及要求等基础知识。同时注重让学生感受铁路文化浸润，树立岗位意识，养成吃苦耐劳、踏实肯干、任劳任怨的职业品质。

教学目标

★ 知识目标

1. 了解铁路运输的特点。
2. 熟悉铁路技术管理的主要内容。
3. 明确铁路技术管理的关键环节。
4. 了解铁路技术管理应遵循的原则。
5. 理解铁路行车基本规章的重要性。
6. 掌握铁路行车基本规章的种类。
7. 理解《技规》《行规》《站细》三级规章相互之间的关系。
8. 了解行车工作的基本要求。
9. 熟悉《技规》对行车工作人员任职条件的要求。
10. 熟悉《技规》对行车工作人员岗位纪律的要求。
11. 熟悉铁路行车时刻的规定。
12. 掌握行车组织工作的基本原则。
13. 掌握列车调度员、车站值班员、信号员的岗位职责。

★ 能力目标

1. 能讲清铁路技术管理的主要内容。
2. 能讲清铁路行车基本规章的种类及相互关系。
3. 能说明铁路对行车工作人员任职条件及岗位纪律的要求。
4. 能讲清行车组织工作的基本原则。
5. 能明确列车调度员的职责范围。

6. 能明确车站值班员的职责范围。
7. 能明确信号员的职责范围。
8. 能综合运用专业知识，通过利用专业书籍、互联网精品课资源等搜集信息。
9. 能与小组成员和教师进行知识交流和沟通，表达和展示学习成果。

★ 素质目标

1. 树立爱国爱路情怀，弘扬以社会主义核心价值体系为指引的新时代铁路精神。
2. 树立“交通强国，铁路先行”的大局意识，以及“路兴我兴，路衰我耻”的职业信仰。
3. 强化质量标准、岗位作业标准与作业流程，落实安全生产责任。
4. 培养团结协作能力，具备岗位责任意识和奉献精神。
5. 能客观、公正地开展自我评价及对小组成员的评价。

任务 1.1　铁路技术管理的主要内容

任务引入

巴南高铁进入联调联试阶段

2024 年 3 月 29 日 18 时 40 分，巴南高铁巴中东、马鞍、仪陇 3 座牵引变电所 27.5 kV 馈线隔离开关相继合闸，接触网一次送电成功，巴南高铁巴中东至蓬安西段实现接触网送电，为下一步联调联试提供了条件。当天，在成都局的统一指导下，各施工单位成立送电开通指挥组、专家组、变电试验及抢修组等专业小组，编制详细的送电方案，明确技术措施及应急抢修预案，确保接触网一次送电成功。

“接触网送电是电气化铁路接触网的一次严格考验，是联调联试前的最后一道重要工序。”达州供电段巴南新线筹备组负责人介绍说，整个送电过程顺畅，绝缘状态良好，供电设备正常，各项技术参数均满足设计要求和施工规范标准。

2024 年 4 月 2 日 10 时许，随着 57652 次检测车从南充北站驶出，标志着巴南高铁启动联调联试，进入工程验收关键阶段，为全线早日开通奠定了坚实基础。

巴南高铁位于四川省东北部，自兰渝铁路南充北站兰州端咽喉疏解引出，经南充市顺庆区、蓬安县、南部县、仪陇县，巴中市恩阳区、巴州区、经开区，接入巴中东站至设计终点，项目正线全长 147.772 km，桥隧比 69.76%，设计时速 250 km（图 1–1）。

巴南高铁被列入国家《中长期铁路网规划》，并写入川陕革命老区振兴发展规划，被誉为“红色铁路”“振兴铁路”。全线开通运营后，将带动川东北地区融入国家高铁网，结束巴中、仪陇等革命老区不通高铁的历史，有力促进川陕革命老区的振兴，是成渝地区双城经济圈和区域经济协作发展的重大交通工程。

请思考：

1. 铁路技术管理主要包含哪几个方面的内容？
2. 铁路建设项目管理应遵循哪些原则？

图 1-1 巴南高铁

知识准备

1.1.1 铁路运输的特点

铁路是国民经济大动脉、国家重要基础设施和大众化交通工具，也是综合交通运输体系骨干、重要的民生工程和资源节约型、环境友好型运输方式，在我国经济社会发展中的地位至关重要。铁路运输是使用铁路列车运送旅客和货物的一种运输方式，在社会物质生产过程中起着重要作用。铁路运输的特点主要表现在以下几个方面：

1. 安全可靠

铁路运输是一种相对安全的运输方式，其列车行驶轨迹固定，行车速度相对稳定，最大限度避免了道路交通事故的风险。此外，铁路运输的设备相对完善，铁路轨道、信号系统等都是专门设计、建设和维护的，有力保证了运输的安全性。

2. 高效便捷

铁路运输具有高效便捷的特点，尤其在长途、大运量、高速运输方面更具优势。相比公路、航空等运输方式，铁路运输的运营成本相对较低，同时由于列车行驶速度相对较快，能够满足大运量的货物和旅客运输需求。

3. 适应性强

铁路运输具有较强的适应性，可以适应各种类型的货物和不同规模的旅客运输需求。无论是大型机械设备、煤炭、粮食等货物，还是大运量旅客的运输需求，铁路运输都能够满足。

4. 环保、可持续

铁路运输是一种环保、可持续的运输方式，其使用电力或化石燃料，减少了如公路、航空等运输方式所产生的废气和噪声污染，对环境的影响相对较小。

此外，铁路运输还具有运能大、轨迹固定等特点，便于进行交通管理和控制，可以更好地满足城市和区域生态环境保护的需求。

总之，铁路运输是一种安全可靠、高效便捷、适应性强、环保、可持续的运输方式，具有多个特点和优势，能够满足各种类型的货物和不同规模的旅客运输需求，是现代交通运输体系中的重要组成部分。

1.1.2 铁路技术管理的主要内容

铁路运输具有高度集中的特点，各工作环节须紧密联系、协同配合。铁路技术管理主要包括技术规划与管理、技术设备管理、技术人员培养等内容。

1. 技术规划与管理

铁路技术规划与管理应当建立健全技术规划体系，明确技术发展目标和路线；应当充分利用现代信息技术手段，实施科学管理，提高效率；明确技术项目的立项、审批、实施、验收等各个环节的责任及程序；建立健全技术档案制度，完善技术管理和技术评估体系；注重关键技术的攻关和创新，在必要时可以组织专家论证、委托研发等方式进行。

2. 技术设备管理

铁路技术设备管理应当建立健全设备管理制度，明确设备的保养、维修和更新换代的责任及程序；应当制订设备维护计划，定期检查设备的使用状况，及时发现和排除隐患；应当加强设备维修队伍建设，提高维修水平和效率，注重设备的保护和管理，杜绝浪费和滥用。

3. 技术人员培养

铁路技术人员培养应当根据铁路技术发展的需要，建立健全人才培养体系；应当坚持理论与实践相结合的原则，提高人才的综合素质；应当加强实践环节，培养学生动手能力和创新意识；应当加强师资队伍建设，提高教学质量和效果；注重与铁路企业合作，实现人才培养与用人需求的对接。

1.1.3 铁路技术管理的关键环节

（1）技术标准：铁路技术管理要根据国家标准和行业标准，确定技术要求和标准规范。

（2）设备维护：铁路技术管理要保障设备的正常运行，加强维护保养工作。

（3）运行安全：铁路技术管理要确保列车运行安全，包括信号设备的正常运行和工务设施的维护。

（4）人员培训：铁路技术管理要加强人员培训，提高人员素质和技能水平。

（5）信息化建设：铁路技术管理要推进信息化建设，提高信息化管理水平。

1.1.4 铁路技术管理应遵循的原则

铁路技术管理应当坚持科学、规范、安全的原则，遵循“人、设、法、教、管”相结合的方针，依靠科学技术进步，推动铁路行业的发展，不断提升技术水平和服务质量；应当注重技术创新，积极引进和推广先进技术，提高铁路的技术竞争力。

铁路技术管理应遵循以下原则：

（1）安全第一：铁路技术管理必须以保障运行安全为核心，确保旅客和货物的安全运输。各级管理者应坚决贯彻执行安全生产责任制，确保安全工作的落实。

（2）科学规划：铁路技术管理要根据运输需求和技术发展趋势，进行科学、合理的规划。

（3）综合管理：铁路技术管理应注重整体性，保证各项工作的协调运行。各部门、各岗位的工作要紧密配合，形成合力，共同推进技术管理工作。

（4）预防为主：铁路技术管理要以预防事故为主要任务，加强预检修和可靠性管理。

（5）制度化：铁路技术管理要建立规范的管理制度，确保管理工作有章可循。铁路技术管理人员应不断提高业务水平和素质，提升管理能力。

（6）不断创新：铁路技术管理要适应技术发展和变化，不断创新管理方法和手段。

（7）公平公正：铁路技术管理要保持公平公正，遵循职业道德和价值观。

（8）法规合规：铁路技术管理要遵守国家法律、法规及相关规范，严格按照规定办事。

任务1.2　铁路行车基本规章

任务引入

错办K1258次旅客列车发车方向事故

1. 案例概况

20××年×月×日12时48分，××局××线K1258次旅客列车（HXD_{3C}型0276，××机务段值乘）在XT站6道开车时，因信号楼3名车务作业人员、1名轨道车司机精力分散聊天谈话，信号员将本应开往D线（向东线路所方向）的发车进路错排去C线（XT V场方向）；车站值班员未确认信号，未与司机联控；助理值班员未确认出站信号机进路表示器，盲目与司机联控发车；机班2人均未确认进路表示器，盲目开车。列车调度员发现列车开错方向后，立即通知XT站车站值班员；助理调度员呼叫司机停车；司机也发现运行径路错误，于是停车，列车越过出站信号机563 m。根据列车调度员指示，列车退回6道重新组织开车，构成铁路交通一般C9类事故。

2. 案例点评

1）原因分析

（1）信号员排列K1258次旅客列车6道发车进路时，违反《接发列车作业》标准“开放信号时，执行一看、二按（点击）、三确认、四呼唤”和“眼看、手指、口呼”制度，以及《技规》（普速铁路部分）“操纵信号时，认真执行一看、二扳（按）、三确认、四显示（呼唤）”制度，将本应开往D线的进路错排去C线。信号开放后，车站值班员未确认，违反《接发列车作业》标准“确认信号正确”。助理值班员发车时，未认真确认进路表示器显示情况，盲目与司机联控发车，违反《接发列车作业》标准“发车前，眼看、手指出站信号，确认信号开放正确”。以上系列违章是造成事故的主要原因。

（2）开车前、后，司机未确认进路表示器显示情况，未执行呼唤应答制度，违反《技规》（普速铁路部分）“司机……应做到：彻底瞭望，确认信号，执行呼唤应答制度”和《铁路机车操作规则》“司机在运行中必须严格执行彻底瞭望、确认信号、准确呼唤、手比眼看”规定，是造成事故的又一主要原因。

2）事故定责

根据《铁路交通事故调查处理规则》（简称《事规》）第十四条规定，该事故构成铁路交通一般C9类事故，定XT站主要责任，××机务段同等主要责任。××铁路局按程序对XT站站长进行了免职，对事故相关人员按规定进行了严肃处理。

请思考：

1. 铁路行车规章体系还包含哪些规章？
2. 铁路行车规章体系中的规章之间有什么联系？

知识准备

1.2.1 行车规章的重要性

规章制度是用人单位制定的组织劳动过程和进行劳动管理的规则和制度的总和，是国家机关、社会团体、企事业单位等制定的有关行政管理、生产操作、学习和生产等方面的各种法规、章程、规范、细则和制度的总称，也称为内部劳动规则，是企业内部的“法律”。

2019 年 6 月 18 日，经国务院批准同意，中国铁路总公司改制成立中国国家铁路集团有限公司（简称国铁集团），是经国务院批准、依据《中华人民共和国公司法》设立、由中央管理的国有独资公司。

铁路运输生产规章制度是铁路部门为了安全、正点、优质、高效地完成客货运输任务、组织生产活动、约束生产行为的规范和准则。在铁路运输企业管理中，行车规章制度属于技术管理范畴。正确、合理地制定规章制度，全面、有效地在生产过程中实施规章制度，是企业技术管理的主要任务。规章制度的科学性、先进性及实施中的权威性、实效性是衡量企业管理水平的重要标志。铁路企业是现代化运输企业，是一个特殊的物质生产部门，同时也是一个特殊的社会服务部门。运输生产过程中对劳动对象所进行的加工，是一种特殊形式的物理加工，是靠人和运输设备的密切合作来完成的。在运输生产、服务和管理工作中，突出对人的管理，谋求人与人、人与物、人与环境的最佳结合。铁路行车技术管理是铁路企业管理的重要组成部分，制定统一的、科学的技术管理规章制度，并在运输生产过程中贯彻执行，是铁路企业技术管理的主要任务。

铁路是国民经济大动脉、国家重要基础设施和大众化交通工具，也是综合交通运输体系骨干、重要的民生工程和资源节约型、环境友好型运输方式，在我国经济社会发展中的地位至关重要。铁路拥有大量的技术人员，分散在全国各地不同的地点和岗位上，共同为完成运输任务而发挥着各自的作用。因此，铁路各部门，尤其是铁路行车部门必须有严密的组织和分工，才能使运输生产安全、准确、迅速、协调地进行；必须有严格的规章制度和“一点不差，差一点也不行”的严肃认真的工作态度，才能使每一个工种、每一个职工在自己的职责范围内完成运输生产任务。高度集中、各个工作环节紧密联系和协同配合，是确保国家铁路畅通无阻、安全正点、方便快捷、高速高效的保证，也是铁路运输的特点。

铁路运输效率高、速度快、连续性强，要求铁路各部门、各单位、各工种的工作必须高度准确。铁路行车工作一旦组织不严、配合不当，某个环节或个人在工作中违反规章制度、疏忽或失职，就有发生事故的可能。铁路是一个大联动机，一个部门或工种的工作发生事故，必然影响到其他部门，打乱运行秩序或中断运输，事故还会造成人民财产损失或人身伤亡，给社会带来恶劣的影响。为此，必须加强铁路技术管理，制定严密、科学的规章制度，保证各部门、各生产环节紧密配合、准确工作、质量良好地完成运输任务。安全生产是铁路改革和发展的重要前提和基础。安全和效率是铁路运输的两大永恒主题，又是一对既对立又统一的矛盾。铁路要确保“大联动机”协同动作、安全正点、方便快捷、高速高效，就必须加强行车技术管理。制定和执行铁路行车规章制度，对铁路运输工作的安全、效率与效益，对实现企业的目标管理，都起着重要的作用。

1.2.2 铁路行车规章种类

1. 铁路技术管理规程

《技规》依据《中华人民共和国铁路法》《铁路运输安全保护条例》等有关法律、法规及相关铁路规章和技术标准等制定，是国家铁路技术管理的基本规章。《技规》的编制对铁路的基本建设、运输生产和安全管理都起着重要的作用，主要包括技术设备、行车组织、信号显示、对工作人员的要求等四个方面的内容。

我国铁路《技规》的编制工作始于新中国成立后，第一版《技规》于1950年1月发布，之后随着中国铁路的不断发展，历经九次修订。《技规》的每一次修订都是一次生产实践和科学研究的总结。因此，《技规》的编制和修订是铁路技术管理一项非常重要的工作，涉及铁路的方方面面。随着铁路运输科技水平和管理水平的不断发展，《技规》的内容也将进一步得到充实和完善。

《技规》规定了铁路的基本建设、产品制造、验收交接、使用管理及保养维修方面的基本要求和标准；规定了各部门、各单位、各工种在从事铁路运输生产时必须遵循的基本原则、责任范围、工作方法、作业程序和相互关系；规定了信号的显示方式和执行要求；明确了铁路工作人员的主要职责和必须具备的基本条件。

现行《技规》包括普速铁路和高速铁路两部分。普速铁路部分适用于200 km/h以下的铁路（仅运行动车组列车的铁路除外）；高速铁路部分适用于200 km/h及以上的铁路和200 km/h以下仅运行动车组列车的铁路；200 km/h客、货共线铁路有关货运技术设备的要求参照普速铁路部分执行。

《技规》制定以后，铁路车、机、工、电、辆等生产部门根据本部门安全生产要求，以《技规》为基础，制定一系列的引申规章、制度。《技规》及其引申规章为铁路运输的安全生产起到了基础性的技术保障作用。

2. 行车组织规则

《行规》是根据《技规》的规定，结合各铁路局的具体情况和广大职工生产实践经验制定的补充规则，是各铁路局行车组织的基本法规，针对本局技术设备、运输特点和工作水平的具体条件制定的行车组织办法。

《行规》主要内容包括：《技规》规定由各铁路局自行规定的事项；《技规》未作统一规定，又不宜由站、段等基层单位自行补充规定的行车办法；根据铁路局管内特殊地段的平、纵断面情况，信号、联锁、闭塞设备和机车类型等特点，对行车应规定的特殊要求和注意事项；本局在生产实践中普遍推广的先进经验和行之有效的安全生产措施等。

《行规》各章节内针对《技规》规定的有关条文按需要进行具体补充，使之更加切合实际条件，要求更加具体，便于操作执行。此外，根据各铁路局的具体情况和特殊要求，还将该局制定的一些重要的有关行车工作的单项规定、办法、措施等作为附录，一并编入《行规》，以资遵守。

3. 车站行车工作细则

《站细》是车站贯彻执行《技规》《行规》，加强车站技术管理，保证安全、高效地进行行车组织工作的重要技术文件。

《站细》主要内容包括：车站的性质、等级和任务；车场用途及调车区划分，线路、道岔、调车设备，信号、联锁、闭塞设备，通信、照明、供电、给水设备，客、货运输设备的设置数量、使用条件和管理负责制；车站日常作业计划编制、执行及生产管理制度；车站接发列车工作、调车工作及与行车有关的客运、货运、军事运输工作组织；车站各项技术作业过程和时间标准；装卸时间标准，货物作业停留时间、中转停留时间标准；车站通过能力和改编能力：以及其他有关事项和要求，并附注有坡度的车站线路平面图、进站信号机外制动距离内平纵断面图、联锁图表及电气化区段接触网高度和分相分段绝缘器位置等资料。

4. 铁路运输调度规则

《调规》明确了运输调度的组织机构、职责范围、工作制度和调度工作设备配置的基本要求，规定了运输调度日常工作必须遵循的基本原则、责任范围、工作方法、作业程序和相互关系，明确了运输调度人员招聘（选拔）、培训的基本条件和基本要求。

《调规》是各级运输调度管理的基本规则和工作标准。铁路各级运输调度及有关部门制定的规则、细则、标准和办法等，必须符合《调规》的规定。

铁路运输调度是铁路日常运输组织的指挥中枢，分别代表各级领导组织指挥日常运输工作。各级运输调度和运输有关人员对《调规》必须认真学习，严格执行。

5. 铁路交通事故调查处理规则

《事规》是铁道部根据国务院颁布的《铁路交通事故应急救援和调查处理条例》进行制定的，适用于国家铁路、合资铁路、地方铁路，以及专用铁路、铁路专用线等发生事故的调查处理。《事规》明确了凡是铁路机车车辆在运行过程中发生冲突、脱轨、火灾、爆炸等影响铁路正常行车的事故，包括影响铁路正常行车的相关作业过程中发生的事故；或者铁路机车车辆在运行过程中与行人、机动车、非机动车、牲畜及其他障碍物相撞的事故，均为铁路交通事故（简称事故）。《事规》对事故分类和等级、事故的构成条件、事故报告、事故调查、事故责任判定和损失认定，以及事故的统计和分析等作出了具体的规定。

6. 作业标准

作业标准，是指与直接生产活动有关的作业项目或程序，在内容、顺序、质量、时限、工具、动作、态度等方面所作的统一规定。作业标准是对生产作业人员具有约束性的准则，其中有国家制定的国家标准、中国铁路总公司制定的行业标准、铁路局制定的局定标准、各基层站段根据本单位具体情况制定的属于站段一级的标准。

铁路行车工作常用标准有铁道行业标准《接发列车作业》系列（TB/T 1500.1～TB/T 1500.8）（简称《接标》）、《车机联控作业》（TB/T 3059—2009）（简称《控标》）、《铁路车站行车作业人身安全标准》（TB 1699—1985）（简称《安标》）等。

除上述规章、标准外，上级下达的与行车有关的文件、电报、规则、办法、命令等也是行车规章的重要组成部分。

1.2.3 《技规》《行规》《站细》相互关系

《技规》是中国铁路总公司根据有关法律、法规、规章和技术标准等制定的，是铁路技术管理的基本规章，适用于国家铁路。铁路其他规章和规范性文件，以及各部门、各单位制定的技术管理文件等都必须符合《技规》的规定。《技规》是长期生产实践和科学研究的总结，将随着运输生产和科学技术的不断发展，逐步充实和完善。铁路职工必须认真学习、严格执行《技规》的有关规定。在国铁集团明令修改以前，任何部门、任何单位、任何人员都不得违反。

《行规》是铁路局制定的。根据《中华人民共和国铁路法》的有关规定，铁路局是企业，所以《行规》是铁路局的企业内部规章，只适用于本铁路局。作为企业内部规章的《行规》不能违反《技规》的规定。如因作业、设备等特殊原因，无法执行《技规》的有关规定，须经国铁集团批准。

《站细》是由车站会同有关部门制定的，报铁路局批准后执行。《站细》不能违反《技规》《行规》的有关规定。如因作业、设备等特殊原因，无法执行《行规》的有关规定，须经铁路局批准。特殊原因无法执行《技规》的有关规定时，须上报铁路局，经国铁集团批准。车站应将《站细》有关内容摘录分发给有关处所和单位。凡在车站参加作业的站、段、所等有关人员，均须熟悉和执行《站细》的有关规定。

《技规》《行规》是国铁集团和铁路局跨部门的行车规章，《技规》侧重于基本的、统一的要求，《行规》侧重于对《技规》行车组织办法的延伸和补充。二者都很重要，但又不能代替全部规章。各站、段等基层单位行车岗位上运输生产活动的具体要求和作业方法等，往往是通过《站细》作出具体规定的。因此，在铁路行车技术管理方面，可以概括地说，《技规》是基本规章，《行规》是《技规》的重要补充，而《站细》则是贯彻执行《技规》《行规》的具体细则。

任务 1.3 铁路运输行车人员岗位及要求

任务引入

流动的中国 奔向希望的春天——2024 年铁路春运圆满收官

2024 年 3 月 5 日，为期 40 天的 2024 年铁路春运圆满收官，多项运输指标创历史最高水平，运输安全、平稳、有序。其间，全国铁路累计发送旅客 4.84 亿人次，日均发送旅客 1 208.9 万人次，同比增长 39%。其中，2 月 17 日发送旅客 1 606.7 万人次，创春运单日旅客发送量历史新高；国家铁路累计发送货物 3.95 亿 t，保持高位运行。

如此巨大的运输量，要确保运输安全有序运行，背后是无数铁路人的辛苦付出。在人们看不到的春运主战场——列车调度指挥中心，调度指挥人员正战斗在各自的工作岗位上。

一个调度台上，一条线路十几种车型、几十个车站、上百对列车，谁快谁慢，谁先行，谁停车，如何确保列车安全正点，密密麻麻的列车运行图就是列车调度员的作战图，指挥着千军万马。尤其是在恶劣天气、设备发生故障等情况时，运输秩序就会被打乱，列车调度员需要完全凭脑力指挥这场战役。尤其是高铁列车运行间隔只有几分钟，留给列车调度员的反应时间只能以秒计算，所以每名列车调度员要将几万条运行数据烂熟于心，才能在最短时间给出最优方案。尤其是春运期间，要根据实际需求实现每天临时增加或调整车次，对列车调度员来说是一个巨大的挑战。在已经接近饱和的运力上，每增加或调整一个车次，都相当困难，一个车次的变动可能意味着整条线路许多车次的重新调整。

在每一天的铁路运输工作中，尤其是春运高峰期间，调度就是铁路这个大系统的“神经中枢”，要想保证列车运行的安全、正点，离不开调度指挥人员的默默付出，他们真可谓是铁路界的“最强大脑”（图 1–2）。

图 1–2　调度指挥

请思考：

1. 铁路行车工作的主要岗位有哪些？
2. 车站值班员的主要职责有哪些？
3. 车站值班员指挥行车时应依据哪些原则？

知识准备

1.3.1　行车工作基本要求

铁路行车工作必须贯彻“安全生产”的方针，坚持“集中领导、统一指挥、逐级负责”的原则。运输、机务、车辆、工务、电务、供电、信息、房建等部门要发扬协作精神，主动配合，紧密联系，协同动作，组织均衡生产，不断提高效率，挖掘运输潜力，完成甚至超额完成铁路运输任务。

局与局间由国铁集团，局管内各区段间由铁路局，一个调度区段内由本区段的列车调度员统一指挥。

车站由车站值班员，线路所由线路所的车站值班员统一指挥。凡划分车场的车站，各车场由该车场的车站值班员统一指挥；车场间接发列车进路互有关联的行车事项，由指定的车站值班员统一指挥。

列车和单机由司机负责指挥。列车和单机在车站时，所有乘务人员应按车站值班员的指挥进行工作。

在调度集中区段，调度集中控制车站有关行车工作由该区段的列车调度员直接指挥；但转为车站控制时，由车站值班员指挥。

1.3.2　铁路行车时刻

全国铁路的行车时刻，均以北京时间为标准，从 0 时起计算，实行 24 小时制，即自 0

时起至 24 时止为一个行车工作日。而铁路各项指标的统计时刻，则以前一日 18 时起至当日 18 时止为一个统计工作日。

为保证全国铁路行车时刻准确和统一，铁路行车房舍内和办理行车工作的有关人员均应备有钟表。钟表的时刻应与调度所的时钟校对。调度所的时钟及各系统的时钟须定期校准。钟表的配置、校对、检查、修理及时钟校准办法，由铁路局规定。

1.3.3 对行车工作人员的要求

1. 任职条件

行车有关人员在任职、提职、改职前，须按照铁路职业技能培训规范要求，进行拟任岗位资格培训，并经职业技能鉴定和考试考核，取得相应职业资格证书和岗位培训合格证书后，方可任职。

行车有关人员在任职期间，须按照铁路职业技能培训规范等规定，定期参加岗位适应性培训和业务考试，考试不合格的，不得继续履职。

行车有关人员在任职前，须经过健康检查，身体条件不符合拟任岗位职务要求的，不得上岗作业。在任职期间，须定期进行身体检查，身体条件不符合任职岗位要求的，应调整工作岗位。

2. 岗位纪律要求

行车有关人员须严格遵守和执行《技规》及有关行车规章制度，在自己的职责范围内，以对国家和人民负责的态度，保证安全生产。

对行车有关人员，应进行日常安全生产知识和劳动纪律的教育、考核，并有计划地组织好在职人员的日常政治和技术业务学习。

行车有关人员在执行职务时，须坚守岗位，穿着规定的服装，佩戴易于识别的证章或携带相应证件，讲普通话。

行车有关人员在接班前，须充分休息，严禁饮酒；如有违反，立即停止其所承担的任务。

驾驶机车、动车组、自轮运转特种设备的人员，必须持有国家铁路局颁发的驾驶证。变更驾驶机（车）型前，必须经过相应的技术培训并考试合格。

实习和学习驾驶机车、动车组、自轮运转特种设备和操纵信号或重要机械、设备及办理行车作业的人员，必须在正式值乘、值班人员的亲自指导和负责下，方准操作。

行车公寓是专为乘务人员服务的生产设施，应实行标准化管理；应有良好的通信、网络（铁路办公网）、叫班管理设备和乘务管理设备；应有生活、服务、学习、文娱、健身等设施和接送乘务人员的交通工具；应保证乘务人员随到随宿，不间断地供给热食及开水；室内应有卫浴设施，经常保持适当的温度，具备整洁和安静的休息条件；室外应绿化、美化。

铁路各级领导应关心公寓工作，铁路局长每半年至少检查一次公寓工作。

1.3.4 行车组织工作原则

1. 安全生产的原则

在铁路行车工作中，必须坚持“安全生产”的原则，正确指挥列车运行。当得到有关危及行车安全的信息时，要正确、及时、妥善处理。以保证旅客列车的安全为重点，组织列车安全运行。各级行车调度人员应做到：

（1）熟悉有关站段及列车的技术设备、作业过程、各项技术作业标准，以及各站接发列车的有关规定，正确组织指挥列车运行。

（2）值班时要精力集中，坚守岗位，严格遵守规章制度，及时正确处理问题。

（3）遇有铁路交通事故、设备故障、自然灾害、天气不良、施工维修、临时限速（指未纳入运行揭示调度命令的限速，下同）、区间装卸等情况和对区间封锁、开通的处理时，列车调度员要严格遵守有关规定，值班主任（值班副主任）应加强检查。

（4）遇有铁路车辆运行安全监控系统报警时，红外线、车辆、动车调度员应立即按规定进行处理；列车调度员接到报告后，必须确认车次，并按规定处理。

（5）当得到现场关于列车、线路等出现危及行车安全的报告时，应及时指示有关人员立即采取停车等安全措施，查明情况，妥善处理。

（6）超限超重货物车辆的挂运，必须纳入日（班）计划，根据超限超重货物运输确认电报和超限超重车辆挂运通知单确定的运行条件，由列车调度员发布调度命令。

（7）装载剧毒品货物车辆的挂运，必须纳入日（班）计划，重点布置、预报、交接，跟踪掌握。

（8）限速机车车辆，必须根据限速机车车辆挂运电报及规章制度有关规定安排挂运。纳入日（班）计划的，按日（班）计划挂运、交接。未纳入日（班）计划的，铁路局管内须经调度所主任（副主任）准许后方可安排挂运。跨局交接时，由相邻铁路局计划调度员共同确认挂运电报及规章制度有关规定，并经两局调度所值班主任协商同意后方准安排交接。

2. 集中领导、统一指挥、逐级负责的原则

铁路行车工作具有点多、线长、面广和多工种联合作业的特点，为使行车各部门、各工种能够步调一致、协同动作，只有坚持“集中领导、统一指挥、逐级负责”的原则，才能把各部门组成一个统一的整体，使各个工作环节环环相扣、紧密联系，保证运输生产安全、迅速、准确、协调地进行。

铁路局与铁路局间由国铁集团，铁路局管内各区段间由铁路局，一个调度区段内由本区段列车调度员统一指挥。车站由车站值班员，线路所由线路所的车站值班员统一指挥。凡划分车场的车站，各车场由该车场的车站值班员统一指挥；车场间接发列车进路互有关联的行车事项，由指定的车站值班员统一指挥。

3. 联系协作的原则

铁路运输是国民经济中一个重要的生产部门，与各个方面都有广泛的联系。因此，必须树立全局观念和全心全意为人民服务的思想，发扬社会主义协作精神，运输、机务、车辆、工务、电务、供电、信息、房建等部门要主动配合、紧密联系、协同动作，共同完成铁路运输任务。

4. 统筹安排的原则

铁路运输不仅涉及的部门多、岗位工种多、工作人员多、作业环节多，而且不分昼夜、连续性强、时间性强。因此，无论是工作组织上，还是设备运用、人员和时间安排上，都要统筹兼顾，精心安排，组织均衡生产。行车有关部门，必须不断提高计划质量，加强调度指挥工作，提高站段工作水平，积极总结和推广先进经验，改进作业组织，充分挖掘运输潜力，不断提高运输效率，保证全面完成甚至超额完成运输生产任务。

5. 按编组计划组织车流的原则

列车编组计划是全路的车流组织计划，列车的种类、列车中车辆的去向、编组内容、车组和车辆的编挂位置，应符合列车编组计划的规定。

列车编组计划在路网各站间合理分配列车编解任务，集中掌握并使用各站的运输设备和能力，既能保证各站所承担的编解任务与其设备能力相适应，又能考虑到各站之间的协调配合，起着统一分配路网各编组站改编能力的作用，是整个路网车站分工的战略部署。

列车编组计划的编制，应在加强货流组织的基础上，最大限度地组织成组、直达运输，合理分配各编组站、区段站的中转工作，减少列车改编次数，提高车站作业效率。

6. 按图行车的原则

列车正点率是铁路运输产品质量的重要技术指标，也是铁路运输组织管理水平的综合反映。只有按图行车，才能保持正常的运输秩序，进而保证列车的正点率。

列车运行图是铁路行车组织工作的基础，所有与列车运行有关的铁路各部门，必须按列车运行图的要求，组织本部门的工作，以保证列车按运行图运行。

列车运行图应根据客货运量和区段通过能力确定列车对数，并符合下列要求：列车运行的安全；迅速、便利地运输旅客和货物；充分利用通过能力，经济合理地运用机车车辆和安排施工、维修天窗；做好列车运行线与车流的结合；各站、各区段间的协调和均衡；合理安排乘务人员作息时间。

机车周转图是机车运用工作的计划，应与列车运行图同时编制。

1.3.5 铁路主要行车人员岗位职责

1. 列车调度员岗位职责

列车调度员是所辖区段日常运输工作的组织者和指挥者，对组织有关人员实现列车运行图、编组计划和运输方案，以及完成运输工作的数量指标和质量指标负有重大责任。列车调度员必须做到：

（1）检查各站执行列车运行图和编组计划的情况，及时发布有关行车命令和口头指示。

① 检查始发站是否按列车运行图和列车编组计划规定的时刻、重量、长度、内容编组列车，有无违反车辆编挂限制的情况。

② 检查各中间站是否按规定接发列车和进行车辆摘挂作业，发现问题应及时纠正处理。

③ 检查机车、机车乘务员等准备情况。

（2）严格按列车运行图指挥行车，遇列车发生晚点时，应积极采取措施，组织有关人员恢复正点。

列车调度员应随时掌握列车运行情况，有预见地指挥列车运行，设法消除产生列车晚点的因素。遇列车晚点时，应与有关人员加强联系，采取如组织司机“赶点”、变更会让站、组织快速作业、组织列车反方向运行等措施，尽可能恢复列车正点。

（3）注意列车在车站到发及区间内的运行情况，正确、及时地处理临时发生的问题，防止行车事故。

① 对旅客列车，超长、超限、限速、续行列车及晚点列车，应重点掌握，防止列车运行事故。

② 遇行车技术设备临时发生故障或天气不良时，及时向有关部门和人员发布相应的命令

或口头指示，采取措施，以保证行车安全。

2. 车站值班员岗位职责

（1）接受铁路局调度的统一指挥，保证不间断地接发列车，合理、有效地组织调车作业，确保安全正点和运输生产任务的完成。

（2）认真执行各项规章制度和作业标准，正确填记各种凭证、命令、簿册、报表。

（3）严格执行行车单一指挥和四项基本制度，负责日班中调车及接发列车作业的组织、指挥、协调、领导工作；正确及时地处理运输生产中出现的问题，并向值班干部汇报。

（4）按规定认真执行交接班制度。

（5）负责运转室内备品和用具的齐全、完好、整洁和室内外卫生，制止闲杂人员进入室内。

（6）接发专、特、军运列车及调动军用车辆时，必须严格执行有关规章、规定、标准和上级要求，确保安全。

（7）服从车站的各项工作安排和调整，保质保量地完成上级领导分配的临时性任务。

3. 信号员岗位职责

（1）认真收集有关资料，提出本班工作重点，随时了解列车运行情况，提供阶段计划资料，保证不间断接发列车。

（2）服从车站值班员领导，负责按规定的作业程序和标准用语办理接发列车作业。严格执行联系、确认、监督、检查及呼唤应答和车机联控制度。根据车站值班员的命令和调车作业计划，正确及时地办理闭塞、排列进路、开闭信号，认真监视接发列车和调车作业。

（3）排列进路、开放信号时，严格执行“一看、二按、三确认、四呼唤”的操作程序；调车作业中，认真执行“排一钩、划一钩”的作业制度。

（4）熟悉本站行车设备性能和使用方法，了解列车运行图的基本知识，认真执行接发列车的有关规定，掌握设备临时故障的应急处理方法，熟知调车作业方法和有关规定，熟悉禁止机车（车辆）停留地点及特殊车辆停留的规定。

（5）接发列车和调车作业时，认真监视信号及进路表示，发现异常情况立即报告车站值班员，及时检查设备施封及计数器使用情况。

（6）接发军运列车时，严格按照《站细》及有关规定办理，并及时与军代表联系列车情况。

（7）严格执行备品保管、使用、交接的规定。

（8）正确及时地处理生产中出现的问题，并向有关领导汇报。

项目自测

理论考核

一、选择题

1.（　　）是国家铁路技术管理的基本规章。

A.《铁路技术管理规程》 B.《行车组织规则》

C.《车站行车工作细则》 D.《铁路运输调度规则》

2.（ ）是结合各铁路局的具体情况和广大职工生产实践经验制定的补充规则，是各铁路局行车组织的基本法规。

A.《铁路技术管理规程》 B.《行车组织规则》

C.《车站行车工作细则》 D.《铁路运输调度规则》

3.（ ）是车站贯彻执行《技规》《行规》，加强车站技术管理，保证安全高效地进行行车组织工作的重要技术文件。

A.《铁路技术管理规程》 B.《行车组织规则》

C.《车站行车工作细则》 D.《铁路运输调度规则》

4. 铁路行车工作常用标准有（ ）。

A.《铁路调车作业标准》 B.《接发列车作业》

C.《车机联控作业》 D.《铁路车站行车作业人身安全标准》

5. 铁路各项指标的统计时刻，从昨日（ ）时起至当日（ ）时止为一个统计工作日。

A. 8 B. 12 C. 18 D. 0

二、简答题

1. 铁路运输的特点主要表现在哪几个方面？
2. 如何理解行车规章的重要性？铁路行车规章有哪些？
3. 请说明《技规》《行规》《站细》三级规章相互的关系。
4. 行车工作的基本要求有哪些？
5.《技规》对行车工作人员任职条件及岗位纪律的要求有哪些？
6. 铁路行车时刻是如何规定的？
7. 行车组织工作的基本原则有哪些？
8. 列车调度员的职责有哪些？

项目2 技术设备

项目概述

本项目以铁路事迹、铁路案例作为切入点，介绍与铁路设备有关的知识，重点介绍《技规》第一部分技术设备的有关规定。在教学中融入“青藏铁路精神”“小东精神”等思政元素，使学生通过学习既能够了解铁路设备，也能够树立责任意识、规范意识，养成严谨认真、一丝不苟的工作习惯。

教学目标

★ 知识目标

1. 了解铁路限界的种类及含义。
2. 了解养护维修及检查的有关规定。
3. 熟悉铁路线路的种类及用途。
4. 掌握铁路线路平面和纵断面的有关规定。
5. 了解铁路线路的组成。
6. 了解轨道的组成。
7. 了解信号、联锁、闭塞的含义和规定。
8. 熟悉调度指挥系统和调度集中系统。
9. 认识站场设备、客运设备、货运设备。
10. 熟悉机务设备、车辆设备等其他设备。

★ 能力目标

1. 能讲清建筑限界和机车车辆限界的最大半宽。
2. 能讲清铁路线路的种类和用途。
3. 能判断道岔的类别。
4. 能掌握道岔定位、反位的确定方法。
5. 能判断车站道岔号数。
6. 能对车站线路和道岔进行编号。
7. 能判断信号机类型。
8. 能说清不同信号机的显示距离。
9. 能判断敌对进路。
10. 能说清调度集中系统和调度指挥系统的关系。

11. 能分清包乘制和轮乘制。
12. 能介绍铁路其他设备。

★ 素质目标

1. 弘扬工匠精神，养成严谨认真、一丝不苟、精益求精的良好习惯。
2. 弘扬劳动精神、劳模精神，养成热爱劳动、努力工作的良好习惯。
3. 牢记“人民铁路为人民”的宗旨，践行“交通强国，铁路先行”的使命。
4. 牢固树立安全意识、规范意识，养成“一点不差，差一点也不行”的良好习惯。
5. 培养学生勤奋刻苦、互帮互助、团结协作的习惯。

任务 2.1 概 述

任务引入

×年×月×日，×市境内，y 公司工作人员擅自翻越铁路防护栅栏进入×线×站内，开展铁路专用线可行性研究地质核查工作，导致×次动车组列车因防撞停车，危及铁路运营安全，构成铁路交通一般事故。事后对 y 公司及公司相关责任人分别给予罚款的行政处罚。

请思考：

1. 什么是铁路限界？
2. 铁路限界的种类有哪些？

知识准备

2.1.1 基本要求

新设备在管理、使用和养护维修上都有新的技术要求，如违反或不认真执行这些要求，不仅可能损坏设备，甚至危及行车及人身安全。因此，在新设备使用前，有关单位必须根据施工部门和设备供应商提供的操作规程、竣工图纸等技术文件，制定保证安全生产的作业办法、设备养护维修办法和管理细则，供有关人员学习、执行。新设备正式使用前，应进行技术测验，测验合格方可使用；设备使用和检修人员应进行技术培训，熟悉新设备性能、操作程序及养护维修、排除故障等办法后，方可担任操作和检修工作。

铁路机车车辆、线路、桥隧、通信、信号、牵引供电、电力、信息、安全、给水、房建等技术设备，均须有完整和正确反映其技术状态的文件及技术履历等有关资料。为便于运用和管理，机车车辆等移动技术设备应在明显的部分标明其所属单位、类型及编号等标记。

给水工程的地下管道，通信、信号和电力工程的地下电缆，无管沟等隐蔽设备，其线路走向不易识别，因此均应在地面设置标志，以便检查时易于查找。路肩的盲沟、渗水沟和暗检查井等工务部门隐蔽建（构）筑物及设备，亦应在其出口处，面向线路设置标志。

机车、客车、动车组等主要设备的报废、调拨及其重大改变，须经国铁集团批准。货车按国铁集团规定实行统一管理。

高原铁路应考虑高寒缺氧特点，为旅客和工作人员提供必要的救助设施，应采用高可靠、少维修、远程监控的运输设备。

2.1.2 限界

为了确保机车车辆在铁路线路上运行的安全，防止机车车辆撞击邻近线路的建筑物和设备，而对机车车辆和邻近线路的建筑物、设备所规定的不允许超越的轮廓尺寸线，称为限界。铁路基本限界可分为机车车辆限界和建筑限界两种。

机车车辆限界是限制机车车辆横断面的最大容许尺寸的轮廓，规定了机车车辆不同部位的宽度、高度的最大尺寸和底部零件至轨面的最小距离。机车车辆限界是和桥梁、隧道等建筑限界起相互制约作用的，当机车车辆在满载状态下运行时，也不会因产生摇晃、偏移等现象而与桥梁、隧道及线路上其他设备相接触，以保证行车安全。

客货共线铁路机车车辆限界如图 2–1、图 2–2 所示。机车车辆的任何部位，在任何情况下（除特殊情况外）都不得超出机车车辆限界规定的尺寸。

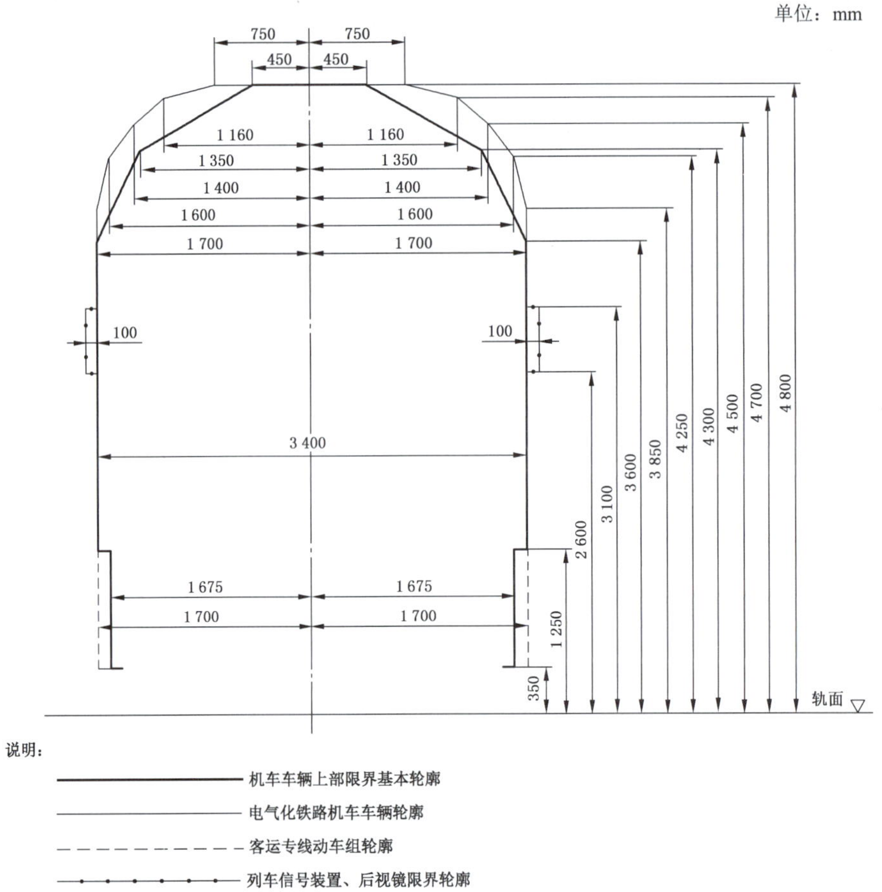

图 2–1　机车车辆上部限界图

建筑限界是邻近线路的建筑物或设备（与机车车辆相互作用的设备除外）不得侵入的最小横断面尺寸轮廓（图 2–3）。

建筑限界与机车车辆限界之间的空隙为安全空间。留有安全空间的目的：一是为适应运行中的列车横向晃动偏移和竖向上下振动，防止与邻近的建筑物或设备发生碰撞；二是为组织超限货物列车运行，机车车辆限界在装载货物时作为货物的装载限界，当货物装车后，货物任何部分的高度和宽度都不得超过机车车辆限界。

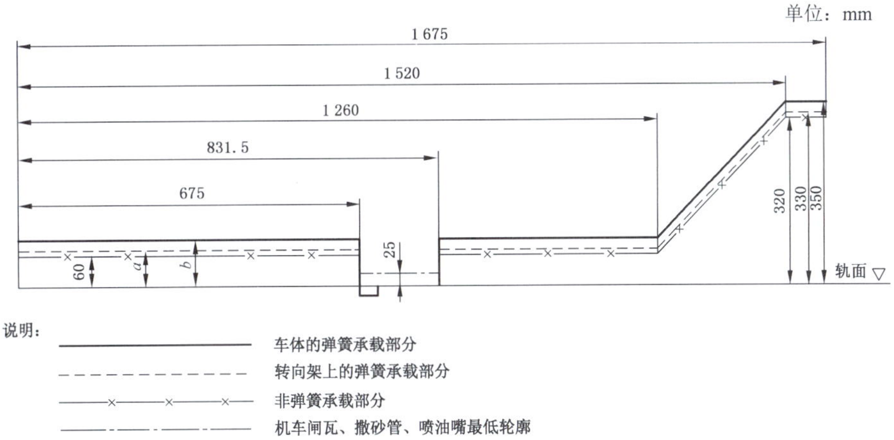

注：运行速度小于或等于 160 km/h 的机车车辆，*a* 为 70 mm，*b* 为 90 mm；运行速度大于 160 km/h 的机车车辆，*a* 为 80 mm，*b* 为 110 mm。

图 2-2　机车车辆下部限界图

建筑限界包括基本建筑限界、隧道建筑限界和桥梁建筑限界。

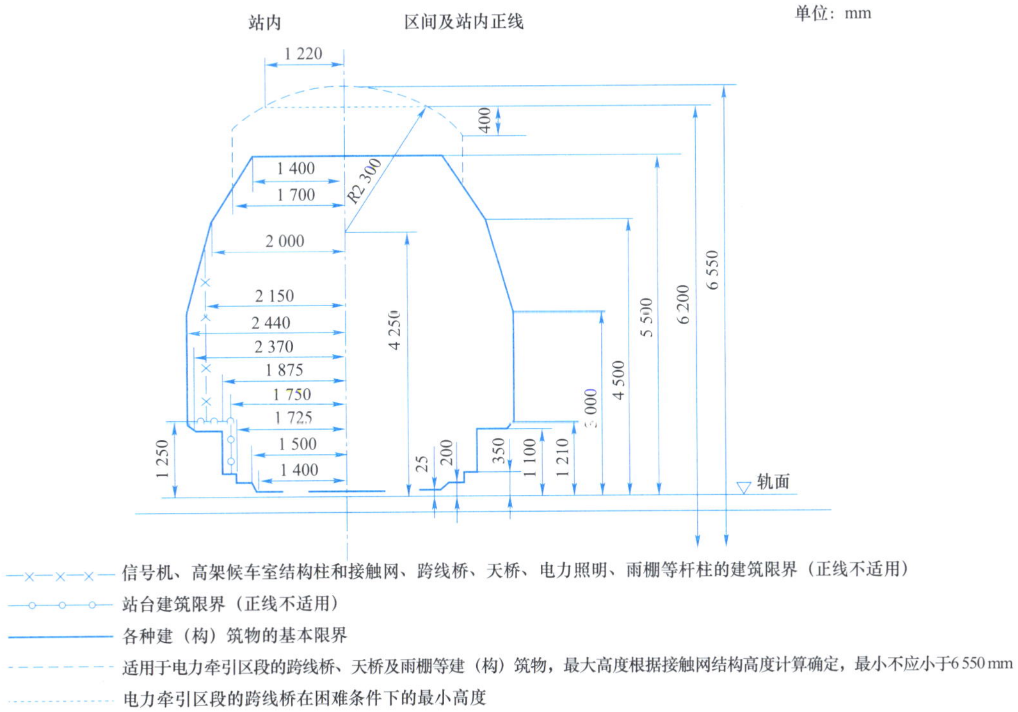

图 2-3　$v \leq 160$ km/h 客货共线铁路建筑限界图

列车运行在曲线上时，由于车体中心线与轨道中心线不吻合，两转向架中心销之间的连线，即车体中心线向曲线内侧偏移，车体纵向两端向轨道外侧突出，车体与建筑限界之间的安全空间减小。同时由于曲线地段的外轨超高使车体向曲线内侧倾斜，也使车体与建筑限界之间的安全空间减小。为保证列车在曲线上的运行安全，曲线地段建筑限界应在直线建筑限界的基础上适当加宽。

2.1.3 养护维修及检查

加强技术设备的养护维修工作，是提高设备质量、发挥设备潜力和延长其使用年限的主要措施，对保证行车安全、完成运输任务具有重要意义。养护维修工作应积极实现机械化、自动化、专业化、信息化，这样可以提高养护维修工作的质量和效率，并能大大减轻工作人员的劳动强度。

铁路技术设备的养护维修工作，应实现机械化、自动化、专业化、信息化，落实责任制和检验制，坚持以预防为主、检修与保养并重、预防与整治相结合的原则，合理确定检修项目和检修周期，组织定期检查，加强日常维修，提高设备质量。基础设施实行天窗修制度，并推行预防性计划修、专业化集中修制度。

落实技术设备养护维修和管理的责任制，是增强维修人员和使用人员的责任心，提高养护维修工作水平，使设备经常保持良好状态的有效措施。因此，各种技术设备均应建立包机、包车或包修等责任制度。落实技术设备的检验制，是保证技术设备质量的重要手段，除应设专职人员检验外，还应加强维修及使用人员的自检、互检制度。

对技术设备的养护维修，应贯彻以预防为主、检修与保养并重、预防与整治相结合的原则，做到“无病防病，有病根治”。为此，维修人员应熟悉技术设备的性能，掌握其技术状态的变化规律，做到精心维修；使用人员要爱护所使用的技术设备，正确执行操作规程，按规定检查和保养，并做好自检、自修工作；各有关单位，应合理确定检修周期，组织好定期检查，有计划地进行检修和季节性的整治工作。

天窗是指在列车运行图中，不铺画列车运行线或调整、抽减列车运行线，为营业线施工、维修作业预留的时间，按用途分为施工天窗和维修天窗。

预防性计划修是以通过的总重、计划的时间周期或其他指标为目标而开展的设备维修方式。专业化集中修是调集一定数量的设备和人力，集中一段时间对某一条线进行专门维修，长大繁忙干线或重载线路往往采取这种维修方式。预防性计划修和专业化集中修对确保维修质量、提高天窗使用效率、满足设备维修要求有积极作用，是普速铁路修程修制改革的重要内容和发展方向。

各种技术设备由于长期不间断地使用和季节变化等多种因素的影响，会引起部件磨耗和技术质量的降低，因此必须根据设备在使用期间的变化规律及季节性等特点，正确、及时安排检查和修理。检修单位应严格执行有关技术标准，确保技术设备的检修质量。经过检修的技术设备，须按规定进行检验合格后，方准交付使用。

铁路技术设备，除由直接负责维修及管理的部门经常检查、周期维修外，铁路局还应按规定组织有关人员进行定期全面检查和专项检查，具体办法由铁路局规定。固定行车设备定期全面检查和专项检查的检查结果记入《行车设备检查登记簿》内。检查中发现问题，要及时解决；对危及行车安全的，须立即采取措施；当时不能解决的，要安排计划，限期完成，并进行复查；需要上级解决的，要按程序上报。

铁路局有关专业管理部门应按规定组织专项检查。其中：

（1）对重要线路的平面及纵断面复测、限界检查，每五年不少于一次；技术复杂及重要的桥梁、隧道检定，其他线路的平面及纵断面复测、限界检查，每十年不少于一次；对其他桥梁、隧道检定，应根据实际需要进行；对驼峰及调车场线路溜放纵断面复测，每五年不少于一次。

（2）登乘机车、动车组列车或其他旅客列车尾部对线路全面检查，每月不少于一次。

（3）对干线地面信号、机车信号、轨道电路设备和列车无线调度通信设备等的运用状态，每月检查一次；场强覆盖每季度检查一次；登乘机车检查信号显示距离、机车信号显示状态及列车无线调度通信设备运用质量，每月不少于一次。

（4）对接触网状态，每月检查一次；对接触网设备限界检查，每五年不少于一次；对其他供电设备定期检查。

（5）对为客货运服务的建（构）筑物（包括限界）和生产、办公房屋检查，每年不少于一次；对客运服务设备，每年春运前进行一次全面检查。

铁路局根据需要可加密检查或随时检查。国铁集团专业技术机构根据线路的年通过总重、线路允许速度，使用专用设备定期对主要线路进行轨道、通信信号、接触网检查和钢轨探伤。

拓展知识

《铁路主要技术政策》（铁道部令第 34 号）规定：“铁路建设应合理安排建设规模，科学确定建设标准和建设工期，强化质量、安全、工期、投资效益、环境保护的措施，深入推进标准化管理，以机械化、工厂化、专业化、信息化为重要支撑手段，建立健全并落实技术、管理、作业三大标准，建设优质工程。”实现技术设备标准化、系列化、模块化、信息化，不断提高运输能力。其中：

（1）标准化是指各项技术设备应有统一的规格和技术标准。

（2）系列化是指同类技术设备应根据使用要求，将其主要参数和性能指标按一定的规律排列起来，形成多级型号。

（3）模块化是指各项技术设备要尽量向模块组装结构发展，以便于实行换件修，从而简化维修作业，减少维修工作量，延长设备整体使用寿命。

（4）信息化是指应用于铁路调度指挥、客货营销和运营管理的技术设备，都要采用计算机、网络传输技术，以实现铁路管理的现代化。

任务 2.2　线　　路

任务引入

70 多年前，新中国动用 4 万多峰骆驼向西藏运输物资，平均行进 1 km，就要消耗 12 具“沙漠之舟”。如今，一条钢铁“天路”绵延千里，列车一日便达，为雪域高原送来安康。苍茫雪域，巍峨昆仑，见证了世界铁路建设史上的奇迹。青藏铁路，催生出“挑战极限、勇创一流”的青藏铁路精神。

2006 年 7 月 1 日，青藏铁路开通。面对极端恶劣的自然环境，青藏铁路人以不畏艰险的英雄气概和求真务实的科学态度，挑战着生理与心理极限，以惊人的毅力和勇气战胜了各种难以想象的困难，用自己的心血和汗水谱写了人类铁路发展史上的辉煌篇章。将青藏铁路建设和运营成为世界一流高原铁路的过程中凝聚而成的“挑战极限、勇创一流”的青藏铁路精神，既是对青藏铁路人扎根高原、无私奉献群体形象的具体印证，又是在新时代凝聚职工队伍合力、引领铁路高质量发展的思想旗帜和精神动力（图 2–4）。

图 2–4　青藏铁路建设

请思考：

1. 铁路线路由哪些部分组成？
2. 铁路线路的种类有哪些？
3. 从青藏铁路的建设中你感悟到了什么？

知识准备

铁路线路是由路基、桥隧建筑物和轨道组成的一个整体结构，直接承受机车车辆轮对传来的压力，是列车和机车车辆运行的基础。铁路线路必须时刻保持状态完好，使列车能按规定的最高速度安全、平稳和不间断地运行，以保证铁路运输部门能够优质地完成客货运输任务。

2.2.1　铁路线路种类

铁路线路按用途分为正线、站线、段管线、岔线及特别用途线，如图 2–5 所示。

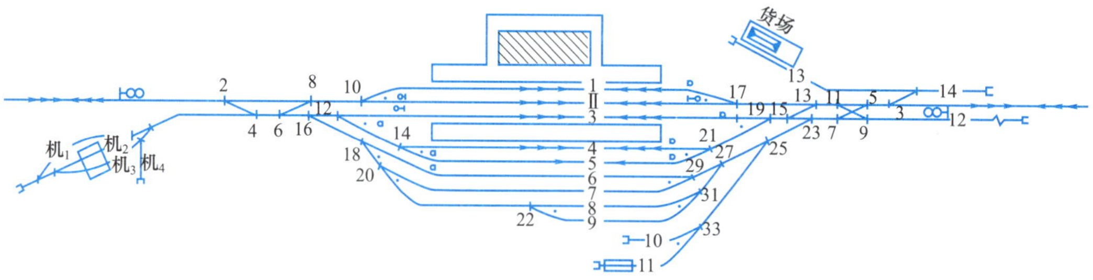

Ⅱ—正线；1、3、4、5—到发线；6、7、8、9—调车线；10、11—站修线；12、14—牵出线；13—货物线；机 1—机车走行线；机 2、机 3—机车整备线；机 4—卸油线

图 2–5　车站线路详图

（1）正线，是指连接车站并贯穿或直股伸入车站的线路，可分为区间正线及站内正线，

连接车站的部分为区间正线，贯穿或直股伸入车站的部分为站内正线。

（2）站线，是指车站内除正线外，根据业务性质、运量大小及技术作业的需要而铺设的其他配线。

站线包括以下几类：

① 到发线，是指供列车到达、出发使用的线路。

② 调车线，是指进行列车编组与解体作业使用的线路。

③ 牵出线，是指设在调车场的一端，并与到发线连接，专供车列解体、编组及转线等牵出使用的线路。

④ 货物线，是指专供办理货物装卸使用的线路。

⑤ 站内指定用途的其他线路，是指站内救援列车停留线、机车走行线、机车等待线、车辆站修线、轨道衡线、加冰线、换装线、货车洗刷线、驼峰迂回线等。

（3）段管线，是指机务、车辆、工务、电务专用，并由其管理的线路。例如，机务段内机车整备线、三角线，车辆段内车辆检修作业用的线路，以及工务、电务段内停留轨道车及其他车辆的线路。

（4）岔线，是指在区间或站内接轨，通往路内外单位（厂矿企业、砂石场、港湾、码头及货物仓库）的专用线路。

（5）特别用途线，包括安全线和避难线。

① 安全线，是指为防止列车或机车车辆从一进路进入另一列车或机车车辆占用的进路而发生冲突的一种安全隔开设备。

② 避难线，是指在长大下坡道上能使失控列车安全进入的线路。

2.2.2　线路平面和纵断面

铁路线路在空间的位置是用其线路中心线表示的。线路中心线是指距外轨半个轨距的铅垂线 AB 与两路肩边缘水平连线 CD 交点 O 的纵向连线，如图 2-6 所示。

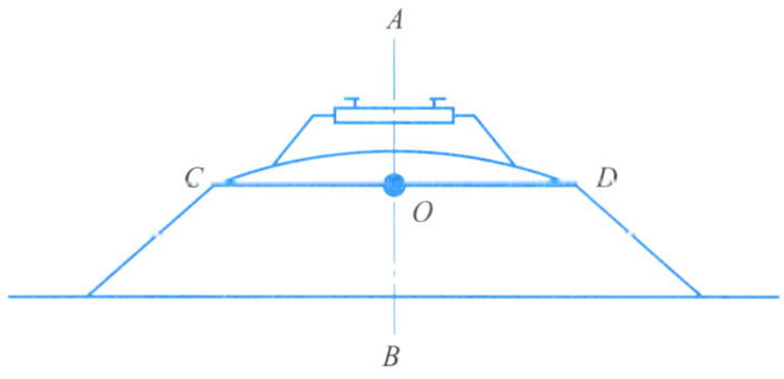

图 2-6　线路中心线

线路中心线在水平面上的投影，叫作铁路线路的平面，表示线路直曲情况。线路中心线（展直后）在垂直面上的投影，叫作铁路线路的纵断面，表示线路起伏情况。

选定铁路线路的空间位置，应综合考虑工程和运营的要求，通过方案比较，在满足运营基本要求的前提下，尽量减少工程量，降低造价。

线路平面由直线、圆曲线，以及连接直线与圆曲线的过渡曲线（也叫作缓和曲线）组成，如图 2-7 所示。

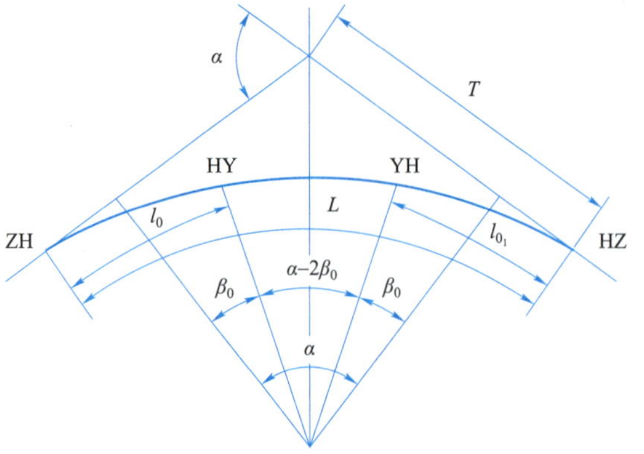

α—曲线转角；β_0—缓和曲线转角；L—曲线长；l_0—缓和曲线长；T—切线长

图 2-7 铁路曲线

线路纵断面由平道、坡道及设于变坡点处的竖曲线组成。

线路平面和纵断面直接影响铁路运输能力，是决定行车速度和机车牵引定数的重要因素之一。因此，线路平面和纵断面应经常保持原有的标准状态。但是，经过较长时间的使用，受列车运行的强大压力和冲击，以及风沙、雨水等自然灾害的侵袭，线路状态可能会发生局部变动。为防止改变原有线路技术标准状态，遇改建（改造）区间线路必须变动平面或纵断面时，须经铁路局批准，但曲线半径不得小于该区间规定的最小曲线半径，坡度不得大于该区间的最大限制坡度，以免影响该区段行车速度和机车牵引定数。

线路平面和纵断面有变动时，必须及时通知有关部门，进站信号机（包括接车进路信号机、自动闭塞区间进站信号机前方的通过信号机）外制动距离内的纵断面，因对列车起动和车站接车有影响，应尽可能不要变动；如有变动，必须通知机务、运输、工务、电务等有关单位，使各部门都了解变动后的线路状态，必要时根据变动情况修订《行规》联锁关系和各种技术资料，以确保行车安全。任何情况，线路平面和纵断面的变动都不得影响和侵入建筑限界。所谓“进站信号机外制动距离内”是指从进站信号机设置地点开始向远离车站方向延伸的一个紧急制动距离的范围，该范围应为在该区段运行的各种列车紧急制动距离的最大值。

2.2.3 轨道

轨道是列车运行的基础，作用是引导列车运行，直接承受车轮的动压力，并传递到路基、桥梁和隧道等基础结构上。

目前世界各国铁路使用的轨道结构有：有砟轨道结构和无砟轨道结构。有砟轨道结构是传统的轨道结构。随着运量、轴重和速度的不断提高，传统有砟轨道结构也在不断优化加强，轨道部件不断更新。近年来，随着高速铁路和客运专线的建设，我国还针对不同的运营条件，铺设了不同技术类型的近万千米的无砟轨道。这些无砟轨道结构在平顺性、列车高速运行性能、少维修及全寿命周期费用等方面占有相当大的优势。

本项目介绍的轨道主要是指有砟轨道。国内普速铁路轨道结构主要为有砟轨道，由钢轨、扣件、轨枕、道床及道岔等组成。有砟轨道弹性好，在一定维修质量条件下具有较好的轮轨接触关系，减振、降噪效果较好，维修较方便，造价相对较低。

道岔是一种使机车车辆能从一条线路转往或越过另一条线路的连接设备，通常铺设在车站内，是铁路轨道的一个重要组成部分。

道岔种类很多，常见的有：单开道岔、单式对称道岔、三开道岔、交分道岔、交叉设备等。各种类型道岔中，用得最多的是单开道岔（图 2-8），其数量占各类道岔总数的 90%以上。

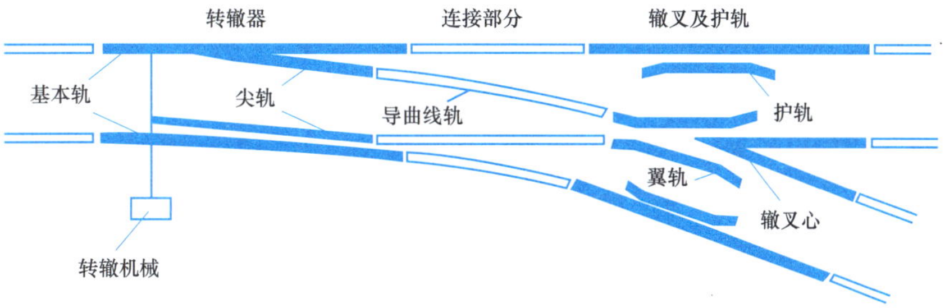

图 2-8 单开道岔

道岔除使用、清扫、检查或修理时外，均须保持定位。

道岔的定位规定如下：

（1）单线车站正线进站道岔，为由车站两端向不同线路开通的位置。

（2）双线车站正线进站道岔，为该正线开通的位置。

（3）区间内正线道岔及站内正线上其他道岔（引向安全线、避难线的除外），为正线开通的位置。

（4）引向安全线、避难线的道岔，为安全线、避难线开通的位置。

（5）到发线上的中岔，为到发线开通的位置。

（6）其他由车站负责管理的道岔，由车站规定。

车站道岔的定位，应在《站细》内记明。

集中操纵的道岔及不办理接发列车的非集中操纵的道岔可不保持定位（到发线上的中岔和引向安全线、避难线的道岔除外）。

段管线道岔的定位，由各段自行规定。

《技规》（普速铁路部分）第 46 条对道岔辙叉号数选择做了如下规定：

（1）正线道岔的直向通过速度不应小于路段设计行车速度。

（2）用于侧向通过列车的单开道岔的辙叉号数应根据列车侧向通过的最高速度合理选用。

（3）侧向接发停车旅客列车的单开道岔，不得小于 12 号。

（4）侧向接发停车货物列车并位于正线的单开道岔，在中间站不得小于 12 号，在其他车站不得小于 9 号。

（5）列车轴重大于 25 t 的铁路正线单开道岔不得小于 12 号。

（6）其他线路的单开道岔不得小于 9 号。

（7）狭窄的站场采用交分道岔不得小于 9 号，但尽量不用于正线，必须采用时不得小于 12 号。

（8）峰下线路的对称道岔不得小于 6 号，三开道岔不得小于 7 号。

（9）段管线的对称道岔不得小于 6 号。

既有道岔的类型及辙叉号数不符合上述规定时，应按该道岔的辙叉号数限制行车速度，且应有计划地进行改造。

2.2.4 路基

铁路路基是为满足轨道铺设和运营条件而修建的土木构筑物。路基是轨道的基础，是铁路线路的重要组成部分，直接承受轨道及机车车辆的静荷载和动荷载，并将荷载向地基深处传递扩散。

路基应严格按铁路等级及《铁路路基设计规范》（TB 10001—2016）有关规定，选择符合标准的优质填料填筑，路基基床的表层和底层应强化处理，严格进行夯实、加固，土的密度要达到压实标准，必要时应采取换填及土质改良等措施，保证填土质量，不留隐患。如基床已发生道砟陷坑、翻浆冒泥、下沉挤出、溜塌等病害，则应针对发生原因，分别采取排水、换填、灌注或设隔离层等办法及时采取措施，消除病源。

路基防护主要是对边坡坡面和沿河地段受水流冲刷的路基进行保护。路基地表及地下排水主要是指天沟、侧沟、盲沟等。路基支挡是指建筑加固建筑物以保证路基稳定的措施。路基防护和支挡的措施很多，方式多样，主要有用片石混凝土及混凝土护坡和导流、改道防护路基，以及土墙、支挡等。

如果路基的状态不良，出现局部下沉和膨胀，将影响线路平顺，甚至引起其他各部分的破坏。如果路基不能保持完整状态，出现边坡及路面裂缝、塌滑等现象，路基本体不能保持稳定，线路则会失去可靠的基础。对于不良地质条件和特殊地段的路基，应采取可靠的加固措施，如采用桩网结构、桩板结构。特殊困难时，应以桥梁等结构代替。

路基防护宜优先采用具有防浸入效果的灌木为主的植物防护，不仅成本低廉、成活率高、易于推广，而且还有利于环保、生态，还可采用混凝土、土工合成材料等其他防护措施进行防护。路基两侧采用植树造林防护，应符合国铁集团的有关规定，防止林木生长影响机车司机瞭望，而且树木的高度和位置应考虑到倒树不能侵入铁路建筑限界和接触网的安全距离。

2.2.5 桥隧建（构）筑物

铁路在通过江河、沟溪、谷地和山岭等天然障碍物或跨越道路、其他铁路、管道等，以及出于节约土地等目的时，需要修建各种桥隧建（构）筑物。桥隧建（构）筑物包括桥梁、涵洞和隧道等，是铁路线路的重要组成部分，其造价高，结构构造复杂，一旦发生较大病害，修复和加固困难，整治时间长、投入高，影响铁路运输秩序和效率，故而应修建为永久性结构，并应具有良好的耐久性，在正常养护维修条件下满足设计寿命期间内安全使用要求。同时，应按铁路工程抗震设计标准进行抗震设计，满足抗震性能要求。桥上和隧道内采用有砟轨道时，其布置应满足大型养路机械清筛作业的要求。由于桥隧限界改造难度大、投入高、对运输影响大，还应根据铁路规划满足电气化、双层集装箱运输等发展要求。

隧道断面面积应满足旅客乘坐舒适性等要求。衬砌、洞门结构、仰坡、轨下基础的稳定与否，防排水系统的好坏，关系到隧道安全、行车安全和行车秩序。因此，隧道结构和仰坡必须安全稳定，具备良好的防排水系统。

根据大跨度钢梁桥和长大隧道设备养护需要，规定了设置通信设备固定照明、安全警报装置及巡守等具体要求。对明桥面特大钢梁桥，必要时才设置固定照明；而非全封闭线路的明桥面特大钢梁桥需设巡守。关于设置固定照明的隧道长度的变化，主要是隧道照明光度较低，不能满足隧道内线路维修照明要求；从安装的隧道照明设施使用维护情况看，照明设施极易被侵蚀、损坏；固定照明设施被盗、人为损坏时有发生，使用效果不好。因此规定必要时才对长隧道设置固定照明。关于巡守和监视的隧道长度变化，主要是运行速度 120 km/h 及以上线路采用了全封闭；实际中，新线隧道一般不设巡守，既有中长隧道也已普遍不再设巡守；随着地方交通道路的完善，当地村民将铁路隧道作为出行通道已较少，隧道使用受外部人为因素的影响明显降低。因此规定对非全封闭线路的长隧道应进行巡守，对有当地村民通行的隧道进行监视。

2.2.6 线路和道岔编号

为便于车站生产指挥作业的联系和对设备的维修管理，应对站内线路和道岔进行统一编号。同一车站或车场内的线路和道岔不得有相同的编号。

1. 车站线路编号方法

站内正线用罗马数字编号（Ⅰ、Ⅱ、Ⅲ……），站线用阿拉伯数字编号（1、2、3……）。

（1）单线车站：由靠近站房的线路起向站房对侧依次顺序编号；位于站房左右或后方的线路，在站房前的线路编完后，再由正线方向起，向远离正线方向顺序编号，如图 2-9 所示。

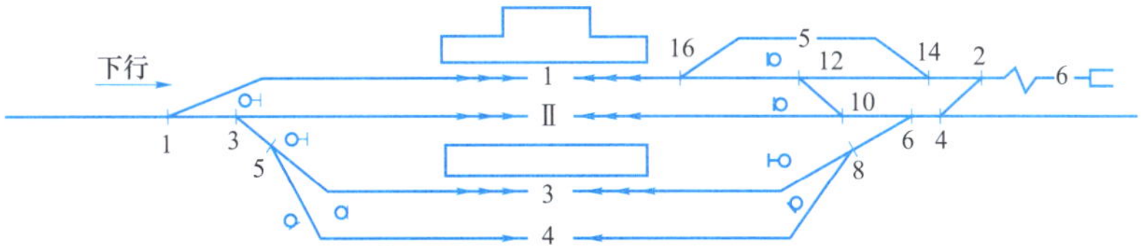

图 2-9 单线车站

（2）双线车站：从正线起按列车运行方向分别向外顺序编号，上行编双数，下行编单数，如图 2-10 所示。

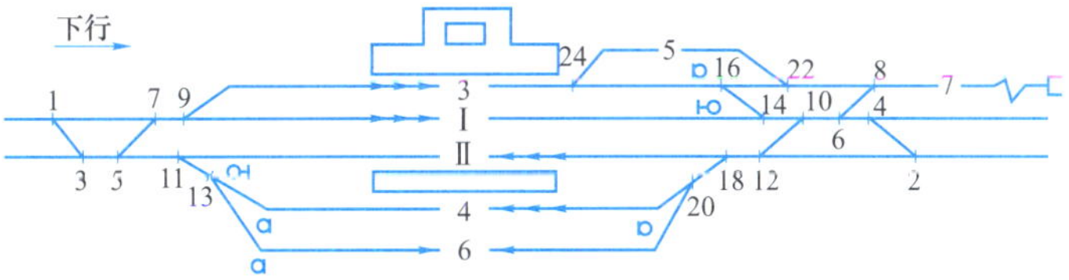

图 2-10 双线车站

（3）尽头式车站：站房位于线路一侧时，从靠近站房的线路起，向远离站房方向顺序编号，如图 2-11（a）所示；站房位于线路终端时，面向终点方向由左侧线路起顺序向右编号，如图 2-11（b）所示。

(a) 站房位于线路一侧

(b) 站房位于线路终端

图 2-11 尽头式车站

（4）多车场车站：应分别以车场编号。车场靠近站房时，从靠近站房线路起，向站房对侧顺序编号；车场远离站房时，顺公里标前进方向从左向右顺序编号；在线路编号前冠以罗马数字表示车场，如Ⅱ场 2 道，写为Ⅱ-2。

2. 道岔编号方法

道岔用阿拉伯数字进行编号。一般遵循以下原则：

（1）从车站两端由外向内、由主（主要进路）而次（次要进路）依次编号，上行列车到达一端用双数，下行列车到达一端用单数。尽头式线路上的道岔，向线路终点方向顺序编号。

（2）每一组道岔均应单独编号，对于同一条渡线上的道岔或梯线上的道岔，应编为连续的单号或连续的双号。

（3）站内道岔一般以站房为中心划分上、下行区域，若站房远离车站中心时，以车站或车场中心线划分。

（4）当车站一端衔接两个及以上方向，既有上行又有下行时，应按主要方向编号。

（5）当车站有数个车场时，每一车场的道岔必须单独编号。为区别车场，左边第一位数字表示车场号码。

任务 2.3　信号、通信

任务引入

中老铁路是中国“一带一路”建设中的重点项目之一，修建于地形最复杂的云南西南部和老挝北部，穿越高山河谷，使昆明、玉溪、西双版纳等城市第一次被铁路相连，也结束了老挝没有火车的历史。通车后，从昆明到西双版纳仅需 3 h 左右，到老挝万象可朝发夕至。中老铁路国际旅客列车开行于 2023 年 4 月，仅一年的时间里就发送了来自 87 个国家和地区的旅客 18 万人次。中老铁路全线采用中国标准建造，运行则由中国和老挝共同承担。中老铁路全长 1 035 km，从昆明出发一路向南，途经玉溪、普洱、西双版纳等重要的旅游城市，最后从磨憨镇进入老挝（图 2-12）。列车穿行于高山、河谷之间，这里曾被一些专家认定为“筑路禁区”，而如今，沿线的人们已被铁路相连。

图 2-12　中老铁路

请思考：

1. 中老铁路使用的通信信号系统包含哪些部分？
2. 信号、联锁、闭塞三者有什么联系？

知识准备

2.3.1 信号

铁路信号设备是指挥列车运行、保证行车安全、提高运输效率、改善行车组织方式、实现行车指挥现代化的关键设施。铁路信号设备是铁路运输安全生产的重要组成部分，直接涉及运输安全，因此必须做好铁路信号维护工作，保证行车安全，同时还要做好铁路通信的维护工作，确保铁路通信网全程全网安全、可靠、迅捷、畅通。

为保证信号、通信设备的质量，应设电务段、通信段等电务维修机构。电务维修机构必须坚持以运输生产为中心，做好维护管理工作，保证信号、通信设备和系统处于良好运用状态。

电务维修机构是信号、通信设备维护管理的主体，电务段、通信段管辖范围应根据信号、通信设备等条件确定，并建立健全维修组织，强化职能科室和车间管理，加强工区建设，适应维修生产需要。

信号装置一般分为信号机和信号表示器两类。信号机按类型分为色灯信号机、臂板信号机和机车信号机。

2.3.2 联锁

联锁设备分为集中联锁（计算机联锁和继电联锁）和非集中联锁（色灯电锁器联锁和臂板电锁器联锁）。

编组站、区段站、大中型旅客站和电源可靠的其他车站，均应采用集中联锁；列车调度指挥系统（TDCS）区段和调度集中系统（CTC）区段，车站应设集中联锁；有电力贯通线的区段，应修建成段集中联锁。集中联锁宜采用计算机联锁，在繁忙干线上应采用计算机联锁，枢纽及具备条件的地区宜采用区域计算机联锁，采用一套联锁设备完成多个车站的联锁逻辑运算和集中控制。

无可靠交流电源的车站，可采用非集中联锁。非集中联锁（电锁器联锁）道岔靠人力通过机械扳动，信号机由有关人员通过电气或机械操纵，以电锁器完成联锁关系。

在车站上，为列车进站、出站所准备的通路，称为列车进路；为各种调车作业准备的通路，则称为调车进路。每一个列车、调车进路都应设立信号机进行防护，以保证行车安全。而站内正线及到发线上的道岔开通方向又是构成进路的必要条件，因此信号机与其所控制进路上的有关道岔之间，必须互相联锁。区间内正线上有分歧道岔时，该道岔应与两端站出站信号机联锁，以保证区间行车安全。

（1）进路上有关道岔在规定位置时才能开放信号机。进路上的有关道岔位置不正确而能开放信号机，将失去联锁的作用，会使列车（或车列）挤坏道岔进入异线，造成严重后果或进入敌对进路，危及行车安全。

信号机开放后，敌对信号机绝对不能开放，否则就有可能与对面开来的列车造成冲突。当防护进路的信号机已经开放时，则表示进路已经正确开通。这时进路上的有关道岔必须锁闭在规定的位置，不能转换；其敌对信号机也必须锁闭在关闭的位置，不能开放。

（2）半自动闭塞、自动站间闭塞及三显示自动闭塞区段，正线上的出站信号机未开放时，进站信号机不能开放通过信号；主体信号机未开放时，预告信号机不能开放。

（3）在站内联锁设备中，每一个进路都设有信号机防护，有可能造成列车（或车列）冲突的进路称为敌对进路，防护敌对进路的信号机称为敌对信号机。敌对进路必须相互照查，不得同时开通。下列进路规定为敌对进路：

① 同一到发线上对向的列车进路与列车进路；

② 同一到发线上对向的列车进路与调车进路；

③ 同一咽喉区内对向重叠的列车进路；

④ 同一咽喉区内对向重叠的调车进路；

⑤ 同一咽喉区内对向重叠或顺向重叠的列车进路与调车进路；

⑥ 进站信号机外方，列车制动距离内接车方向为超过 6‰的下坡道，而在该下坡道方向的接车线末端未设线路隔开设备时，该下坡道方向的接车进路与对方咽喉的接车进路，非同一到发线顺向的发车进路及对方咽喉的调车进路；

⑦ 防护进路的信号机设在侵入限界的轨道绝缘节处，禁止同时开通的进路；

⑧ 向驼峰推送车列占用的股道与另一端向该股道的接车进路或调车进路；

⑨ 咽喉区内无岔区段上对向的调车进路（到发线上无岔区段应根据具体情况及运营要求另作规定）。

（4）装有转换锁闭器、电动转辙机、电液转辙机的道岔，在静止状态必须保证道岔的一个尖轨与基本轨密贴，并加以锁闭（指转辙设备本身锁闭）。电空转辙机只用于转换驼峰分路道岔，由于快速的特点，不能用在电气集中的联锁道岔，4 mm 锁闭检查指标不包含电空转辙机。

非集中联锁设备的道岔和信号机之间的联锁关系主要是由带电气锁闭关系的电锁器实现的。电锁器联锁的车站，在准备接、发车进路时，信号机的开放和道岔的扳动，可能由几个扳道员、信号员和车站值班员进行操作，为了防止相互操作不一致而发生错误办理，规定电锁器联锁设备应保证车站值班员能控制接、发车进路和信号机的开放和关闭。

色灯电锁器联锁采用色灯信号机，由车站值班员以控制台上的信号按钮（或手柄）集中控制。其中，按所采用控制台类型的不同，分为手柄式色灯电锁器联锁和按钮式色灯电锁器联锁。

色灯电锁器联锁控制台上除应有接、发车进路的开通表示外，还应设下列表示：

① 单线车站进路表示灯为同股道接发车共用，进路开通亮白灯；双线车站进路表示灯按接车进路及发车进路分别设置，接车进路亮白灯，发车进路亮绿灯。

② 进站信号机关闭点亮红灯，进站信号机开放点亮绿灯。

③ 出站信号机开放点亮绿灯，关闭灭灯。

④ 引导信号开放点亮红灯和白灯。

⑤ 到发线有轨道电路时，平时灭灯；列车占用股道时，股道占用亮红灯。

2.3.3 闭塞

闭塞设备分为自动闭塞、自动站间闭塞和半自动闭塞。具体设置条件如下：

（1）单线区段应采用半自动闭塞或自动站间闭塞，繁忙区段可根据情况采用自动闭塞。

（2）双线区段应采用自动闭塞。

在一个区段内，原则上应采用同一类型的闭塞方式。

自动闭塞是根据列车运行及有关闭塞分区状态，自动变换通过信号机显示而司机凭信号行车的闭塞方法，其特征为：将站间划分为若干闭塞分区，有分区占用检查设备，一般设有通过信号机；站间能实现列车追踪；办理发车进路时，自动办理闭塞手续，自动变换通过信号机的显示。

目前我国自动闭塞制式一般采用三显示、四显示信号制度。

三显示自动闭塞，其特征为：通过信号机具有 3 种显示；能预告列车前方 2 个闭塞分区状态；分 2 个速度等级，1 个闭塞分区的长度满足从规定速度到零的制动距离。三显示自动闭塞中，黄灯是注意信号，表示运行前方有 1 个闭塞分区空闲，1 个闭塞分区的长度能满足从规定速度到零的制动距离，可以越过黄灯后再开始制动。

四显示自动闭塞，其特征为：通过信号机具有 4 种显示；能预告列车前方 3 个闭塞分区状态；分 3 个速度等级，2 个闭塞分区的长度满足从规定速度到零的制动距离。四显示自动闭塞中，绿黄灯是警惕信号，表示运行前方有 2 个闭塞分区空闲，2 个闭塞分区的长度满足从规定速度到零的制动距离，可以越过绿黄灯后再开始减速；黄灯是限速信号，列车越过黄灯时必须减速至规定的限速值，不然就难以保证在下一个红灯前可靠停车。

自动站间闭塞与集中联锁设备结合使用，目前采用计轴轨道检查装置或轨道电路自动检查区间空闲，随着办理发车进路自动构成站间闭塞，列车凭出站信号显示进入发车进路后，出站信号机自动关闭，待列车出清区间后自动解除闭塞。

半自动闭塞是人工办理闭塞手续，列车凭信号显示发车后，出站信号机自动关闭的闭塞方法，其特征为：站间或所间只准走行一趟列车；人工办理闭塞手续；人工确认列车完整到达和人工恢复闭塞。

一个区段是指两个具有机车换挂作业的区段站间的铁路线路。为了便于组织列车运行和有关行车人员熟悉、办理行车闭塞，同时保证行车安全，在同一区段内，原则上应采用同一类型的闭塞方式。

2.3.4　通信

铁路通信网是铁路的重要基础设施，是保证铁路运输正常、安全运行的重要工具，是支撑铁路信息化的重要载体。

铁路通信网是覆盖铁路的统一、完整的专用通信网，为运输生产和经营管理提供话音、数据、图像及其他通信业务。铁路运输作业分散在铁路枢纽及沿线各站（场），为了完成列车运行的统一指挥和调度，有效地组织运输生产和经营管理，需要有一个安全可靠、覆盖铁路各业务节点的铁路通信网络。铁路通信网与铁路网配套建设、同步发展，目前已形成以国铁集团为全路中心、各铁路局为区域中心、覆盖全国铁路的专用通信网络。铁路通信网由国铁集团进行总体规划，国铁集团至铁路局、铁路局间的骨干通信网由国铁集团集中管理，铁路局管内通信网根据铁路通信网总体规划方案由铁路局进行规划、管理、使用。

铁路通信网分为承载网、业务网和支撑网。

承载网是铁路通信网的基础网络，为各专业提供承载通道和网络接入。承载网又分为传输网和数据通信网。传输网覆盖国铁集团机关、铁路局机关、站段机关，以及铁路枢纽、沿线车站和区间等业务节点，承载数据通信网、各业务网、独立组网的信息系统，提供多种速率、类型的传输通道。数据通信网为全国铁路运输组织、客货营销、经营管理等信息系统，以及综合视频监控、会议电视、应急通信等通信业务系统提供承载网络。

业务网主要包括调度通信、电话交换、电报传真、会议电话和会议电视、综合视频监控、应急通信等，是铁路运输生产和经营管理的通信工具。随着技术进步，综合视频监控系统得到了广泛的应用。调度通信是铁路运输生产调度指挥的基本通信技术装备。目前主要装备的450 MHz 列车无线调度通信系统（无线列调），要结合普速铁路技术改造或无线列调系统大修，装备 GSM-R 数字移动通信系统。

支撑网是铁路通信网运行的支撑网络，用以保障承载网和业务网的正常运行，监控网络和业务质量。支撑网包括时钟（频率）同步网、时间同步网、信令网，以及为通信网运营维护服务的各类监测、监控管理系统等。

铁路通信网是铁路运输生产、调度指挥、经营管理都不可缺少的技术装备，是提升安全保障能力、提高运输效率的必要设施。铁路通信网的建设、运行和维护必须符合国家、铁道行业、国铁集团等有关技术标准和质量要求，确保网络体系完整，全网安全、可靠、迅捷、畅通，为铁路运输指挥现代化和铁路信息化提供基础保障。

铁路通信业务是指铁路运输组织、客货营销、经营管理等活动中所使用的通信业务，主要包括话音通信业务、数据通信业务、图像通信业务和其他业务。

2.3.5 列车调度指挥系统、调度集中系统

我国铁路调度指挥管理是以行车调度为核心，以站、段为基础，实行国铁集团和铁路局两级调度指挥管理的体制。

站间透明是指 TDCS、CTC 通过安装在每个车站的车站值班员终端为车站值班员显示相邻车站、相邻区间信号的开放情况，以及列车在区间的运行情况，使车站值班员能够准确掌握所有临近列车的实际运行位置和邻站进路排列状态等信息，对于提前做好接发车准备工作和提高线路的通过能力非常有利。车站值班员终端可显示与本站控制台站型一致的本站及相邻车站、相邻区间的有关行车表示信息；同时，可根据配置文件设置站场显示位置、站场显示方向、站场的垂直和水平放大比例，还可实时显示本站采集系统的码位信息。

1. 列车调度指挥系统（TDCS）

TDCS 是实现铁路各级运输调度对列车运行实行透明指挥、实时调整、集中控制的现代化信息系统。TDCS 的设计分为国铁集团、铁路局、车站三层网络体系结构。

TDCS 的主要功能包括编制列车运行计划、自动采集列车运行时刻、自动绘制列车实际运行图、列车车次号的自动采集和跟踪、自动或人工调整阶段计划、向车站和机车自动下达阶段计划的调度命令、自动生成车站《行车日志》等。TDCS 的应用，大大减轻了调度员、车站值班员的劳动强度，在实现透明指挥、提高效率、保证安全等方面发挥了重要作用。

2. 调度集中系统（CTC）

CTC 是调度中心（调度员）对某一区段内的信号设备进行集中控制、对列车运行直接指挥和管理的技术装备。CTC 是综合了计算机技术、网络通信技术和现代控制技术，采用智能化分散自律设计原则，以列车运行调整计划控制为中心，兼顾列车与调车作业的高度自动化的调度指挥系统。

3. 列车调度指挥系统的维护

（1）国铁集团、铁路局、车站 TDCS 均应提供用户管理、系统配置文件维护及数据库（包括历史数据文件）数据维护等功能。国铁集团、铁路局系统维护台应实时监测主要计算机设备中核心进程的运行状况，并形成记录。当某进程出现异常情况时，给出提示并语音报警。

（2）国铁集团、铁路局、车站应分别向各自的上一级发送本级的通信状态信息。

（3）系统维护台应提供数据备份功能，将重要数据定期备份。

（4）系统维护台应实时显示主要计算机设备的主备工作状态、CPU 占用率、磁盘空间、有关日志文件的大小、状态，超过警戒则报警。

（5）系统维护台应具备网络管理功能，实时显示通道连接状态、主要网络通道的数据流量和误码率，当通道中断或者误码率超过警戒时应报警。

国铁集团 TDCS 中心、铁路局 TDCS 中心和车站基层网均应设置专用数据处理平台，采用独立业务专网，各级局域网通过专用数字通道互联。

设备构成应符合下列规定：

（1）国铁集团、铁路局设备由数据库服务器、应用服务器、通信服务器、接口服务器、工作站、网络设备、网络安全设备、显示设备及其他外设构成。

（2）车站设备应由 TDCS 综合处理机、车站服务器、网络设备、网络安全设备、车站值班员终端、开关量采集设备，以及无线车次号校核系统、调度命令无线传送系统的车站接口等设备组成。

4. 调度集中组成

调度集中由铁路局调度中心和车站两级组成。

（1）调度中心系统主要包括数据库服务器、应用服务器、通信前置服务器、接口服务器、大屏幕投影系统（或表示墙系统）、网络设备、网络安全设备、电源设备、防雷设备、网管工作站、系统维护工作站、调度员工作站、助理调度员工作站、值班主任工作站、控制工作站、计划员工作站、综合维修工作站等，根据需要也可为其他调度台设置相应显示终端。

（2）车站系统主要包括车站自律机、车务终端、综合维修终端、电务维护终端、网络设备、网络安全设备、电源设备、防雷设备，以及 CTC 与联锁、列控、信号集中监测系统的接口设备和无线系统接口设备等。

CTC 控制区段的划分，应根据行车调度区域确定。系统宜将同一调度区段内、同一联锁控制范围内车站（车场、线路所）的信号、联锁、闭塞设备纳入控制范围。

调度集中区段的两端站、编组站、区段站及调车作业较多的中间站，因车站作业较忙，如仍由列车调度员远距离操纵，需要与车站值班员电话联系，既浪费时间，又影响运输效率；有去往区间岔线的列车或中途返回补机的中间站，作业组织较为复杂。这些车站可根据实际情况，不列入调度所中心控制。但为了使列车调度员能掌握本区段的行车工作，确保行车安全，这些车站应能通过调度集中车站终端进行自动或人工控制。

调度集中应具有分散自律控制模式和非常站控模式。分散自律控制模式是根据列车运行调整计划或调车计划自动控制列车或调车运行进路，同时具备人工办理列车、调车进路的功能；非常站控模式是遇行车设备故障及施工、维修需要时，脱离调度集中系统控制转为车站联锁控制台人工办理的模式。

在普速铁路区段，GSM-R 数字移动通信系统或无线通信系统是分散自律调度集中正常运用的重要基础，应满足分散自律调度集中对语音、数据通信的功能要求。无线通信车载设备应具有车次号校核、列车停稳、调车请求、签收回执等信息发送功能。

在 GSM-R 工作模式下，CTC 设备通过由 GSM-R 网络、机车综合无线通信设备（CIR）、车次号校核机车数据采集编码器（可选配）、GPRS 接口服务器（GRIS）等组成的调度命令信息无线传送系统，实现调度命令（含行车凭证等）、接车进路预告信息、“调车作业通知单”等向司机可靠传送，接收无线通信系统传送的车次号校核、调车请求及签收回执等信息。

最高运行速度不超过 160 km/h 的机车，机车信号设备与列车运行监控装置（LKJ）结合使用。轨道车等自轮运转特种设备，使用轨道车运行控制设备（GYK）。

任务 2.4　站场设备

任务引入

广州南站，位于广东省广州市番禺区境内，又称广州新火车站、广州铁路新客站，是中国铁路广州局集团有限公司管辖的特等站。广州南站地处珠江三角洲的中心地带，是连接珠江三角洲城市群的重要节点，周边交通网络发达，紧邻多条高速公路和主干道，便于旅客和货物的快速集散。同时，广州南站还连接了京广高速铁路、广深港高速铁路、贵广高速铁路、南广铁路、广珠城际和粤西沿海铁路等多条重要铁路线，实现了与全国各大城市的快速连接。作为粤港澳大湾区、泛珠江三角洲地区的铁路核心车站，广州南站承担着重要的客运和货运任务，不仅为周边地区提供了便捷的交通服务，还促进了区域经济的繁荣和发展。通过广州南站，人们可以方便地前往北京、上海、香港等国内重要城市，实现了资源共享和优势互补。

广州南站总建筑面积达 61.5 万 m^2，站房总面积 48.6 万 m^2，站场设有 15 台 28 线。广州南站的设计充分体现了现代建筑与自然环境的和谐统一。车站的外观设计简洁大气、线条流畅，寓意着广州作为一座现代化大都市的蓬勃发展和活力。同时，车站内部的设计也充分考虑了旅客的出行需求和舒适度。巨大的玻璃穹顶棚形似 6 片飘浮于空中的芭蕉叶，体现了广东音乐《步步高》的意境；中部为 64 m 大跨拱形结构，形成了极具特色的建筑形态（图 2-13）。这样的设计不仅提高了车站的美观度，还为旅客提供了舒适的候车环境。

图 2-13　广州南站

请思考：

1. 广州南站都有哪些站场设备？
2. 广州南站都有哪些客运设备？

知识准备

2.4.1 站场设备

车站根据业务性质、运量大小及技术作业的需要，设置下列主要设备：

（1）到发线，指站内用于接发列车的线路。

（2）调车线，指站内用于车辆集结或列车改编调车的线路。

（3）牵出线，指站内用于调车作业时牵出车列的线路。

（4）机车运转整备线，指站内供机车上水、上砂、加油、检查等整备作业的线路。

① 车辆站修线，指站内供车辆部门施行货车辅修和摘车轴检、临修的线路。

② 救援列车停留线，指固定停留救援列车的线路，设在国铁集团指定的车站上。救援列车停留线应与正线或到发线贯通，并不得停放其他机车车辆，使用时无须转线即可出动。

③ 自轮运转特种设备停留线，指固定停放工务、电务、接触网等带有运行动力的维修专用车辆的线路。

（5）办理货物装卸的车站，应有专供装卸货物的线路。对大量卸粗杂、溜散货物的车站应设高架货物线；货物发送量较大的车站应有检查货物装载量的轨道衡线；办理大量牲畜、畜产品、水产鲜食品及危险货物的卸车站，一般应设置货车洗刷线路；油罐车基地应有专门整备油罐列车的整备线；调车场内应有专门停留装载爆炸品、气体类危险货物车辆的线路，以及机械保温车加油线等。

（6）机务段或折返段所在站，按照机车出入段与接发列车、调车作业干扰最小的原则，应设有机车出入段专用的走行线；根据需要设置出段机车等待挂头或入段机车等待入段的机待线。

（7）车站与动车组运用所连接时，应设动车组出入段（所）走行线，目的是减少动车出入库与车站接发列车之间的干扰。当设有机车出入段走行线并具有相同进路时，本着节省投资的原则，可合设共用，也可分设。

（8）动车组长期停放，是指动车组在中间站过夜停放。车站设动车组存车线，应具备为动车组供电、防溜、安全防护等条件。

（9）车站应设置通信、信号、联锁、闭塞设备。

（10）驼峰是技术作业站的主要列车改编设备，编组站、区段站应根据需要修建简易驼峰、半自动化驼峰或自动化驼峰。

① 简易驼峰，目前我国使用的简易驼峰，多数设在区段站或类似区段站的站场上，到发场与调车场一般横列布置。简易驼峰的调车场线路数量较少，驼峰咽喉区道岔型号不统一，推送坡较陡，驼峰溜放咽喉不设间隔制动减速器，峰下道岔控制一般采用电气集中或自动集中，调速设备宜采用简易制动设备。

② 半自动化驼峰，是装有自动集中控制溜放进路、减速器出口速度人工预定、采用半自动控制的驼峰，一般采用减速器、减速顶、加速顶等调速设备。随着驼峰控制技术的发展，半自动化驼峰应逐步改造为自动化驼峰。

③ 自动化驼峰，采用计算机控制系统，实现调节推峰速度、车辆溜放进路、车辆溜放速度自动控制的驼峰。调速设备采用减速器、减速顶、加速顶等。

（11）为确保接发列车和调车作业不发生交叉干扰，保证行车和车站作业安全，根据需要设置隔开设备等安全设施。

（12）调车作业繁忙的车站，为加强作业联系，应设置站场扩音和无线通信设备，并设置货运票据和调车作业单传递装置；车场内经常有调车、接发列车，以及车辆检修人员等进行作业时，车场线路间应用砂石垫平并经常保持平坦；车场还应设有良好的排水设备和高架照明；车场间应有硬路面通道。

（13）为提高信息化水平，提高作业效率，编组站、区段站应设置列车预确报、现车管理等信息化系统设备。

（14）为加强联系，提高作业效率，作业繁忙的车站应设置无线调车灯显设备。为加强调车安全控制，应根据车站调车作业实际情况，设置无线调车机车信号和监控系统（STP）。

（15）编组站、区段站为确保货物列车尾部安全防护装置正常使用，应设置货车列尾装置主机的维修、检测设施设备。

（16）为保证货物列车运行安全，编组站、区段站和开行动车组列车的客货共线线路入口车站应设超偏载检测装置、轨道衡、超限检测仪、货车装载视频监控设备等货运安全检测设备。

超偏载检测装置用于检测货车装运货物的超偏载情况。该装置由秤体结构、压力传感器、剪力传感器、数据采样器件及计算机处理系统组成。该装置应符合铁路货车超偏载装置技术条件要求及相关的检定规程，按规定进行安装，超偏载测试数据应与铁路局信息中心和车站监控系统联网，并实现实时监控和报警。

（17）机车乘务员、动车组司机及随车机械师、客运乘务组中途换乘的车站，应为乘务员换乘和休息创造良好条件，设置值班室、休息室及其他配套设施。

（18）编组站到发线间有货物列车列检作业时，列检作业人员需要每天在股道内多次走行，夜间和不良天气时作业条件较差，因此，到发线间地面应具备方便作业的条件。

2.4.2 客运设备

客运站房，应根据客运量设有便于购买车票、办理行李包裹、候车、问询、引导、广播、时钟、携带品寄存，以及为旅客服务的文化、卫生及生活上的必要设备。根据规定，还应设置实名制验证和制证设备、安全检查设备、客运信息查询设备、视频监控设备、行李包裹到达查询设备、垃圾存放设备、消防设备等，根据需要设置电梯、自动扶梯、无障碍通道和相应的助残设施、污物处理、自动售检票和取票设备等。

办理客运业务的车站应设旅客站台，并应有照明、引导、广播、时钟和视频监控设备。车站应设置围墙或栅栏。办理行李包裹业务的车站应设行包通道，站台长度应满足行包装卸作业需要。大、中型客运站站前应有广场，站台应有雨棚，跨越线路应采用天桥或地道。

办理客运业务车站的主要任务是保证旅客安全、正确、迅速、舒适地上下车与集散，方便旅客办理旅行手续。为此，客运站舍均应设有便于旅客购买车票和候车的售票室、候车室，以及办理行李和包裹业务的行李房，并按规定设置安全检查、客运信息查询显示、行李包裹到达查询等设施设备。随着铁路实名制购票的实施，网络订票的推广，以及站内安全管理的需要，客运站还应设有实名制制证和验证、取票、视频监控等设备。客运量较大的车站还应设有旅客问询处、综合监控室、小件携带品寄存处、餐厅、小卖部、盥洗间及饮水设备等，以满足旅客文化、卫生和生活上的需要。站内主要通道还应根据需要设置电梯、自动扶梯、无障碍通道和助残设施。为满足站内环境卫生和旅客列车垃圾下车，还应设置垃圾存放和处理等设施设备。

凡办理客运业务的车站和旅客乘降所，均应设置有雨棚的旅客站台和照明设备，便于旅客乘降；办理客运业务的车站，应设置围墙栅栏，保证旅客乘车安全和车站运输安全。客运量较大的车站，利用中间站台乘降旅客或列车通过速度超过 120 km/h 时，应设置地道、天桥，减少旅客乘降与接发列车、调车作业的干扰，保证人身和行车安全。旅客列车行包装卸作业量较大，站台长度应满足行包装卸作业需要。

旅客列车停靠的高站台边缘距线路中心线的距离为 1 750 mm，安全标线距站台边缘 1 000 mm。非高站台安全标线与站台边缘距离为：列车通过速度不大于 120 km/h 时，为 1 000 mm；列车通过速度在 120 km/h 以上至 160 km/h 时，为 1 500 mm；列车通过速度在 160 km/h 以上至 200 km/h 时，为 2 000 mm。同时也可在距站台边缘 1 200 mm（困难条件下 1 000 mm）处设置防护设施。

高站台有利于旅客乘降，提高旅客上下车的舒适性，缩短列车停站时间，只有旅客列车停靠的站台宜设为高站台。但高站台对货物列车通过有影响，特别是不能通过超限货物列车，因此，有超限货物列车通过的站台不应设为高站台。

非高站台安全标线位置与列车速度有关。根据空气动力学原理，列车运行时将带动周围空气以相同速度运动，在一个空间内，高速流动的空气比低速流动的空气具有更小的压力。因此，在列车通过时，站台上候车的旅客身体前后具有不同的压力，人的身体将产生向列车一侧倾倒的趋势：列车通过速度越高，与列车距离越近，列车通过时产生的压力差越大；通过列车速度越高，防护安全距离越大。为了确定站台旅客安全防护距离，中国铁道科学研究院曾在环形试验基地进行过专项试验，站台安全标线距站台边缘的距离，主要根据试验结论确定。如果站台设于正线与到发线之间，正线列车通过速度较高，除设置站台安全标线外，根据需要也可设置站台防护栅栏或其他设施。防护栅栏距站台边缘 1 200 mm（困难条件下 1 000 mm），主要考虑当列车停止时，在栅栏与列车之间可供 2 个单人行走避让或 1 人带大件行李走行的需要。

2.4.3 货运设备

办理货运的车站，根据需要应设下列设备：

（1）办理托运、检斤、制票、问询、交付等设备。

（2）办理货运作业的站台、仓库及货位、堆场、集装箱装卸场地、雨棚、排水、消防、照明、通路及围墙等设备。

（3）货运安全检测及防护、视频集中监控等设备。

（4）为提高货运组织和作业管理现代化水平，应设信息化系统。

货物装卸量较大的车站，应设综合性货场和专业性货场。

综合性货场办理不同种类的货物，以及与车站接轨的专用线作业。

专业性货场专门办理某一种或几种大宗货物，这类货场应按货物性质及数量合理设置。在大量装卸牲畜、家禽的车站，应设置牲畜、家禽装卸站台，以及牲畜圈和供水设备。办理爆炸品货物的专用货场，应按规定设在远离城市的地点，该货场应按规定与铁路正线、到发线、城市居民点有足够的安全距离，并应有防爆围墙、照明及特殊消防器材等设备。在国铁集团指定的机械保温车加油站，应设置机械保温车加油设备；冷链运输节点站，应设置保温车作业的设施设备。办理集装箱业务的车站，因集装箱内部货物不可见，可能因货物集重或集装箱对位装载等原因造成车辆偏载。因此，可根据需要配置货车超偏载检查设备，也可在集装箱装载时进行检测。货车洗刷除污地点，应设处理污染及排泄设备。

尽头式站台主要是为了装卸轮式、履带式货物而设的，为保证装卸过程中车辆与站台牢固连结，尽头式站台端部应装设车钩缓冲装置。

为了减轻工人劳动强度、提高装卸作业效率、加速货物运送及车辆周转，货物装卸作业应采用机械化设备。

重载铁路是指开行单元重载列车、组合重载列车、采用较强轨道结构和专用车辆的货运专线铁路，列车牵引重量一般在万吨及以上，通常采用集疏运一体化运营方式。当列车牵引重量超过万吨时，为了使列车起动和制动时车钩受力在允许的范围之内，需要采用组合列车方式。重载铁路编组站有别于普通编组站，主要功能是完成重载列车的组合和分解，应设列车组合车场；空车方向到达的列车，通常需要进行临时检查或分批入段检修，为满足车辆作业应设空车分解车场；根据运输需要，部分列车需要更换或加挂机车，车辆需要入段检修，因此，重载铁路编组站应设机务、车辆维修设施。

重载铁路运营方式有别于普通铁路，线路维护、通信信号设备维修、供电设备维修、应急救援等设置比较集中，除满足日常运输外，还应满足线路在集中修期间运输与维修的需要。因此，重载铁路编组站应设工务、电务、供电、应急救援等必要的设施。

集装箱中心站除办理集装箱业务外，还兼办铁路物流业务，是铁路大型专业化货运基地。根据国铁集团对大型装卸基地的建设原则，线路有效长应满足整列装车的要求，应具备各种集装箱运输、装卸、维修、物流及联运的设备，为提高运输组织与管理水平还应采用信息管理系统。

任务 2.5　其他设备

任务引入

“复兴号”，是中国标准动车组的中文命名，是由中国铁路总公司牵头组织研制、具有完全自主知识产权、达到世界先进水平的动车组列车（图 2–14）。2012 年，中国标准动车组“复兴号”正式启动研发；2017 年 6 月 25 日，中国标准动车组被正式命名为“复兴号”，于 26 日在京沪高铁正式双向首发；2018 年 7 月 1 日起，全国铁路实行新的列车运行图，16 辆长编组“复兴号”动车组首次投入运营；同年 8 月 1 日，京津城际铁路运行的动车组列车全部更换为“复兴号”。2018 年 12 月 9 日，“复兴号”中国标准动车组项目获第五届中国工业大奖。

图 2-14　“复兴号”动车组

完全由中国制造的“复兴号”，全面实现网络控制系统的互联互通，使得不同厂家生产、不同型号的动车组列车能够重联运行、相互救援。更为流畅的身形，背后是气动阻力进一步下降与更高的承载能力，使得列车轻松实现持续高速运行。列车制动系统全面自主化，研究人员深入生产车间检测每个零件的生产，竭尽全力保障列车制动安全，此外还增设了碰撞吸能装置、防脱轨装置、防车厢与车架分离装置等，做到更为全面的安全防护。更舒适、更安全、更速度，旅客的出行体验得到全面提高。中国铁路的速度，伴随着中国发展的脚步，一路风驰电掣。

请思考：

1.“复兴号”动车组在哪进行定期检修、技术改造、日常维修及整备作业？

2. 动车段内都有哪些设备？

3. 其他列车的维修保养在哪里进行？

4. 还有哪些与机车车辆运行、维修养护、救援等相关的设备？

知识准备

2.5.1　机务设备

为适应运输需要，必须保证机车的良好状态，因此应在机务段或机车检修段等机务维修机构按有关修程对机车进行检修作业。一般在机务段进行机车年检或中修及以下的修程、整备作业和部分机车的大修修程等，由机车检修段等机务维修机构担当机车二年检、六年检或大修修程。

机务段的设置应遵循资源优化配置、便于运输组织及提高运输效率等原则，一般设置在客、货列车始发终到较多，车流大量集散的枢纽地区。

为保证机车在段内停放和整备作业的安全，防止机车溜逸，机车各停留线、整备作业线应保持平坦。因地形限制时，允许线路纵断面坡度不超过 1‰。

为了适应“和谐”系列电力机车、内燃机车大量投入运营的发展需求，在上海、天津、广州、武汉、哈尔滨、成都和西安等地投资建设了“和谐”型机车检修段。

机车运用整备是指机车出段牵引列车前，在段内进行的技术准备工作。内燃机车运用整备设备包括补充砂、水、润滑油、燃料及转向、检查、检测、清洗、保养、卸污、化验、照明等设备，还有加温保温、废油储存等设备；电力机车整备线上，除补充砂、润滑油及转向、检查、检测、清洗、保养、照明等设备外，还应有接触网和分段绝缘器、带接地的隔离开关及联锁标志灯等，以确保作业人员的安全。机车运用整备场根据生产规模、作业条件等需要，合理配置必要的机车运用整备设备。各种设备的布局，应考虑最大限度地平行作业；不能采用平行作业时，可按作业程序设置，但要满足机车移动次数少、走行距离短、缩短机车整备作业时间的要求。作业量较大的机车运用整备场整备作业股道多，为了提高效率，应配置股道管理自动化系统。

机务段的基本检修设备包括直流传动机车的中修、小修、辅修及临修，以及交流传动机车的年检、半年检、季检、月检及临修等必要的设施设备；机车检修段的基本检修设备包括交流传动机车的二年检、六年检等必要的设施设备。机车检修应有机车库、棚和配件修理、辅助加工、动力、起重、运输、试验等厂房及设备。依据机务段、机车检修段承担的检修任务及范围的不同，可以全部或部分设置。

机车按牵引动力方式分为电力机车、内燃机车，传动方式主要有交流传动和直流传动。随着铁路牵引动力的技术进步，在我国交流传动机车已经逐渐取代直流传动机车成为铁路牵引的主力军。

机车应有识别的标记：路徽、配属局段简称、车型、车号、最高运行速度、制造厂名及日期。在机车主要部件上应有铭牌，在监督器上应有检验标记。电气化区段运行的机车应有“电化区段严禁攀登”的标识。内燃机车燃料箱上应标明燃料油装载量。机车须配备机车信号、列车运行安全监控系统（LKJ、机车安全信息综合监测装置 TAX 箱、机车语音记录装置、列车运行状态信息系统车载设备、机车车号识别设备）、车载无线通信设备、机车列尾控制设备等。机车应逐步配备机车车载安全防护系统、机车鸣示警系统及空气防滑装置等。机车应向车辆的空气制动装置提供风源，具有双管供风装置的机车应向车辆空气弹簧等其他用风装置提供风源；具有直供电设备的机车应向车辆提供电源。电力机车还应配备自动过分相装置，并根据需要装设弓网检测装置等。根据需要，机车还可配备车内通信、空调、卫生及供氧等设备。

机车实行计划预防修，逐步推行基于大数据技术的预见性维修，开展机车主要部件的故障预测和健康管理，实施主要零部件的专业化、集约化、规模化、集中检修。

计划预防修是目前及今后一段时期机车实行的维修体制，即根据检修规程规定的周期，预先安排计划，对机车进行规定内容的检查、修理。预见性维修是基于过程数据，通过预测设备可能的失效模式，根据设备实际状态需要，安排维修活动。与传统的计划修、状态修相比较，设备的检修成本较低，而可靠性更高。

机车乘务制度分为包乘制和轮乘制，采用哪种制度由铁路局确定。

1. 包乘制

包乘制是指固定乘务人员（包车组）使用固定机车的乘务方式。包车组对所包乘的机车负有使用、保养和自检自修范围内的全部责任。包车组应熟悉了解机车的性能、技术状态、操纵特点等，有利于操纵和保养机车。

2. 轮乘制

轮乘制是指乘务人员不固定使用机车的乘务方式。每班乘务员按规定的时间得到充分休息后，根据机车周转需要，由机务段乘务值班室派班出乘。这样，可以提高机车运用效率，并可节省机车乘务员。机车实行轮乘制，必须配备技术熟练的地勤人员并加强机车乘务员的责任教育，以保证机车质量良好。

为了适应运输需要，必须保证铁路车辆良好的技术状态，因此需要在车辆段等车辆维修机构对铁路车辆进行定期检修、技术改造、日常维修及整备作业。车辆段应设在编组站、国境站和枢纽，以及货车大量集散和始发终到旅客列车较多的地区。应有车辆修理库、油漆库、配件检修库、预修库、车辆停留线和轮对存放库，并按车辆检修作业要求配备相应的起重、动力、配件检修、储油、压力容器、试验、化验、探伤、照明及废油、污水和污物处理等设施设备，以及检测、维修车辆运行安全监测系统、轴温报警、客车尾部安全防护装置和车辆信息化系统、车辆集中空调及管道清洗消毒等设施设备。段内的车辆检修、整备、停留的线路应平直，线路纵断面的坡度不得超过 1‰。

2.5.2　车辆设备

车辆段按其业务性质主要分为：客车车辆段、货车车辆段、客货车车辆段等。

（1）客车车辆段（简称客车段）一般应设在旅客列车始发终到较多的地区，并配属有一定数量的客车。

（2）货车车辆段（简称货车段）一般应设在编组站、国境站、枢纽和货车大量集散或大量装卸货物的地区。

（3）客货车车辆段（简称客货混合段）一般应设在货车编组作业较多，还有一定数量旅客列车到发的地区。

为了满足车辆检修作业的需要，保证检修质量，提高劳动生产率，减轻劳动强度，确保安全生产，车辆段应根据需要配备各种设施设备。

车辆修理库（简称修车库）按用途分为客车修理库和货车修理库。

（1）客车修理库：根据检修作业的需要，对客车实施段修（含快速及提速客车 A2、A3 修）、发电车中修，应备有起重、动力、轮对检修、储油、废油及污水处理、试验、化验和照明等设备，还应分别设有油漆库、检修柴油机、电机等设备。

（2）货车修理库：从事铁路货车修理的车辆段应按货车修程设置厂修、段修、辅修、临修等修车库，并根据检修作业的需要备有起重、动力、轮对检修、储油、废油及污水处理、试验、化验和照明等设备。检修机械保温车的车辆段还应分别设有油漆库、检修制冷机、柴油机、发电机等检修作业所需的设施设备。

配件检修库是为了满足车辆主要零部件专业化集中修的需要而设置的，须备有配件检测、检修基础设施设备。

预修库是段修车入库前进行预检、预修的场所。为了满足段修车预检、预修的需要，车辆段应设置预修库。预修作业主要包含涂去车辆标记、清除车内垃圾等异物、拆解不良配件、更换不良车门、调修车体钢结构、铺设木结构地板，以及分解拉环、挡键、防盗罩装置等。

罐车洗刷设备是指真空泵、水泵、洗罐器、打风机、油鹤、储油池、沉淀池、通风机、洗罐工作台和油、水、气管路，以及处理污染等设备。

车辆停留线是为停留等待修理的定期检修车、事故破损车和整备车等的线路；轮对存放线是为停放良好备用或待修轮对的线路。

客车整备库是为满足本外属客车的检修整备需要而设置的，应配备满足需要的客车不落轮数控镟床、架车机、落轮机、桥式起重机、车顶作业设备、制动机试验器、固定脱轨器等。

地面电源需满足本属客车检修整备及外属客车库内预冷预热的需要。

车辆运行安全监测系统是为确保车辆运行安全配备在客、货车上的系统，目前主要有客车轴温报警、客车运行安全监控系统（TCDS）、红外线轴温探测系统（THDS）、货车故障轨边图像检测系统（TFDS）、货车滚动轴承早期故障轨边声学诊断系统（TADS）、车辆运行品质轨边动态监测系统（TPDS）、车辆轮对故障、尺寸动态检测系统（TWDS）等。

客车技术整备所是维护保养客车的重要场所，是对运用客车施行技术整备，即实施全面检修、清除故障的场所，也是对客车施行辅修、临修（摘车）及整备的重要场所。为此，应贯彻定期整修与日常维修保养并重、预防为主的方针，配备相关检修需要的设施设备，充分发挥客车技术整备所对客车日常检修保养的作用，确保旅客列车安全、舒适、快捷运行。

为了保证车辆良好的技术状态，在路网性和编组站的车场设置特级列检作业场；在列车编组作业量较大或大量装卸货物的其他编组站、区段站的车场，以及停车技术作业中转列车较多的区段站、中间站设置一级列检作业场；在利用 TFDS 进行通过作业，且列车编组、摘挂作业量较小的区段站、中间站设置二级列检作业场。列检作业场的列车技术作业包括列车技术检查、列车自动制动机性能试验、铁路货车故障处置和修理等。列车技术检查作业方式分为：动态检查、人工检查、人机分工检查等。

在旅客列车到发较多的车站，按规定设客车列检所；在大量装卸货物的地点设装卸检修作业场；在国境站、路矿交接站等地点设车辆技术交接作业场。

为缩短车辆技术检查作业时间，及时组织列检作业，并为尽快修复技术不良车辆创造条件，在车辆技术检查作业的地点，须设有值班室、待检室和扩音对讲设备。到发作业线路间应用砂石填平，线路应铺设木枕或平头钢筋混凝土轨枕，以便于起镐架车，并应设有空气压缩机、风管路、列车制动试验及列车车辆制动试验监测装置、集控联锁安全防护装置、搬运、排水、照明及其他必要的设备。客列检还须设有列车预确报、现车管理等信息系统设备终端等设施。

站修作业场应设在列检作业场所在站，应设有修车库或修车棚，其线路应铺设钢筋混凝土枕，地面应硬化，并应有机械化搬运、起重、试验、配件加修、风管路、水管路、排水、电焊及照明等设施设备。

铁路货车安全防范系统是车辆运行安全监控系统的重要组成部分，包括红外线轴温探测系统（THDS）、货车故障轨边图像检测系统（TFDS）、车辆运行品质轨边动态监测系统（TPDS）、货车滚动轴承早期故障轨边声学诊断系统（TADS）、车辆轮对故障、尺寸动态检测系统（TWDS）等，主要是通过信息化手段对车辆运行安全进行监控，及时发现车辆故障。须按照国铁集团统一规划、分步实施的原则，不断优化和完善探测站布局，实现探测站、铁路局监测站、全路车辆运行安全监控中心三级联网，列检作业场、车辆段、铁路局监测站三级复示应用，满足点线成网、跟踪运行、局间互控的要求。

车辆按用途分为客车、货车及特种用途车。

1. 客车

客车依其构造形式和用途主要分为：

（1）软卧车及硬卧车，供长途旅客乘坐及睡眠使用，车内设有铺位、厕所、洗面间等设备。

（2）软座车及硬座车，供旅客乘坐使用，车内设有座椅、厕所、洗面间等设备。

（3）餐车，供旅客在旅行中饮食就餐用的车辆，车内设有厨房、餐室及储藏室（同时还有小卖部）等设备。

（4）邮政车，供运送邮件及邮政人员使用，车内设有邮政间及邮政员办公室等设备。

（5）行李车，供运送旅客行李、包裹及行李员办公使用，车内设有行李间及办公室等设备。

2. 货车

货车依其构造形式和用途主要分为：

（1）敞车，供装运散粒货物（如煤、矿石、砂等）、木材、钢材，以及小型机器设备和集装箱使用；加盖防雨篷布之后，还可装运怕雨淋的货物，以代替棚车使用。

（2）棚车，供装运贵重和怕日晒、雨淋的货物使用。

（3）平车，供装运各种设备、汽车、木材、钢材和桥梁等体积较大的货物使用，并可装载各种军用装备。

（4）罐车，供装运各种液体、液化气体和压缩气体货物使用。

（5）保温车，供运输防冻防腐货物使用。

（6）集装箱专用车，供装运集装箱使用。

（7）漏斗车，供装运各种矿石、矿粉等货物使用。

（8）长大货物车，供装运超限或超重货物使用。

（9）毒品车，供装运有毒有害化学品使用。

（10）家畜车，供装运家畜和家禽使用。

（11）水泥车，供装运散装水泥使用。

（12）粮食车，供装运散装粮食使用。

3. 特种用途车

特种用途车指具有特殊用途的专用车辆，如试验车、发电车、救援车、检测车、检衡车、轨道检查车、接触网检查车、电务检查车、除雪车、文教车及各类作业车等。

为了便于运用、检修和管理，每一车辆均应具有《铁道车辆标记　一般规则》（TB/T 1.1—1995）中所规定的各种标记，主要标记的规定如下：

（1）路徽：为区别于外国车辆和不属于国铁集团的国内厂矿企业自备车辆，在国铁集团所属的车辆上，一律按规定涂刷铁路路徽。在货车上还应按规定安装带路徽的产权标牌。

（2）车型车号：车辆型号及号码，按照《机车车辆车种、车型和车号编码规则》系列标准（TB/T 3443.1～TB/T 3443.3）的规定进行编码。

型号又分为基本型号和辅助型号。基本型号代表车辆种类，用汉语拼音字母表示，如 YZ、RW、C、P、N 等（表 2–1、表 2–2）。

表 2–1　客车基本型号表

序号	车种	基本型号	序号	车种	基本型号
1	软座车	RZ	3	软卧车	RW
2	硬座车	YZ	4	硬卧车	YW

续表

序号	车种	基本型号	序号	车种	基本型号
5	行李车	XL	11	卫生车	WS
6	邮政车	UZ	12	试验车	SY
7	餐车	CA	13	维修车	WX
8	空调发电车	KD	14	特种车	TZ
9	公务车	GW	15	救援车	JY
10	医疗车	YL	16	文教车	WJ

注：双层客车各车种的基本型号在相应车种前加“S”。

表 2-2　货车基本型号表

序号	车种	基本型号	序号	车种	基本型号
1	敞车	C	8	长大货物车	D
2	棚车	P	9	毒品车	W
3	平车	N	10	家畜车	J
4	罐车	G	11	水泥车	U
5	保温车	B	12	粮食车	L
6	集装箱专用车	X	13	特种车	T
7	漏斗车	K	14	小汽车专用车	SQ

辅助型号代表车辆的构造形式，用阿拉伯数字表示，附加在基本型号的右下方。例如，YW_{25}中的“25”、C_{70}中的“70”，即表示该车为25型硬卧车和70型敞车的结构。

号码为车辆的顺序号码，每一车辆应有唯一的车号。客车、货车的车号编码采用数字码，客车以六位阿拉伯数字表示，货车以七位阿拉伯数字表示。

（3）制造厂名及日期标牌：固定于车辆两侧梁的中部，内铸有制造厂名及制造年月。

（4）定期修理的日期及处所：车辆定期检修的时间和检修单位简称，右侧为本次检修时间和单位，左侧为下次到期检修时间。

（5）自重：车辆本身的重量，以t为单位，取小数点后一位，小数点以下第二位四舍五入。

（6）载重：车辆允许的最大载重量，以t为单位。

（7）容积：行李车、邮政车和货车（平车除外）可供装载货物的容量，以m^3为单位，保留小数点后一位，并在总容积下面附加括号内（长×宽×高）的尺寸，以m为单位，取小数点后一位。罐车还应标明容量计算表的号码，供计算不同罐车、装载不同深度时的实际装入量。

（8）换长：以两端车钩钩舌内侧距离为11 m长的货车为换算单位。测量车辆两端车钩钩舌内侧距离的长度（m）与11 m的比值，即为该车的换长。

（9）车号自动识别标签：目前部分车辆已有车号自动识别标签，考虑到未来车辆信息化管理需要，应加装车号自动识别标签。

（10）配属标记：对固定配属的车辆，涂打所属铁路局和车辆段的简称。例如，“京局京段”代表北京铁路局北京车辆段的配属车。

（11）客车车种标记：为便于旅客识别客车车种，在客车两侧外墙板端部涂打车种汉字称号，如“硬卧车”“硬座车”等。

（12）客车定员标记：按客车设备（座位或卧铺数）标明可容纳人数，固定在客车内部两端门上部。

（13）车辆定位标记：车辆的方向定位称呼是以制动缸活塞杆推出的方向为第一位，相反的方向为第二位。在第一位车端还装有人力制动机。

车辆的车轴、车轮、轴箱、车钩、转向架、底架各梁和其他部件的位置称呼，是由第一位车端数起，顺次数到第二位车端。如果位置是左右相对的，则从第一位车端从左到右按照顺序数到第二位车端（站立在第一位车端，面向第二位车端，其左侧为单数，右侧为双数）。

在编成列车中的车辆，前后左右称呼是按照列车运行方向，前进的一端叫作前部，后面的一端叫作后部，在后部面向前部站立，按人的左右侧而定出左右。

（14）特殊标记：

表示车内有拴马环或其他拴马装置的货车。

(MC)表示符合国际联运条件的车辆。

表示禁止通过驼峰的车辆。

(关)表示车辆活动门板及其他活动部分翻下时，超过车辆限界，必须关闭后方准运行。

(超)表示车辆某部分超出车辆限界。

(卷)表示在敞、煤、矿石等货车的侧梁端部装有卷扬机挂钩，指定在此部位用卷扬机拉车。

(延)表示车辆允许延期检修标记。

(特)表示可装运坦克及特殊货物。

◎表示须在指定部位顶车作业标记。

表示须在指定部位吊装作业标记。

白色横线，在车体两侧墙中央涂以宽 200 mm 的白色横线，表示救援列车的车辆。

环形色带，装运危险货物的罐车，在罐体两侧纵向中部应涂刷一条宽 300 mm 表示货物主要特性的水平环形色带，红色表示易燃性，绿色表示氧化性，黄色表示毒性，黑色表示腐蚀性。

为了实现铁路货车的实时追踪管理，采用了机车车辆自动识别设备系统，可实时、准确地采集车辆运行状态数据，如列车车次、车号、状态、位置、去向和到发时间等信息，大大提高了铁路运输管理效率。机车车辆自动识别设备系统应符合《铁路机车车辆自动识别设备技术条件》（TB/T 3070—2002）的规定。货车车体底部应装有车号识别标签，在标签中可输入车辆被识别的信息。

车辆各种零部件在运用中会发生磨耗、裂纹、折损、变形、松弛及腐蚀等损伤。为了及时消除车辆的缺陷和各种损伤，应经常保持车辆状态良好，必须实行定期检修。车辆实行定期检修是一种有计划的预防性维修制度。车辆检查周期及技术标准按国铁集团车辆检修规程执行。

旅客列车和机械保温车组应实行包乘制，检修应实行包修制和专修制；固定装卸地点循环使用的特快货物班列、快速货物班列、整列集装箱车、罐车、漏斗车、煤炭运输车，以及需实行固定配属的专用货车，实行固定配属制；其他货车实行按区段维修保养负责制。

2.5.3 动车组设备

为了适应运输需要，必须保证动车组良好的技术状态，因此需要在动车段、动车所等维修机构按时对动车组进行定期检修、技术改造、日常维修及整备作业。目前，动车段主要承担动车组高级修（三、四、五级修），动车所主要承担动车组运用维修（一、二级修）和整备作业。

动车段、动车所是动车组检修、整备的场所，为保证行车安全、满足行车需要，必须配备相应的检修设施设备，具备相应的检修能力。动车段、动车所为满足动车组运用检修、行车安全设备检修、客运整备能力及相应的存车条件，以及动车段承担动车组三、四、五级修程，还应具备动车组相应修程的检修能力。行车安全设备主要包括列控车载设备、列车运行监控装置、机车信号、列车无线调度通信设备、动车组监控设备等，以及与之配套的传感、信息输入、信息输出和连接设备等，用于防止列车运行事故或辅助司机提高操纵列车运行安全能力的装备。

动车组管理信息系统由系统软件平台、系统硬件平台及系统网络通信平台构成，可实现动车组履历管理、调度管理、安全质量管理、作业过程管理、技术支持、配件管理和配送支持、设备管理等相关功能。

动车所应设置存车线、检查库、轨道桥、立体作业平台、临修库、洗车线、备件存放库、轮对故障动态检测棚、空压机室等设施，配备对转向架、车下设备、车上及车顶设备进行检查、维护、更换、检修和清洗等作业的相应设备，满足动车组一、二级检修需求。

动车段可根据需要设置检修库线、材料运输线、试验线、牵出线、解编线等线路，整车检修库、转向架检修库、车体检修库、油漆库、调试整备库、电机电器间、制动空压机间、空调检修间、备件立体存储库等设施；并应配备整列架车机、移动式接触网、大部件起重运输设备、电务车载设备，以及各类部件解体、清洁、测试、检修、组装、调试等设备，满足动车组相应级别检修需求。

动车组应有识别的标记：路徽、配属局段简称、车型、车号、定员、自重、载重、全长、最高运行速度、制造厂名和日期、定期修理日期、修程和处所。动车组应有“电化区段严禁攀登”的标识。

动车组实行以走行公里周期为主、时间周期为辅的计划预防修，检修方式以换件修为主，主要零部件采用专业化集中修。动车组修程分为一、二、三、四、五级，检修周期及技术标准按国铁集团动车组检修规程执行。

2.5.4 自轮运转特种设备

自轮运转特种设备是自带动力、无需机车牵引或附加牵引动力的移动设备，一般最高运行速度不超过 160 km/h。轨道车主要包括重型轨道车、起重轨道车、发电轨道车、轨道平车和收轨平车等。施工、维修专用车辆主要包括架桥机、铺轨机、接触网作业车、接触网放线车、高空作业车、大型养路机械等。其中，大型养路机械是用于铁路线路大修及维修养护的专用设备，按照其作用不同分为清筛机、捣固车、路基处理车、大修列车、钢轨探伤车、桥梁检查车、钢轨及道岔打磨车、动力稳定车、配砟整形车和焊轨车等。

自轮运转特种设备须符合国家和铁道行业有关标准。轨道车等自轮运转特种设备按列车运行时，轨道车运行控制设备、列车无线调度通信设备应作用良好，运行状态下应满足机车车辆限界的规定。

2.5.5　行车安全监测设备

铁路行车安全监测设备是指对铁路运输移动设备、固定设备的运行状态进行实时监测，对设备故障及时报警，并具有数据记录和存取功能的装置。行车安全监测设备应安装在被监测设备上或其附近，一般不参与设备的直接控制，根据需要可选择车载和地面两种形式。

随着铁路列车运行速度的提高、新技术装备的应用，行车安全监测设备在保证铁路运输安全方面所发挥的作用越来越大。铁路各专业部门运用科技手段，建立和运用了一大批行车安全监测设备，并且逐步实现了安全监测系统的网络化、信息化。

（1）机车车辆的车载监测设备，是指安装在机车、客车、货车上，对其本身运行状态和故障进行监测的安全技术设备。例如，机车、货车行车安全监测诊断系统、客车轴温报警及运行安全监控系统、列车运行状态信息系统车载设备、机车车载安全防护系统等车载设备。车载监测设备对机车车辆出现的故障可通过报警提示司机，不直接对列车运行进行控制。

（2）机车车辆的地面监测设备，是指安装在铁路线路两侧地面上，对机车车辆进行安全监测的技术设备。例如，车辆运行品质轨边动态监测系统、红外线轴温探测系统、货车故障轨边图像检测系统、货车滚动轴承早期故障轨边声学诊断系统、客车运行故障图像检测系统等地面监测设备。地面监测设备应满足铁路限界规定，不得影响行车安全，且便于维修养护。

（3）轨道、通信、信号、牵引供电、电力、电力贯通（自闭）线等固定设备的移动检测设备，是指利用安装在移动设备上的装置对固定设施进行监测的安全技术设备。例如，综合检测车、车载式线路检查仪、轨道检查车、电务试验车、接触网检测车、钢轨探伤车、隧道检查车、隧道限界检测车等。

（4）线路、桥梁、隧道、通信、信号、牵引供电、电力等固定设备的在线自动监测设备，是指安装在地面上，对固定设备进行监测的安全技术设备。例如，信号计算机监测、道岔电气机械状态监测装置、轨温检测与报警、桥梁监测、路基安全、隧道运营机械通风监控、视频监控、高危路段线路障碍自动监测预警、信号微机监测、信号设备故障专家诊断、车站信号应急联锁、电力远动自动监测等系统设备。

（5）车站行车作业监控设备，是指安装在车站对站内行车作业进行安全监控的设备。例如，货运站安全监控管理、货运计量安全检测监控、危险货物运输安全监控、铁路限界管理及超限超重货物运输、调车作业监控系统、货车装载视频监视系统、铁路散堆装货物运输抑尘智能控制及作业质量监控、车务远程网络监控、客运站视频监控、牵引变电所远程视频监控、公安编组站站车安全监控、货场视频监控、调车作业监控货车装载安全状态监测（安全门）、货车装载安全监控视频系统等设备。

（6）自然灾害综合监测预警设备，是指对铁路沿线不良地质条件和线路周边环境等自然灾害进行现场监测的设备。

（7）列车安全防护预警系统、道口及施工防护设备，是指列车接近铁路沿线的平交道口和施工作业位置的安全防护预警系统设备。例如，道口自动防护设备、施工人员对讲机定位设备等。

2.5.6 救援设备

根据《铁路交通事故应急救援规则》（铁道部令第 32 号）中的有关规定，“加强铁路交通事故的应急救援工作，最大限度地减少人员伤亡和财产损失，尽快恢复铁路运输秩序”，为及时处理行车事故、起复机车车辆、清除线路故障、迅速恢复行车，在国铁集团指定的沿线适当地点设事故救援列车、电线路修复车、接触网抢修车，配备应急通信设备，并处于整备待发状态，工具备品应保持齐全整洁、作用良好。各种维修、救援车辆上应配备应急通信设备，如对讲机或其他专用通信设备，保证车上工作人员、现场和铁路局应急救援中心之间通信通畅，提高工作效率。

救援列车是在铁路线路上发生列车脱轨、颠覆和线路水害、塌方等事故时，用以排除线路故障物、起复机车车辆的专用车列。

电线路修复车是为了修复自然灾害或其他原因造成的信号、通信电线路损坏而装备的有工具、器材的专用车辆，可编入救援列车开往事故现场。

接触网检修车是为了修复电气化铁路接触网断线、电杆及铁塔倒伏、瓷瓶破损等情况而特设的专用车。

除上述三种救援设备外，为使发生轻微脱轨的机车车辆及时起复，根据运输生产需要，铁路局应在无救援列车的编组站、区段站和二等以上车站成立事故救援队，配备简易起复设备和工具。

随着铁路通信事业的发展和救援工作的需要，国铁集团、铁路局应急救援指挥中心应建设应急平台，配备相应的应急指挥设施和通信等设备，确保事故现场的图像、话音及数据在规定的时限内传送至应急救援指挥中心，各种救援、维修车辆上应配备应急通信设备，保证救援工作顺利进行。

为防止机车、自轮运转特种设备在线路上无动力停留时溜逸，应使用铁鞋（止轮器）防溜。为使发生轻微脱轨的机车、自轮运转特种设备能及时起复，开通区间或线路，减少救援列车的出动，规定机车、自轮运转特种设备上均应备有复轨器，大型养路机械及轨道车还须配备液压复轨器。有关乘务人员应掌握复轨器的使用方法。

动车组应配备铁鞋（止轮器），以防止无动力停留时溜逸。在应急状态下，为方便动车组上的旅客换乘或疏散，须使用紧急用渡板、应急梯，故须随车配备。使用机车救援动车组时，须使用过渡车钩和专用风管，因此动车组还应配备过渡车钩和专用风管。

《铁路交通事故应急救援规则》（铁道部令第 32 号）第三十条规定：“事故应急救援需要出动救援列车时，救援列车应当在接到出动命令后 30 分钟内出动。”为保证迅速出动救援，救援列车停留线原则上应设在两端接通、便于救援列车出动的段管线（站线）上。救援列车固定停放线路，须与正线或到发线衔接，能够开入区间。救援列车基地应配备生产、生活、培训设施设备。

2.5.7　牵引供电

铁路牵引供电设备是保障动车组或电力机车供电和运行、提高运输能力、实现列车安全可靠运行的关键基础设施之一，其状态的好坏直接关系到铁路的安全和效率。为保证牵引供电设备的质量，应设供电维修机构。供电维修机构必须坚持以运输生产为中心，做好维护管理工作，保证供电设备和系统处于良好运用状态。

供电维修机构包括供电段、车间、工区等，其设置应满足生产力布局和抢修、维修的需要，管辖范围应与抢修、维修能力及运行管理能力相适应。供电维修机构的管辖区域还应考虑与既有铁路和路网规划的匹配，并根据线路状况、地形条件、设备情况及便于管理等条件确定，其所在地应位置适中，以利管理工作和方便职工生活。管辖范围内如有动车段（所）、枢纽或编组站时，因有动车组走行线、联络线、存车线，增加了养护维修工作量和管理上的困难，应适当缩短管辖正线长度。

供电段应承担段管内的各牵引变电所、分区所、开闭所、自耦变压器所的电气设备、接触网、电力设备等牵引供电设施和供电调度系统的运行管理、维护、检修、试验和事故抢修任务，还应承担对接触网、变电所的检测任务。供电段除应配置必要的各种交通机具外，还应配备必要的抢修车辆、检测设备及车辆。

牵引变电所：将电力系统经输电线路送来的三相工频（50 Hz）交流高压电（110 kV 及以上），降为工频交流 25 kV，送到单相的接触网上，作为电力机车的牵引电源。牵引变电所内设有主变压器、动力变压器、自用电变压器、断路器、隔离开关及各种控制、保护、信号显示和计量等设备。

分区所：在供电臂末端，设有开关设备的场所，使牵引变电所可以进行越区供电，在复线区段可以实现上、下行接触网并联。

开闭所：设有开关设备，能进行电分段或变更馈线数目的开关站。

分区所、开闭所内设有断路器、隔离开关及各种控制、保护、信号显示等设备，采用自耦变压器供电方式的分区所、开闭所内还设有自耦变压器。

自耦变压器所：采用自耦变压器供电方式时，装设自耦变压器的场所。所内设有自耦变压器、断路器、隔离开关及各种控制、保护、信号显示等设备。

接触网：通过受电设备供给机车电能的配电系统。

远动系统：对牵引供电设备进行远程监视和控制的系统，包括数据采集、处理、传输和显示等。

项目自测

理论考核

一、填空题

1. 铁路限界包括（　　　）和（　　　）。

2.（　　）是指连接车站并贯穿或直股伸入车站的线路，可分为（　　）及（　　）。

3. 线路中心线在水平面上的投影，叫作（　　），表示线路直曲情况；线路中心线（展直后）在垂直面上的投影，叫作（　　），表示线路起伏情况。

4. 信号机按类型分为（　　）、（　　）、（　　）。

5. 闭塞设备分为（　　）、（　　）、（　　）。

6.（　　）是指固定乘务人员（包车组）使用固定机车的乘务方式。（　　）是指乘务人员不固定使用机车的乘务方式。

7. 车辆段按其业务性质主要分为：（　　）、（　　）、（　　）等。

8. 轨道车主要包括（　　）、（　　）、（　　）、（　　）、（　　）等。

二、简答题

1. 简述限界的含义。
2. 简述道岔的含义及种类。
3. 简述信号表示器的含义及种类。
4. 简述敌对进路的规定。
5. 简述货运设备都有哪些。

三、技能训练

对下图中的道岔和线路进行编号。

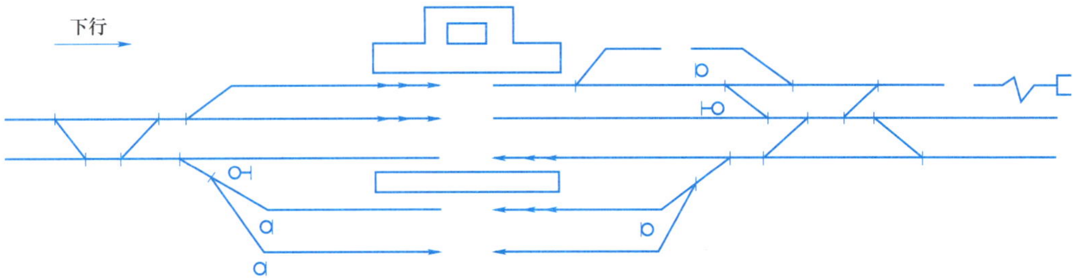

项目3　编组列车

项目概述

列车是铁路运输的一个基本单元，人们在日常生活中总是可以看见很多车辆连挂在一起形成的“钢铁长龙”飞驰在铁路网中，然而并不是连挂在一起的车辆就是列车。按照列车编组计划、列车运行图和《技规》等有关规定编挂在一起的车列，并挂有机车及规定的列车标志，称为列车。列车编组要根据编组计划执行，在具体执行编组的过程中需要考虑机车车辆的编挂、重量及长度要求，列车的制动限速要求，以及列车中车辆的检查及修理的相关规定等。合理的列车编组是提高运输效率的保障，符合要求的列车编组也是列车安全运行的前提。

教学目标

★ 知识目标

1. 了解列车编组的一般要求及编组计划的执行规定。
2. 了解列车中车辆的编挂。
3. 了解列尾装置的摘挂要求。
4. 了解列车中机车的编挂要求。
5. 了解编组列车的重量和长度要求。
6. 了解列车闸瓦换算压力。
7. 掌握列车中对于关门车的编挂要求。
8. 掌握列车中车辆连挂的要求。
9. 了解列车中车辆的检查相关规定。
10. 了解列车中故障车辆的处理方法。

★ 能力目标

1. 能判断禁止编入列车的车辆类型。
2. 能根据隔离限制对列车进行编挂。
3. 能连挂列尾装置。
4. 能明确车辆连挂时的职责分工。
5. 能明确机车连挂时的职责分工。
6. 能掌握列车中出现故障车辆时的处理方法。

★ 素质目标

1. 培养学生严谨求实的工作作风。

2. 培养学生爱岗敬业的品质。
3. 提升学生团队协作的意识。
4. 强化学生执行规章的素养。
5. 培养学生高效的执行能力。

任务 3.1　编组列车一般要求

任务引入

2021 年 3 月 5 日，进行 30051 次编组时，超出了区段规定牵引重量 83 t 且编入了直通车流，违反了列车编组计划。纠正违编后，于 14 时 15 分由 SX 站始发。按照列车运行图规定，列车应在 17 时 15 分到达 YS 站。按计划 YS 站接 30051 次列车停 3 道，因 3 道发生轨道电路临时故障，为避免造成机外停车，车站值班员将列车改接入 7 道。30051 次列车进 7 道停妥后，发现尾部越过警冲标，影响邻线行车（原本应按超长列车接车方式）。

请思考：

1. 列车编组计划是什么？
2. 列车编组长度是根据什么规定的？
3. 什么是超长列车？
4. 列车的编组重量有什么规定？

知识准备

3.1.1　列车编组的认知

列车的编组是要依据列车编组计划、列车运行图和《技规》中的相关规定将车辆或车组选编并连挂成车列，并加挂适当的机车。其中，列车编组计划是全路的车流组织计划，是车站解编作业的最优解，对列车的始发和终到站、编组内容、列车种类及定期车次等作出了详细规定，是车流组织的具体体现。列车运行图作为全路组织列车运行的基础，规定了列车在区间的重量和长度标准。《技规》作为铁路作业的纲领性指导文件，对车辆编入列车的技术条件、隔离限制、自动制动机数量、编挂要求、列车尾部挂车条件、编入列车的机车编挂位置、装载危险及易燃货物车辆编入列车的隔离限制等，都作出了明确的规定。

3.1.2　列车编组的重量要求

编入列车中的机车车辆的技术条件、装载危险货物车辆的隔离、关门车编挂要求、机车编挂方法、单机挂车及超限货物车辆编挂等应符合《技规》有关规定。

列车的种类、列车中车辆的去向、编组内容、车组和车辆的编挂位置应符合列车编组计划的规定。动车组以外的旅客列车应严格按规定的编组表编组，编挂隔离车。在装设集中联锁的区段，设有列车运行监控装置时，同时设有确保列车运行安全的运行控制设备，在此条件下运行的旅客列车可不挂隔离车。军用列车的编组按军运有关规定办理。

列车重量及长度应符合列车运行图的规定。列车重量是指整个列车中不包括牵引机车在内的所有机车、车辆的自重与货物装载重量的总和。跨及两个及以上区段的直通或直达列车，各区段规定的牵引重量、长度不同时，还应符合列车编组计划规定的基本组的重量和长度。各种机车车辆的自重及换长可按表 3-1～表 3-3 计算确定。

列车重量标准应根据机车牵引力、区段内线路状况及其设备条件确定；列车长度标准应根据运行区段内各站到发线的有效长，并预留 30 m 的附加制动距离确定。

编组列车时应符合上述要求，否则会留下安全隐患，造成经济损失，影响列车运行及列车接发的安全，甚至带来危害。

表 3-1　机车自重及换长

种类	机　型	自重/t	换算长度	备　　注
电力	SS_1	137	1.9	
	SS_{3B}	276	4.0	按双节计算
	SS_4	184	3.0	按双节计算
	SS_3、SS_6、SS_{6B}、SS_7、SS_{7B}、6K	138	2.0	
	SS_{7C}	132	2.0	
	SS_{7D}、SS_{7E}、SS_9	126	2.0	
	SS_8	87/89	1.6	无列车供电/有列车供电
	8G、DJ_1	184	3.2	按双节计算
	8K	184	3.4	按双节计算
	HXD_1	200	3.2	按双节计算
	HXD_2	200	3.5	按双节计算
	HXD_{1B}、HXD_{2B}、HXD_{3B}	150	2.1	
	HXD_{1C}、HXD_{2C}	138/150	2.1	
	HXD_3、HXD_{3C}	138/150	1.9	
	HXD_{1D}、HXD_{3D}	126	2.1	
内燃	DF_4、DF_{4B}、DF_{4C}、DF_{4D}	127	1.9	
	DF_5、DF_7、DF_{7B}、DF_{7C}	130	1.7	
	DF_{7D}	132	1.7	山区型自重 127 t，双司机室机车换长 1.8
	DF_{7E}	145	1.8	
	DF_{7G}	132	1.8	
	DF_8	130	2.0	
	DF_{8B}	131	2.0	25 t 轴重 DF_{8B} 自重 139 t
	DF_{11}	133	1.9	

续表

种类	机　型	自重/t	换算长度	备　注
内燃	DF_{11G}	133	2.0	
	DFH_2	58	1.2	
	DFH_3	84	1.7	
	DFH_5	81	1.4	
	BJ	84	1.5	
	ND_2	114	1.6	
	ND_3	122	1.7	
	ND_5	126	1.8	
	NY_6、NY_7	124	2.1	
	HXN_5	150	2.1	
	HXN_3	150	2.0	
	NJ_2	138	2.1	

表 3-2　车辆自重及换长

1. 客　　车		
客车种类	平均每辆总重/t	平均每辆换算长度
各种客车	按车体外部标记计算	按车体外部标记计算
2. 货　　车		
货车种类	平均每辆自重/t	平均每辆换算长度
标记载重 60 t 四轴棚车（P_{62K}、P_{63K}）	24.0	1.5
标记载重 58 t 四轴棚车（P_{64K}）	25.4	1.5
标记载重 58 t 四轴棚车（P_{64AK}）	25.7	1.5
标记载重 58 t 四轴棚车（P_{65}）	26.0	1.5
标记载重 70 t 四轴棚车（P_{70}）	24.9	1.6
标记载重 60 t 四轴敞车（C_F、C_{FK}）	22.4	1.2
标记载重 60 t 四轴敞车（C_{62A}、C_{62AK}）	21.7	1.2
标记载重 60 t 四轴敞车（C_{62B}、C_{62BK}）	22.3	1.2
标记载重 61 t 四轴敞车（C_{63}、C_{63A}）	22.5	1.1
标记载重 61 t 四轴敞车（C_{64K}）	23.0	1.2
标记载重 60 t 四轴敞车（C_{61}）	23.0	1.1
标记载重 70 t 四轴敞车（C_{70}）	23.8	1.3
标记载重 70 t 四轴敞车（C_{70E}）	24.0	1.3

续表

货车种类	平均每辆自重/t	平均每辆换算长度
标记载重 80 t 四轴敞车（C_{80}、C_{80B}）	20.0	1.1
标记载重 100 t 六轴敞车（C_{100A}、C_{100AH}）	26.0	1.4
标记载重 50 t 四轴集装箱专用车（X_{1K}）	19.8	1.3
标记载重 60 t 四轴集装箱专用车（X_{6A}）	17.8	1.3
标记载重 60 t 四轴集装箱专用车（X_{6K}）	18.0	1.2
标记载重 70 t 四轴集装箱专用车（X_{4K}）	21.8	1.8
标记载重 70 t 四轴集装箱专用车（X_{70}）	22.4	1.2
标记载重 80 t 四轴集装箱专用车（X_{2K}）	22.0	1.8
标记载重 60 t 四轴平车（N_{17AK}）	21.0	1.3
标记载重 60 t 四轴平车（N_{17GK}）	21.9	1.3
标记载重 60 t 四轴平车（N_{17K}）	20.5	1.3
标记载重 60 t 四轴平集共用车（NX_{17AK}）	22.9	1.3
标记载重 60 t 四轴平集共用车（NX_{17K}）	22.4	1.3
标记载重 60 t 四轴平集共用车（NX_{17BK}）	22.9	1.5
标记载重 70 t 四轴平集共用车（NX_{70}）	23.8	1.5
标记载重 70 t 四轴平集共用车（NX_{70A}）	23.8	1.3
标记载重 53 t 四轴罐车（G_{60K}）	21.0	1.1
标记载重 60 t 四轴罐车（G_{70K}）	20.4	1.1
标记载重 70 t 四轴罐车（G_{Q70}）	23.6	1.1
标记载重 70 t 四轴罐车（G_{N70}）	23.8	1.1
标记载重 70 t 四轴罐车（G_{HA70}）	23.8	1.2
标记载重 70 t 四轴氧化铝粉罐车（G_{F70}）	23.6	1.2
标记载重 50 t 四轴毒品车（W_{5SK}）	26.5	1.5
标记载重 60 t 四轴毒品车（W_{6S}）	24.6	1.5
标记载重 70 t 四轴毒品车（W_{70S}）	25.2	1.6
标记载重 60 t 石碴车（K_{13K}）	21.5	1.1
标记载重 70 t 石碴车（K_{Z70}）	23.8	1.1
标记载重 60 t 煤炭漏斗车（K_{18K}）	24.0	1.3
标记载重 70 t 煤炭漏斗车（K_{M70}）	23.8	1.3
标记载重 60 t 散装粮食车（L_{17K}）	23.5	1.3
标记载重 60 t 散装粮食车（L_{18}）	23.8	1.3

续表

货车种类	平均每辆自重/t	平均每辆换算长度
标记载重 70 t 散装粮食车（L_{70}）	24.8	1.5
标记载重 60 t 散装水泥车（U_{60}）	26.0	1.2
标记载重 60 t 散装水泥车（U_{60WK}）	24.5	1.1
标记载重 60 t 散装水泥车（U_{61WK}）	22.3	1.1
标记载重 20 t 小汽车专用车（SQ_5）	37.0	2.4
标记载重 22 t 小汽车专用车（SQ_6）	36.2	2.4
标记载重 40 t 机械保温车（B_{10A}）	41.1	2.0

注：1. 旅客列车重量按客车总重（包括旅客及行李的重量）计算，回送空客车按自重计算。
2. 列车中其他各型货车的自重及换算长度和货物的重量按《铁路货车统计规则》规定计算。
3. 机车、车辆长度的计算，以前后两钩舌内侧面距离按 11 m 为换算单位（一辆），各型机车、车辆按上述换算单位得出的比值，称为换算长度。

表 3-3　铁路救援起重机自重及换长

型号	名称	自重/t	换算长度
NS2000	200 t 伸缩臂式铁路救援起重机	208	1.5
	吊臂平车	45	2.2
NS1600	160 t 伸缩臂式铁路救援起重机（1 600 t・m）	192	1.4
	160 t 伸缩臂式铁路救援起重机（1 680 t・m）	205	1.4
	吊臂平车	45	2.2
NS1601	160 t 伸缩臂式铁路救援起重机	186.4	1.1
	吊臂平车	42	2.2
NS1602	160 t 伸缩臂式铁路救援起重机	184	1.1
	吊臂平车	38	1.8
N1601	160 t 固定臂式铁路救援起重机	187	1.1
	吊臂平车	38	1.9
N1602	160 t 固定臂式铁路救援起重机	190	1.1
	吊臂平车	40	2.2
NS1601G	160 t 伸缩臂式铁路救援起重机	186.4	1.1
	吊臂平车	38	1.9
NS1602G	160 t 伸缩臂式铁路救援起重机	186.4	1.1
	吊臂平车	40	2.2
NS1251	125 t 伸缩臂式铁路救援起重机	139	1.0
	吊臂平车	40	1.9

续表

型号	名称	自重/t	换算长度
NS1252	125 t 伸缩臂式铁路救援起重机	138	1.1
	吊臂平车	40	1.9
NS1001	100 t 伸缩臂式铁路救援起重机	138	1.0
	吊臂平车	32	1.8
N1002	100 t 固定臂式铁路救援起重机	132	1.0
	吊臂平车	31.4	1.8
NS100G	100 t 伸缩臂式铁路救援起重机	140	1.0
	吊臂平车	32	1.8

3.1.3 货物列车波动尾数及处理

列车重量标准是根据机车牵引力、区段内限制坡度等因素，通过计算、试运行和各种类型机车牵引重量的平衡，最后取整而定的。列车长度是根据运行区段内各站到发线的有效长，并预留 30 m 的附加制动距离来确定的。编组列车时，其重量或长度应满足列车运行图规定的各区段牵引定数或换长。

由于实际编成的列车与列车运行图规定的重量和长度不可能完全相符，因此，国铁集团规定了货物列车尾数波动范围：货物列车牵引重量允许上下波动 80 t，计长允许欠 1.2。凡列车重量及长度在此范围内均符合要求。

1. 满轴列车

满轴列车指实际编成的列车重量或长度符合列车运行图规定的标准（包括尾数波动）。

2. 超重列车

超重列车指实际编成的列车重量超过该区段货物列车牵引重量标准 81 t 及以上，连续运行距离超过机车乘务区段二分之一的货物列车。

超重列车有利于节省机车运用台数，提高区段通过能力，但由于机车性能和司机技术水平的限制，可能造成运缓、区间坡停或会让不当而打乱运行秩序。为此，编组超重列车时，在技术站应征得机务（折返）段调度员同意，在中间站应得到司机同意，并均须经列车调度员准许，以便其指挥行车时心中有数。

3. 超长列车

列车长度超过列车运行图规定长度时，即为超长列车。车站接发列车时，虽系超长列车，但该列车不超过接车线有效长时，不按超长列车办理；虽系非超长列车，但车站接车线有效长小于列车长度时，亦应按超长列车办理。

开行超长列车时，必须在班计划及阶段计划内确定。跨局时，应事先取得有关局列车调度员同意。列车调度员应在开车前 3 h 做出会让计划，在始发站发车前以调度命令将车次、计长下达有关站段，最晚在会让前 1 h 通知有关车站。

单线区段除到发线能安排会让外，不得对向开行超长列车。

旅客列车不得超长。必须超长时，由铁路局局长批准。

超长列车在技术站必须编在两条线路上时，列车的技术检查应平行作业，连挂一起后进行列车自动制动机简略试验。

超长列车到达后妨碍邻线，需要转线时，可由本务机车担当作业。对转线甩下部分，有列检作业的车站，必须经列检进行技术检查后，方可分解作业。

各站接发超长列车的办法，应结合车站的设备在《站细》内规定。

4. 欠轴列车

欠轴列车指实际编成的列车重量和长度均未达到列车运行图规定的标准。

编组欠轴列车浪费机车牵引力，一般不准开行。必须开行欠轴列车时，须有列车调度员命令准许，跨铁路局运行时要经国铁集团批准。

5. 摘挂列车、小运转列车及固定车底列车

摘挂列车、小运转列车及固定车底列车，不受欠重或欠长的限制；但超重或超长时，仍应按有关规定办理。

3.1.4　动车组列车的编组要求

动车组为动车和拖车组成的动力分散式的固定编组，不能任意分解或与其他机车车辆混编运行；两组短编组同型动车组可重联运行；遇救援等特殊情况时，两组不同型号的动车组可重联运行。遇有特殊情况须采用机车牵引方式挂运时，应使用过渡车钩整列挂运。

动车组实行以走行公里周期为主、时间周期为辅的计划性预防修，超过了检修期限的，由于超期运行，其各部技术状态将会发生变化，可能产生不易发现的隐患，直接威胁行车和人身安全，因此禁止上线运行，但为使动车组尽早入厂、段施修，经车辆部门鉴定走行部等良好后，可上线回送。动车组的换长、重量及最高运行速度按表 3–4 规定。

表 3–4　动车组的换长、重量及最高运行速度

动车组类型	换算长度	整备重量/t	计算重量/t	最高运行速度/（km/h）
CRH1A–200	19.4	430.9	490.6	200
CRH1A–200 重联	38.8	861.8	981.2	200
CRH1A–250	19.4	424.6	484.4	250
CRH1A–250 重联	38.8	849.2	968.8	250
CRH1B	38.6	856	975	250
CRH1E	38.8	887.7	955.2	250
CRH2A	18.3	366.8	415.8	250
CRH2A 重联	36.6	733.52	831.6	250
CRH2B	36.5	724.1	822.5	250
CRH2E	36.5	785.8	839.4	250
CRH5A	19.2	369.7	469.7	250
CRH5A 重联	38.4	739.3	939.4	250

续表

动车组类型	换算长度	整备重量/t	计算重量/t	最高运行速度/（km/h）
CRH2C 一阶段	18.3	372.8	421.6	350
CRH2C 一阶段 重联	36.6	745.6	843.2	350
CRH2C 二阶段	18.3	392.5	441.3	350
CRH2C 二阶段 重联	36.6	785	882.6	350
CRH3C	18.2	431.9	482.6	350
CRH3C 重联	36.5	863.8	965.2	350
CRH380A	18.5	402.4	446.9	380
CRH380A 重联	36.9	804.8	893.8	380
CRH380BG	18.2	488.5	535.5	380
CRH380BG 重联	36.5	977	1 071	380
CRH380B	18.5	494.6	542.2	380
CRH380B 重联	36.9	989.2	1 084.4	380
CRH380AL	36.6	818.5	906.4	380
CRH380BL	36.3	872.6	964.1	380
CRH380CL	36.4	889.4	981.7	380

任务 3.2　列车中车辆的编挂

任务引入

2018 年 4 月 15 日，CY 站在编组 31808 次列车时，为方便客车回送，计划加挂 5 辆客车车辆。在进行编组的过程中，发现车辆中有一个棚车车门未关闭，经检查所装的货物有硝酸铵，为保证运输安全，在编组作业时将该车辆挂在了距离机车 6 辆处。18 时 15 分，列车编组完毕，31808 次列车由 CY 站出发，途经 CZ 站时发现机后 5 辆闸瓦制动异常，出现抱闸情况，为安全考虑，关闭了该车辆的截断塞门后继续出发。

请思考：

1. 编挂车辆时有哪些方法？
2. 对编入列车中的车辆有哪些要求？
3. 列车中车辆的距离是否受所装货物影响？
4. 什么情况下可以关闭车辆的截断塞门？
5. 车辆关闭截断塞门后所编挂的位置有什么规定？

知识准备

列车由一个个车辆按照一定的方法和要求编挂在一起组成，编成列车就要考虑列车的性质、车辆自身及所装载货物的种类等情况。车辆编挂在一起后，要保证列车的运行安全及货物运输安全。

3.2.1 列车中车辆的编挂方法

（1）单组混编，即该列车到达站及其以远的车辆，不分到站、不分先后混合编挂。

（2）分组选编，即一趟列车中分为两个及以上的车组，属于同一组的车辆必须编挂在一起。对车组的排列，无特殊要求者，可以不按组顺编挂。

（3）到站成组，即在列车中同一到站的车辆必须编挂在一起。

（4）按站顺编组，在列车中除同一到站必须挂在一起外，还要求按车辆到站先后顺序进行编挂。

3.2.2 禁止编入列车的车辆

为保证行车安全，在编组列车时，对所编挂车辆的技术条件有一定的标准，凡属下列情况之一的车辆，禁止编入列车。

（1）插有扣修、倒装色票的车辆及车体倾斜超过规定限度的车辆。

插有色票，表示该车辆定检到期或技术状态不良需要检修，或需进行倒装作业。列检、货检人员根据检查情况，对需要扣修的车辆或需要先倒装后摘车修理的车辆，分别插上不同种类的色票，并及时向车站发出“车辆检修通知书”，车站应按要求将该车送往指定地点。

车体倾斜是指车辆一侧或一端倾斜，一般是由于装载偏重、集重、超重等原因所致。车体倾斜可能会使弹簧折断或车辆燃轴，在运行中车体左右摇摆，可能发生脱轨，车体倾斜超过限度也可能会侵入限界与信号设备、建筑物、邻线机车车辆发生刮碰，危及行车安全。因此，客车倾斜超过 50 mm、货车超过 75 mm 者禁止编入列车。

（2）曾经发生冲突、脱轨、火灾、爆炸，或曾编入发生特别重大、重大、较大事故列车内，以及在自然灾害中损坏，未经检查确认可以运行的车辆。

这些车辆经过激烈冲撞，其主要部件、零件，如转向架、轮对、轴箱、车钩及车底架等可能存在隐患，如不经列检细致检查并确定对行车无妨碍就编入列车，将严重威胁列车运行安全。

（3）装载货物超过机车车辆限界，无挂运命令的车辆。

装载超限货物的车辆，一般在运行上都有特殊要求，如限制运行速度、禁止通过某些线路、桥梁、隧道等。车站挂运超限车辆前，列车调度员应将具体运行条件以调度命令下达给有关站段，以便做好准备工作。

（4）装载跨装货物（跨及两平车的汽车除外）的平车，无跨装特殊装置时。

一件货物的长度或重量不能容纳于一辆平车上，须用两辆甚至三辆平车共同装运时，即为跨装。为使跨装货物的车辆灵活地通过曲线，必须在车辆与货物之间使用特殊装置——货物转向架。同时，为防止因车钩弹簧压缩、伸张造成货物窜动，在跨装货物的车辆与车辆之间，还必须使用车钩缓冲停止器。若无这些特殊装置，列车通过曲线或坡道地段则可能产生货物窜动、货物坠落，危及行车安全。跨及两车装载的汽车或爬装的汽车，由于有车轮的小距离转动，可以缓解和适应车钩的伸缩，因此，不必使用跨装特殊装置。

（5）平车及敞车装载货物违反装载加固技术条件时。

平车及敞车装载货物时，必须符合《铁路货物装载加固规则》的有关规定，若违反这些规定，在运行中可能经不起紧急制动及通过曲线、坡道、道岔时所产生的横纵向力的作用，造成货物窜动甚至倒塌坠落，危及行车安全。

（6）未关闭侧开门、底开门，以及平车未关闭端、侧板的（有特殊规定者除外）。

未关闭端、侧板或侧开门的车辆，在运行中侧板或侧开门可能掀动或摇晃，甚至超过机车车辆限界，威胁线路附近设备和人员的安全。一旦端、侧板或侧开门脱落，可能导致列车脱轨，甚至颠覆。底开门不关闭，容易刮坏道岔，甚至脱落，危及行车安全。当使用有端、侧板的平车装载长度或宽度超出车底板的货物时，可将端、侧板放下，同时用镀锌铁线与车体捆绑牢固或锁铁卡死。

（7）由于装载的货物需停止自动制动机的作用而未停止的车辆。

根据装载的货物性质（易燃、易爆）要求关闭自动制动机，是考虑在列车制动时，防止闸瓦与车轮踏面摩擦发热，产生高温或发出火星，对装有爆炸品或怕高温的货物车辆，有引燃或引爆的可能。所以，必须停止自动制动机作用。关闭自动制动机时，除关闭制动支管的截断塞门外，还需将副风缸的压缩空气排出。

（8）企业自备机车、车辆、自轮运转特种设备、城市轨道车辆、进出口机车车辆过轨时，未经铁路机车车辆人员检查确认的。

为保证铁路行车安全，企业自备的机车、车辆和自轮运转特种设备、城市轨道车辆、进出口机车车辆在进入铁路营业线过轨前，须经铁路机车车辆部门检查鉴定，确定其各部分的技术状态符合铁路规章及有关规定的要求。

（9）缺少车门的车辆（检修回送车除外）。

缺少车门的车辆在装货后，容易造成货物窜出或坠落、丢失，不能保证货物的完整和行车安全。

（10）超过定期检修期限的客车车辆（经车辆部门鉴定的回送客车除外）禁止编入旅客列车。

车辆超过定期检修期限时，由于超期运行，其各部技术状态可能发生变化，如结构松弛、零部件磨耗、裂纹变形、材质疲劳、老化和制动作用不良等，可能产生不易发现的隐患，直接威胁行车和人身安全，因此不准编入旅客列车。但为使客车尽早入厂、段施修或随原车底入段（所），经车辆部门鉴定走行部良好后，在不影响旅客列车运行和安全的条件下，可编入旅客列车。

3.2.3　列车编组隔离

装载危险、易燃等货物的车辆编入列车的隔离限制，按《铁路车辆编组隔离表》（表 3–5）执行。编挂超限货物车辆或特种车辆时，按国家及国铁集团规定或临时指示办理。

隔离的作用，一是使易燃、易爆物品与火源隔开；二是发生意外时能尽量减少或避免扩大损失。

表 3-5 铁路车辆编组隔离表

隔离标记 / 最少隔离辆数 / 货物种类（品名编号）		隔离对象	距牵引的内燃、电力机车，推进运行或后部补机及使用火炉的车辆	距乘坐旅客的车辆	距装载雷管及导爆索（11001，11002，11007，11008）的车辆 △7	距装载除雷管及导爆索以外爆炸品的车辆 △8	距装载易燃普通货物的敞车、平车	距装载高出车帮易窜动货物的车辆	备注
气体（含空罐车）	易燃气体 非易燃无毒气体 毒性气体	△1	4	4	4	4	2	2	运输气体类危险货物重、空罐车时，每列编挂不得超过 3 组，每组间的隔离车不得少于 10 辆
一级易燃液体 一级易燃固体 一级易于自燃的物质 一级氧化性物质 有机过氧化物 一级毒性物质（剧毒品） 一级酸性腐蚀性物质 一级碱性腐蚀性物质 一级其他腐蚀性物质		△2	2	3	3	4	2		运输原油时，与机车及使用火炉的车辆可不隔离。 运输硝酸铵时，与机车及使用火炉的车辆隔离不少于 4 辆
放射性物质（物品）（矿石、矿砂除外）		△3	2	4	×	×	2	1	×标记表示不能编入同一列车
七〇七	一级	△4	4	4	4	4	4	2	一级与二级编入同一列车时，相互隔离 2 辆以上，停放车站时相互隔离 10 m 以上，严禁明火靠近
	二级	△5	4	4	4	4	4	2	
敞车、平车装载的易燃普通货物及敞车装载的散装硫磺		△6	2	2	2	2			装载未涂防火剂的腐朽木材的车辆，运行在规定的区段和季节须与牵引机车隔离 10 辆。如隔离有困难时，各铁路局与邻局协商规定隔离办法
爆炸品	雷管及导爆索（11001，11002，11007，11008）	△7	4	4		4	2	2	
	除雷管及导爆索以外的爆炸品	△8	4	4	4		2	2	

注：1. 小运转列车及调车隔离规定，由铁路局自行制定。
2. 有 △ 标记的车辆与装载蜜蜂的车辆运输时按有关规定办理。
3. 空罐车可不隔离（气体类危险货物除外）。

危险货物是指具有易燃、爆炸、腐蚀、毒害、放射性等特性，在运输、装卸和储存保管过程中容易造成人身伤亡和财产毁损，而需要特别防护的货物。

易燃货物是指遇明火或受高温容易引起燃烧和造成火灾的货物。易燃货物品名见表 3–6。

表 3–6　易燃货物品名表

顺号	品　名
1	《品名表》规定之外的籽棉，棉花（皮棉），木棉，黄棉花，废棉，飞花，破籽花
2	《品名表》规定之外的各种麻类和麻屑
3	麻袋（包括废、破麻袋），各种破布，碎布，线屑，乱线，化学纤维
4	牧草，谷草，油草，蒲草，羊草，芦苇，荻苇，玉米棒（去掉玉米的），玉蜀黍秸，豆秸，秫秸，麦秸，蒲叶，烟秸，甘蔗渣，蒲棒，蒲棒绒，芒秆，亚麻草，烤烟叶，晒烟叶，棕叶以及其他草秸类
5	葵扇（芭蕉扇），蒲扇，草扇，棕扇，草帽辫，草席，草帘，草包，草袋，蒲包，草绳，芦席，芦苇帘子，笤帚以及其他芦苇、草秸的制品
6	干树皮，干树枝，干树条，树枝（经脱叶加工），带叶的竹枝，薪柴（劈柴除外），松明子，腐朽木材（喷涂化学防火涂料的除外）
7	刨花，木屑，锯末
8	纸屑，废纸，纸浆，柏油纸，油毡纸
9	炭黑，煤粉
10	粮谷壳，花生壳，笋壳
11	羊毛，驼毛，马毛，羽毛，猪鬃以及其他禽兽毛绒
12	麻黄，甘草

注：1. 用敞、平、砂石车装运易燃普通货物时，应用篷布苫盖严密，在调车或编入列车时，应进行隔离。但对干树皮、干树枝、干树条和带叶的竹枝，由于干湿程度、带叶多少不同，应否苫盖篷布，由发站根据气温和运输距离在确保运输安全的原则下负责确定。

2. 腐朽木材喷防火涂料或采取其他防火措施后，可不苫盖篷布。

3. 本表未列的品名，是否也属于易燃普通货物，由发站报铁路局确定。

4. 易燃材料做包装、捆扎、填塞物，以竹席、芦席、棉被等苫盖的非易燃货物，以及用木箱、木桶、铁桶包装的易燃普通货物，均按普通货物运输。以敞车装运时，是否应苫盖篷布，由托运人根据货物的运输安全情况负责确定，并在运单托运人记事栏内注明。

3.2.4　列车中关门车的编挂

关门车是指关闭车辆制动支管上的截断塞门（图 3–1），本身失去制动力的车辆。产生关门车的原因有两种：一是车辆自动制动机临时发生故障；二是货物列车中因所装载的货物要求须停止车辆的制动功能。

图 3-1　截断塞门

为保证列车在施行制动时有足够的闸瓦压力，确保列车在规定的制动距离内停车，列车中机车、车辆的自动制动机均应加入全列车的制动系统。列车中编挂关门车，减小了列车的制动力，但应满足货物列车每百吨列车重量的换算闸瓦压力的限制，并能保证列车在限制下坡道上施行紧急制动时能在制动距离内停车。

1. 关门车数量的限制

（1）旅客列车、特快货物班列不准编挂关门车。在运行途中（包括在站折返）如遇自动制动机临时故障，在停车时间内不能修复时，准许关闭一辆，但列车最后一辆不得为关门车。120 km/h 速度等级及编组小于 8 辆的 140 km/h、160 km/h 速度等级列车应按《技规》（普速铁路部分）第 261 条相关规定计算闸瓦压力。

（2）在列检作业场所在站编组始发的列车中，不得有制动故障关门车。

（3）编入列车的关门车数不超过现车总辆数的 6%（尾数不足一辆按四舍五入计算）时，不需计算每百吨列车重量的换算闸瓦压力，不填发制动效能证明书；超过现车总辆数的 6% 时，应填发制动效能证明书并交予司机，由司机签认。有列检作业时，由列检作业人员负责；无列检作业时，由车站值班员提供书面有关数据，由司机计算。

（4）当每百吨列车重量的闸瓦压力低于《技规》（普速铁路部分）第 261 条规定的数值时，应将结果报告列车调度员（列检作业人员可通知车站值班员转告），由列车调度员发布列车限速运行的调度命令。

2. 关门车位置的限制

为保证列车在紧急制动时，能及时产生紧急制动作用，对关门车编挂位置必须严格限制。

（1）关门车不得挂于机车后部三辆之内。

机后三辆之内编挂关门车，虽然能通风，但紧急制动时，不能迅速减压，以致不能产生紧急制动作用，从而延长了制动距离，容易发生危险。

（2）在列车中关门车连续连挂不得超过两辆。

当列车制动时，在列车尚未全部停轮前，各车辆间产生瞬间冲挤现象，关门车本身不制动，受到的冲挤更剧烈。若连续连挂过多，很可能因制动冲挤而造成列车中车辆破损和发生货物窜动，甚至造成脱轨、断钩、脱钩等事故，因此连续连挂以两辆为限。

（3）列车最后一辆不得为关门车，最后第二、三辆不得连续关门。

列车制动时，尾部车辆的冲挤程度较中部更甚，若尾部关门车挂得过多，就可能因冲挤使尾部车辆脱轨。另外，为防止列车一旦在关门车处发生分离，该关门车不能自动停车，以致溜走，最后一辆也不应为关门车。

（4）对于不适于连挂在列车中部但走行部良好的车辆，经列车调度员准许，可挂于列车尾部，以一辆为限，如该车辆的自动制动机不起作用时，须由车辆人员采取安全措施，保证不致脱钩。

当车辆发生制动主管故障、通风不良、车钩故障等情况，但转向架技术状态良好时，考虑到对全列车制动作用的不利影响，不适于连挂在列车中部，必要时可挂于列车尾部，此时对全列车制动作用的影响最小。

列车紧急制动距离限值按表 3–7 规定。

表 3–7　列车紧急制动距离限值

列车类型	最高运行速度/（km/h）	紧急制动距离限值/m
旅客列车（动车组列车除外）	120	800
	140	1 100
	160	1 400
特快货物班列	160	1 400
快速货物班列	120	1 100
货物列车（货车轴重＜25 t，快速货物班列除外）	90	800
	120	1 400
货物列车（货车轴重≥25 t）	100	1 400

3.2.5　旅客列车编组及回送

（1）旅客列车、回送客车底不准编挂货车，编入的客车车辆最高运行速度等级必须符合该列车规定的速度要求。

旅客列车、回送客车底运行速度高，安全条件要求比较严，牵引重量比较小，且货车每辆闸瓦压力比客车小，会使全列车制动力减弱，降低规定的运行速度，在列车制动时还会引起冲动。同时，部分动车组以外的旅客列车还要在高速铁路运行，安全要求高，所以规定所有旅客列车均不准编挂货车。

（2）旅客列车中，与机车相连接的客车端门及编挂在列车尾部的客车后端门须加锁，以保证旅客安全。动车组列车驾驶室与旅客乘坐席间的门须锁闭，以避免动车组列车司机的工作受干扰。

（3）客车与货车车辆构造、车钩强度不同，客车编入货物列车回送时，客车编挂辆数不得超过 20 辆，且应挂于列车中部或后部。

（4）由于密接式车钩的客车构造等原因，装有密接式车钩的客车原则上应附挂旅客列车回送。需附挂货物列车回送时，不得超过 10 辆，考虑便于尾部加挂货车列尾装置，其后编挂的其他车辆不得超过 1 辆。

（5）客车与平车、平集共用车以外的货车连挂时，不得与货车有人力制动机端连挂；客车与平车、平集共用车人力制动机端连挂时，平车、平集共用车的人力制动机不得使用，应处于非工作状态。

（6）机械保温车组应尽量挂于货物列车中部或后部。因为机械保温车组有各种机械设备和管道，发生冲突时易损坏。

（7）军用及其他对编挂位置有特殊要求的客车按有关规定办理。

任务 3.3　列尾装置的摘挂及运用

任务引入

2013 年 5 月 19 日 20 时 36 分，DL 站车站值班员接到 31087 次列尾主机报警“电压不足”的通知，列车调度员指示 31087 次“侧线停车，检查整理列尾装置”。20 时 43 分，31087 次整列停于 DL 站 3 道，经车站值班员确认 31087 次列尾主机电压不足，关闭列尾主机电源并报告列车调度员。列车调度员发布“列尾装置故障，准许运行”的调度命令，31087 次于 21 时 08 分发车。

请思考：

1. 列尾装置的作用是什么？
2. 列尾装置的使用范围是什么？
3. 列尾装置的组成是什么？
4. 列尾装置的安装位置有什么规定？

知识准备

列尾装置是监控列车尾部风压的重要装置，由司机控制盒和列尾主机组成。列尾主机是确认列车完整性的重要标识，除此之外还能辅助司机进行紧急制动。列尾装置的运用代替了守车和运转车长，大大地节省了人力和物力成本，提高了行车作业的效率和安全性。为保证列尾装置正确使用，《技规》中对列尾装置的日常保管、使用、维护等作出了明确规定和责任划分。

3.3.1　列尾装置的作用

（1）使司机准确掌握列车尾部风压，确认列车完整。

（2）当列车主管因泄漏等原因致使风压不足时，可直接向司机报警。

（3）当车辆折角塞门被意外关闭时，司机可直接操纵列尾装置实现尾部强行排风，使列车制动停车。

（4）起到列车尾部标志的作用，为接发车人员确认列车完整提供依据。

3.3.2　列尾装置的使用范围及使用方法

为保证列车运行安全，动车组以外的旅客列车应安装列尾装置。特殊情况下，无法安装或使用列尾装置时，应制定具体办法。半自动闭塞区段货物列车尾部须挂列尾装置，其他区段货物列车尾部宜挂列尾装置。

（1）货物列车尾部未挂列尾装置时，应以吊起尾部车辆软管代替尾部标志。尾部车辆软管吊起，有列检作业的列车由列检作业人员负责，无列检作业的列车由车务人员负责。

（2）列尾主机使用前，由车站列尾检测人员进行检测；司机控制盒在机车出库前，由提供铁路通信服务的部门按列车无线调度通信设备的有关规定进行检测。

（3）主机的安装与摘解，在配有列尾作业员的车站由列尾作业员负责，在未配列尾作业员的车站由车务人员负责。

（4）列尾装置主机软管与车辆制动软管的连结，有列检作业的列车在列检作业完成后由列检作业人员负责，无列检作业的列车由车务人员负责。

（5）列车在编组站、区段站始发前，由机务值班人员向车站值班员提供担当始发列车牵引任务的本务机车号码。如临时变更机车时，应及时将机车号码通知车站值班员。

（6）本务机车连挂列车后，机车乘务员必须通过司机控制盒查询机车号码是否正确输入主机，并检查确认列车制动主管贯通和风压是否达到标准，以及机车与主机风压是否同时升降，确认无误后方可开车。

3.3.3　货物列车未挂列尾装置运行和列尾主机故障时的处理

（1）自动闭塞区间轨道电路故障时，以及在半自动闭塞区间，接发车人员在接未挂列尾装置的货物列车时，须认真确认列车尾部车辆软管的吊起状况，发现软管未吊起时，应立即报告车站值班员和列车调度员，列车调度员指示前方各站确认列车尾部车辆车种车号，列车到达前方停车站将软管吊起后继续运行。在半自动闭塞区间，各接车站未确认列车整列到达时，区间不得开通。接发车人员发现货物列车列尾装置丢失时，应报告列车调度员，使列车在前方站停车处理。

（2）机车乘务员发现列尾装置故障不能使用时，应立即报告前方站车站值班员及列车调度员，根据实际情况掌握速度运行，并在前方站停车处理。故障不能排除时，由车站值班员请求停止使用列尾装置的调度命令，车站值班员根据调度命令指示有关人员关闭与列尾主机连接的列车尾部折角塞门，列车仍以列尾装置作为列车尾部标志，继续运行到前方列尾检测站更换列尾装置。

（3）机车乘务员发现主机风压低于列车主管定压报警时，必须立即停车检查，排除故障后方准继续运行；发现制动不正常时，机车乘务员采取机车制动的同时，可操作控制盒的排风键，停车后负责检查列车中折角塞门开闭状态，并报告车站值班员和列车调度员，列车调度员根据机车乘务员具体意见处理。

（4）货物列车的列尾装置故障（丢失）时，机车乘务员不能准确掌握列车完整等情况，为使车站接发车人员引起注意，认真监视列车运行，确认列车完整，应采取以调度命令的形式告知沿途各站。

任务 3.4　列车中机车的编挂

任务引入

2017 年 12 月 12 日，日班计划，JZ 站 4711 号机车附挂空敞车七辆，车次 50019 次，出发时刻 9 时 40 分。

9 时 10 分，七辆空敞车由货场取回并甩在 19 道。

9 时 22 分，列车调度员发布单机挂车调度命令，见表 3–8。

9 时 22 分，内勤车号员编制 50019 次列车编组顺序表完毕。

9 时 22 分至 9 时 40 分，办理 50019 次出发作业（列检、试风、车号、票据交接）。

9 时 27 分，4711 号机车出段。9 时 32 分，于 19 道挂机。

9 时 40 分，各项作业完毕后 50019 次出发。

表 3–8　调度命令

2017 年 12 月 12 日 9 时 40 分　第 1 号

受令处所	50019 次、JZ 站	调度员姓名	王××
内　容	准许 50019 次列车在 JZ 站挂车七辆到 JX 站，尾部车辆车号 3130299。		

受令车站　JZ 车站值班员　张××

请思考：

1. 机车应编挂在列车什么位置？
2. 列车中编挂两台及以上机车时，如何运行？
3. 什么情况下会产生单机挂车？
4. 机车回送时应注意什么问题？

知识准备

3.4.1　工作机车的编挂

1. 牵引列车的机车

工作机车主要指担任列车牵引、调车等任务的机车。为便于工作机车的司机瞭望信号、各种标志和线路状况，保证行车安全，充分发挥机车最大牵引效能，工作机车应挂于列车头部并正向运行。

2. 逆向牵引

牵引运转、路用、救援列车的机车及调车机车，行程短、速度低，可逆向运行。某些区段列车，若其始发、终到站无转向设备，也可逆向运行。逆向牵引时，定数减少 15%。

3. 双机或多机牵引

为增加全区段牵引重量，提高区段通过能力或适应全线牵引定数，可使用双机或多机牵引列车。双机牵引时，两台机车应重联挂于列车头部，由第一位机车担当本务机车，第二位及以后的机车应根据本务机车的要求进行操纵。

4. 补机

为了不减少全区段的牵引重量，列车在困难区段可加挂补机。补机原则上应挂于本务机车的前位或次位，在特殊区段或需途中返回时，经铁路局批准，可挂于列车后部。如后部补机不接软管时，由铁路局规定保证安全办法。加挂补机的具体规定如下：

（1）凡列车运行图规定使用补机的车站，列车编挂补机时不发布调度命令。临时使用补机时应发布调度命令，其内容应指示运行方法。

（2）使用后部补机时，应连结软管并运行至前方站内摘开；补机需途中返回时，不连结软管；遇特殊情况需使列车停车时，及时用列车无线调度通信设备通知本务机车司机。

（3）挂有后部补机的列车在车站通过，本务机车未接上凭证时，本务机车应用列车无线调度通信设备通知补机司机。车站值班员应向后部补机显示停车信号，此时本务机车应采取常用制动停车。

（4）车站值班员室距列车后部补机较远时，可在列车运行中交递行车凭证，交递方法在《站细》内规定。

（5）后部挂有补机的列车，在区间内遇特殊情况不能继续运行需退回原发站时，本务机车司机应与车站值班员联系，在得到准许后，将补机变为本务机车，经过制动试验，补机与原本务机车联系好，即可向原发站运行，按进站信号机的显示或引导信号返回站内。

3.4.2 回送机车的编挂

因配属、局间调拨或入厂、段检修，以及检修完毕后返回本段等原因，产生了机车回送问题。

（1）铁路局所属的机车跨牵引区段回送时，原则上应有动力附挂货物列车（电力机车经非电气化区段回送时除外）。在所担当的区段外单机运行时，应派带道人员添乘带道。杂小型及状态不良的，可随货物列车无动力回送。

（2）旅客列车遇特殊情况须附挂跨铁路局的回送机车时，按国铁集团调度命令办理。

（3）回送机车应挂于本务机车次位，挂有重联机车时为重联机车次位。20‰及以上坡道的区段，禁止办理机车专列回送。

（4）回送铁路救援起重机应挂于列车后部。铁路救援起重机的回送限制速度见表 3–9，表 3–9 以外的按设计文件要求速度回送。

表 3–9 铁路救援起重机回送限制速度

型号名称	回送速度/（km/h）
NS2000 200 t 伸缩臂式铁路救援起重机	120
NS2000 吊臂平车	120
NS1600 160 t 伸缩臂式铁路救援起重机（1 680 t · m）	120
NS1600 吊臂平车（1 680 t · m）	120
NS1600 160 t 伸缩臂式铁路救援起重机（1 600 t · m）	120

续表

型号名称	回送速度/（km/h）
NS1600 吊臂平车（1 600 t·m）	120
NS1601 160 t 伸缩臂式铁路救援起重机	120
NS1601 吊臂平车	120
NS1602 160 t 伸缩臂式铁路救援起重机	120
NS1602 吊臂平车	120
N1601 160 t 固定臂式铁路救援起重机	85
N1601 吊臂平车	85
N1602 160 t 固定臂式铁路救援起重机	85
N1602 吊臂平车	85
NS1601G 160 t 伸缩臂式铁路救援起重机	120
NS1601G 吊臂平车	120
NS1602G 160 t 伸缩臂式铁路救援起重机	120
NS1602G 吊臂平车	120
NS1251 125 t 伸缩臂式铁路救援起重机	120
NS1251 吊臂平车	120

3.4.3 单机挂车

由于上下行方向列车数量不同等原因，会产生单机运行。为避免机车动力浪费，提高区间通过能力，在不影响机车运用、保证运行安全的条件下，准许利用单机附挂车辆。

单机挂车的辆数不宜过多，在线路坡度不超过 12‰的区段，以 10 辆为限；超过 12‰的区段，由铁路局规定。

单机挂车时，应遵守下列规定：

（1）所挂车辆的自动制动机作用必须良好，发车前列检（无列检时由车站发车人员）按规定进行制动试验。

（2）连挂前按规定彻底检查货物装载状态，并将编组顺序表和货运单据交予司机。

（3）在区间被迫停车后的防护工作由机车乘务组负责，开车前应确认附挂辆数和制动主管贯通状态是否良好。

（4）列车调度员应严格掌握，不得影响机车固定交路和乘务员劳动时间。

（5）不准挂装载爆炸品、超限货物的车辆。

单机挂车时，可不挂列尾装置。

任务 3.5　列车中车辆的连挂

任务引入

2019 年 3 月 13 日，30053 次列车运行在 ZX 站至 YC 站区间发生车钩断裂，导致区间被迫停车。经事后调查发现，断裂处的车钩钩舌已经破损严重，系连挂时不符合要求造成的。

请思考：

1. 车钩连挂状态的标注要求是什么？
2. 车钩的摘解和连挂状态的确认应由谁负责？

知识准备

列车的摘挂与车辆间车钩装置和制动软管有关。车钩在正常情况下可以通过撞击自动锁闭，但需要人工提钩解锁。编组列车时车辆在连挂后，除需要确认车钩的状态，保证列车在运行中的安全和完整外，还需要将制动软管进行连接。列车在进行解体时，除摘解车钩外，还需摘开软管。为确保在列车编组和解体过程中的作业安全，《技规》对车钩在连挂状态时的技术要求、车钩的摘解、制动软管的摘结都作出了明确规定。

3.5.1　连挂状态的确认

编成的列车需要确认机车、车辆之间的连挂状态。挂车前，要调整钩位；挂车后，要确认车钩的连挂状态。

动车组以外的列车中，相互连挂的车钩中心水平线的高度差不得超过 75 mm。这个高度差是由车钩中心线距轨面最高为 890 mm、最低为 815 mm，即两者之差决定的。

如果车钩高度差超过规定的范围，当列车运行至道岔、路基松软地段时，车辆上下颠簸，尤其在陡坡线路上，容易发生脱钩而造成列车分离，并且高度差过大时，使车钩钩舌牵引面变小，承受不了牵引力，易发生断钩。

测量两车钩中心水平线高度差的方法如图 3-2 所示。

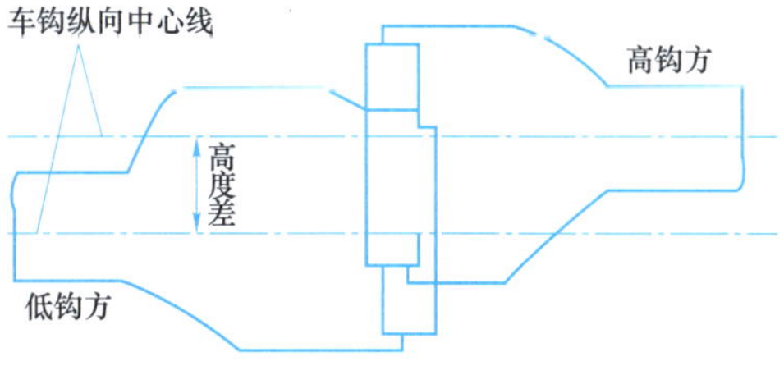

图 3-2　车钩中心水平线高度差示意图

3.5.2　摘挂分工

车辆的摘挂包括车钩、制动软管、暖气软管、电灯、广播、电话线等的连结与摘解工作。

1. 列车中车辆的连挂

（1）列车中车辆的连挂，由调车作业人员负责。连结软管，有列检作业的始发列车由列检作业人员负责；无列检作业的，由调车作业人员负责。

（2）动车组采用机车调车作业时，随车机械师或动车段（所）胜任人员负责过渡车钩和专用风管的安装与拆卸、电气连接线的连结与摘解并打开车门，调车人员负责车钩连结与摘解、软管摘结。动车组无动力回送或被救援时，过渡车钩、专用风管的安装与拆卸由随车机械师负责，司机配合。

2. 列车机车与第一辆车的连挂和摘解

（1）列车机车与第一辆车的车钩摘解、软管摘结，由列检作业人员负责。无列检作业的列车，车钩摘解、软管摘结由机车乘务员（单司机单班值乘的由车辆乘务员）负责；软管连结由车辆乘务员负责，无车辆乘务员的由机车乘务员（单司机单班值乘的由车站人员）负责。摘解列车机车与第一辆车的软管前，须先关闭机次第一位车辆的折角塞门，后关闭机车折角塞门；连结机车与第一辆车的软管后，须先开启机车折角塞门，后开启车辆折角塞门。

（2）列车机车与第一辆车电气连接线的连结与摘解由客列检作业人员负责，无客列检作业人员时，由车辆乘务员负责。

（3）货物列车本务机车在车站调车作业时，无论单机或挂有车辆，与本列的车辆摘挂和制动软管摘结，均由调车作业人员负责。

（4）旅客列车在途中摘挂车辆时，车辆的摘挂和软管摘结，由调车作业人员负责，密封风挡和电气连接线的连结与摘解由车辆乘务员负责，其他由列检作业人员负责；无列检作业人员时，由车辆乘务员负责，必要时打开车门，以便于调车作业。装有密接式车钩的客车车辆摘挂时，过渡车钩的安装与拆卸由列检作业人员负责；无列检作业人员时，由车辆乘务员负责。

（5）列车机车与动车组过渡车钩的连结与摘解、软管摘结、电气连接线的连结与摘解，由随车机械师负责。

（6）装有密接式车钩的客车车辆摘挂：过渡车钩的安装和拆卸均由客列检作业人员负责；无客列检作业人员时，由车辆乘务员负责。

（7）列车机车连挂动车组：机车与动车组连挂时，须加装过渡车钩，机车与过渡车钩的连结与摘解、软管摘结、电气连接线的连结与摘解，由随车机械师负责。

3. 动车组重联或解编

两列动车组重联或解编时，由动车组机械师负责引导，司机确认。动车组重联时，被控动车组应退出占用，主控动车组使用调车模式与被控动车组连接。解编操作时，主控动车组转换为调车模式后，必须一次移动 5 m 以上方可停车。

项目自测

理论考核

一、选择题

1. 欠轴列车是指实际编成的列车重量和长度均未达到（　　）规定的标准。

A. 列车编组计划　　B.《技规》
C.《行规》　　D. 列车运行图

2. 编入列车中的机车车辆的技术条件，装载危险货物及超限货物车辆编挂要求等应符合（　　）规定。

A. 列车编组计划　　B.《技规》
C.《危规》　　D.《行规》

3. 特殊情况下，普通旅客列车必须加挂货车时，须经上级调度部门准许，方可在列车后部加挂，但不得超过（　　）。

A. 1 辆　　B. 2 辆　　C. 3 辆　　D. 4 辆

4.（　　）列车不准编挂关门车。

A. 混合　　B. 军用　　C. 旅客　　D. 技术直达

5. 超长列车是指实际编成的列车长度超过了（　　）规定的长度标准。

A. 列车编组计划　　B. 列车运行图　　C.《技规》　　D.《行规》

6. 不受欠重或欠长限制的列车是（　　）。

A. 区段列车　　B. 直通列车
C. 固定车底循环列车　　D. 直达列车

7. 单机挂车时，不准编挂装载（　　）的车辆。

A. 爆炸品　　B. 贵重品　　C. 长大货物　　D. 鲜活货物

8. 单机挂车时，所挂车辆的自动制动机作用必须良好，发车前应进行自动制动机的（　　）。

A. 简略试验　　B. 全部试验
C. 制动试验　　D. 持续一定时间的全部试验

9. 对于不适于连挂在列车中部但走行部良好的车辆，经列车调度员准许可挂于列车尾部，但以（　　）为限。

A. 1 辆　　B. 2 辆　　C. 3 辆　　D. 4 辆

10. 货物列车中，关门车不得挂于机车后部（　　）车之内。

A. 4 辆　　B. 3 辆　　C. 2 辆　　D. 1 辆

11. 货车车体倾斜超过（　　）时，禁止编入列车。

A. 50 mm　　B. 60 mm　　C. 65 mm　　D. 75 mm

12. 编入列车中的关门车数，超过现车总数的（　　）时，应按规定计算闸瓦压力，并填发制动效能证明书交予司机。

A. 5%　　B. 3%　　C. 8%　　D. 6%

13. 货物列车实际编成的总重达到（　　）及以上者，称为重载货物列车。

A. 4 500 t　　B. 5 000 t　　C. 5 500 t　　D. 6 000 t

14. 旅客列车不准编挂关门车。在运行途中如遇自动制动机临时故障，在停车时间内不能修复时，准许关闭（　　），但最后一辆不得为关门车。

A. 1 辆　　B. 2 辆　　C. 3 辆　　D. 4 辆

15. 如车流不足，蜜蜂车与农药车分别挂运有困难时，蜜蜂车应挂在农药车前部，并隔离（　　）车以上。

A. 1 辆　　B. 3 辆　　C. 4 辆　　D. 5 辆

16. 直快旅客列车原则上不准编挂货车，在特殊情况下，经铁路局或国铁集团准许，方可在列车后部加挂，但不得超过（　　）。

A. 2 辆　　B. 3 辆　　C. 4 辆　　D. 1 辆

17. 装载超限货物无（　　）的车辆，禁止编入列车。

A. 安全装置　　B. 限界门　　C. 挂运命令　　D. 挂运许可

18. 为保证列车运行安全，（　　）的车辆禁止编入货物列车。

A. 装有液化气　　B. 装有恶臭货物

C. 插有扣修倒装色票　　D. 装有超限货物

19. 车站编发局管内超长列车时，需经（　　）准许并发布命令。

A. 车站调度员　　B. 车站值班员　　C. 列车调度员　　D. 调度值班主任

20. 不受欠重或欠长限制的列车是（　　）。

A. 区段列车　　B. 摘挂列车　　C. 直通列车　　D. 直达列车

二、简答题

1. 什么是关门车？
2. 列车波动尾数有什么规定？
3. 什么是满轴列车、超重列车、超长列车、欠轴列车？
4. 车列编挂方法有哪些？
5. 禁止编入列车的机车车辆有哪些？
6. 列车编组隔离要求有什么？
7. 货物列车中“关门车”编挂位置有什么规定？编挂数量有什么规定？
8. 单机挂车有什么规定？
9. 列车中车辆的摘挂如何分工？
10. 列车连挂状态如何确认？
11. 列尾装置的作用是什么？

项目 4 调车工作

项目概述

调车工作是铁路运输生产的重要组成部分，是实现列车编组计划、列车运行图，加速车辆周转的重要环节。安全高效的调车工作对保证铁路运输安全、提高运输效率、增强运输能力、降低运输成本起着十分重要的作用。本项目利用生动的案例作为任务引入，介绍调车工作的基本要求、调车作业布置及下达、调车作业相关规定，使学生对调车工作真实工作情境得到初步认知，借助课程思政、案例警示，培养学生爱国情怀，以及爱岗敬业、勇于创新、奉献精神，为国家培养德智体美劳“复合型”人才。

教学目标

★ 知识目标

1.了解调车工作的意义。

2. 熟悉调车工作的主要任务。

3. 熟悉调车区的划分及调车机的分工。

4. 掌握调车钩、调车程等概念。

5. 理解调车设备及作业人员的“九固定”。

6. 掌握调车工作的一般要求。

7. 了解调车作业领导和指挥的原则。

8. 掌握调车作业计划传达的规定。

9. 理解调车作业计划编组的要求。

10. 掌握调车作业前应准备的工作。

11. 熟悉调车作业信号确认方法。

12. 掌握调车速度的规定。

13. 熟悉编组站主要作业及布置形式。

14. 掌握禁止溜放的车辆、线路及其他限制。

15. 掌握摘挂车时“两先两后”的有关规定。

16. 熟悉手推调车的有关规定。

17. 掌握越站调车和跟踪出站调车的有关规定。

18. 掌握机车车辆停留的有关规定。

19. 熟悉十、五、三车的显示要求。

20. 了解动车组调车作业有关规定。

★ 能力目标

1.能使用无线调车灯显设备。

2.能掌握调车作业计划变更的要求。

3.能掌握排风摘管的方法。

4.能判断车钩的“三态”。

5.能选闸、试闸。

6.能确定进路的范围。

★ 素质目标

1. 树立爱国爱路情怀，弘扬以社会主义核心价值体系为指引的新时代铁路精神。

2. 树立“交通强国，铁路先行”的大局意识，以及“路兴我兴，路衰我耻”的职业信仰。

3. 坚持“安全优质”发展理念，以高度的责任心、严谨务实的作风，确保铁路运输安全畅通。

4. 传承铁路人艰苦奋斗、勇挑重担、脚踏实地、任劳任怨的工作作风和劳动品质。

5. 能客观公正地开展自我评价及对小组成员的评价。

任务 4.1　调车工作的基本要求

任务引入

2010 年 6 月 20 日，×局×站临调机车在侯家庙站进行调车作业。13 时 31 分，顶送 25 辆去×专用线作业前，调车长将平调电台与领车连结员进行了互换，由连结员负责领车并指挥机车。13 时 37 分，无线调车灯显电台语音提示：“注意，注意，故障停车。”调车长通知司机：“没事，继续运行。”当车列运行到距×专用线 3 号道岔约 20 m 处，领车连结员准备停车检查线路时，发现电台语音、信令均无法发出，下车向机车显示停车手信号，车列继续推进。13 时 47 分，调车列与停留车相撞，造成停留车溜逸并与土挡发生冲突。构成铁路交通一般 D1 类调车冲突事故。

原因分析：调车长违反调车作业单一指挥的规定，擅自与连结员更换无线调车灯显电台，将调车指挥权下放给连结员，且在无线调车灯显设备因收不到测机信令而发出的“注意，注意，故障停车”的语音提示，司机立即采取了减速措施后，错误判断是电台频率干扰，中断瞭望，臆测行车，盲目通知司机继续推进运行，造成车辆与土挡冲突，是发生事故的主要原因。

请思考：

1. 调车工作的定义是什么？

2. 参加调车作业的人员应做到哪几点？

3. 调车设备及作业人员的“九固定”是什么？

4. 无线调车灯显设备使用时应遵守哪些规定？

知识准备

4.1.1　调车工作的重要意义

调车工作是铁路运输生产过程中的基本环节，是车站工作的主要内容之一。对及时解体、编组列车，取送旅客列车车底和货物装卸作业、检修作业的车辆，按运输需要调动机车车辆，完成列车技术检查、整备作业，保证按运行图行车、安全正点发车，缩短车辆停留时间，加速车辆周转，全面提高服务质量，完成铁路运输的数量与质量指标任务，都有着十分重要的意义。

从整个运输过程来看，车辆在车站停留时间，约占车辆周转时间的 70%。货车在一次周转过程中，一般要进行 5～6 次的调车作业。因此，调车作业质量的好坏、效率的高低，以及调车安全程度，对完成车站装卸工作、缩短车辆停留时间、加速车辆周转等各项指标有很大的影响，且与行车安全、实现编组计划及列车运行图有着直接的关系。

4.1.2　调车工作的定义与主要任务

除列车在车站的到达、出发、通过及在区间内运行外，凡机车车辆进行一切有目的的移动（包括在站内或区间）统称为调车。

调车作业主要包括列车编组、解体、摘挂、取送、转场、整理及机车车辆出入段等。由于调车工作地点经常变化、工作对象不固定、工作条件不同，参加调车工作的人员众多，因此调车工作是铁路行车工作中比较复杂、技术性又较强的工作。对于技术站，调车工作更是主要生产活动之一。其他办理客货运的车站，也要进行不同数量的调车作业。业务量越大，调车作业越多。所以调车工作是铁路运输生产活动的基础，是行车组织工作的基本环节。调车工作是完成铁路运输过程中不可缺少的重要组成部分，又是车站工作组织中的一项重要工作。

4.1.3　调车工作相关的基本概念

1. 调车钩

调车钩是指机车完成连挂、摘解或溜放车辆的作业，是计量调车工作的基本单位。我国铁路车站编制的调车作业计划就是以调车钩为单位，按其先后顺序排列的。

调车钩按其性质不同，主要分为挂车钩和摘车钩两种。

1）挂车钩

挂车钩是指机车（或挂有车辆）驶往线路内连挂车辆后，牵出至开始进行下一项作业地点的调车钩。当到达场与调车场纵列配置时，调车机车由峰顶驶往到达场挂车并推至峰顶的调车钩也为挂车钩。

2）摘车钩

摘车钩按其采用的作业方法不同，又可分为推送钩和溜放钩两种。

（1）推送钩：是指机车将车组推送至线路内预定地点摘车后，返回至开始进行下一项作业地点的调车钩。

（2）溜放钩：是指机车用溜放方法完成摘车作业的调车钩。

2. 调车作业方法

由于车站的作业量和作业性质不同，采用的调车作业设备和方法也不同，中间站多采用平面牵出线作业，编组站和区段站通常采用自动化驼峰或半自动化驼峰作业。

平面牵出线调车作业方法，按操作技术可分为推送调车法和溜放调车法两种。

驼峰调车作业方法，主要有单推单溜、双推单溜和双推双溜三种。

3. 调车程

1）调车程的概念

调车程是指机车车辆不改变运行方向的一次调车移动。

调车程的长短是衡量调车工作效率的基本因素。一般情况下，调车程越长，机车消耗的燃料和花费的时间越多，调车工作效率越低。因此，调车工作组织的主要任务是在保证安全的基础上，尽量减少调车钩数，缩短调车程，压缩平均完成一个调车钩所需时分（简称钩分），努力提高调车工作效率。

2）调车程的分类

调车程按其行程长短分为短调车程和长调车程两种。

（1）短调车程是指机车加速到一定速度后，立即制动或停车，行程较短。

（2）长调车程是指机车加速到一定速度，并保持定速运行一段距离后制动停车，行程较长。

调车程按性质可分为以下五种：

（1）空程，机车不带车从当前位置移动至适当地点。

（2）挂车程，机车或机车带动调车车列到车场内连挂车组。

（3）牵出程，机车将连挂好的车列牵往牵出线。

（4）推送程，机车将车组推送至适当地点停车。

（5）溜放程，为溜放车组而进行的一次移动。

4.1.4 调车工作的一般要求

车站技术作业过程，是在现有技术设备和一定的行车组织方式条件下，有效地利用车站各项技术设备，合理安排作业，组织均衡生产，在参加运输工作的各部门密切协同动作的基础上，制定的技术作业标准。调车作业计划规定了每批作业的具体任务、内容、方法、顺序、完成时间及注意事项等，是调车作业的依据和具体行动计划。因此，车站的调车工作必须按车站技术作业过程和调车作业计划进行。

参加调车作业的人员应做到：

（1）及时编组、解体列车，保证按列车运行图的规定时刻发车，不影响接车。

首先明确了接发车与调车的关系，即编组要保证发车，解体要不影响接车。及时编组列车，就是按规定的时间标准完成编组任务，从而保证按列车运行图规定的时刻正点发车。车站的编组列车顺序及每列车编完时间，应按列车运行图规定的各次列车发车时刻去安排。在不妨碍正常接车和解体的条件下，正确安排编组列车计划，完成列车编组任务，合理运用到发线。及时解体列车，就是到达列车完成技术作业后，及时进行解体作业。这样既可减少占用到发线时间，又可保证正常接发其他列车，并为中转车流接续和作业车的送车创造条件。调车作业除从编组解体方面保证列车接发以外，从行车组织的角度，还应严格执行在正线、到发线上作业的有关规定，保证调车作业不影响接发列车。

（2）及时取送客货作业和检修的车辆。

一是要快速取送旅客列车车底，保证车辆技术检查和客运整备作业所需时间，保证旅客列车安全正点始发；二是及时取送货物装卸和检修的车辆，确保货物装卸及车辆检修作业，缩短车辆停留时间，加速车辆周转。旅客列车始发量较大的车站，应从保证旅客列车正点始发的原则出发，加强与车辆及客运部门的联系，做到车底编组与车底取送兼顾；货物作业量较大、取送地点较多的车站，应从压缩车辆停留时间和加速货物送达的原则出发，合理安排取送车计划，兼顾取送作业与列车编解作业。检修车辆按需要应实行定点、定量、定时取送，以利于检修作业的正常进行。车站与专用线、段管线所属部门应签订取送车协议，明确各自的管理职责，加强专用线、段管线的管理，在《站细》中应明确规定专用线、段管线取送车办法。

（3）充分运用调车机车及一切技术设备，采用先进工作方法，用最少的时间完成调车任务。

一方面要经济合理地运用调车机车及一切技术设备，采用先进工作方法，周密计划，合理安排，做到快编、快解、快取、快送，尽可能组织平行作业，充分挖掘设备潜力，压缩各种非生产时间，提高调车效率，最大限度地发挥调车机车和技术设备的效能；另一方面要发挥调车人员的积极性，各工种间密切配合、协同动作，不断提高劳动生产率。这是对调车工作的一项基本要求，也是衡量车站行车组织工作水平的一个重要标志。

（4）认真执行作业标准，保证调车有关人员的人身安全及行车安全。

调车工作是在动态中进行的，作业组织复杂，多工种联合动作，时常面对恶劣的天气、多变的环境，影响因素诸多，多年来调车事故在行车事故中所占比重最大。因此在调车工作中，必须认真执行规章制度，落实作业标准，遵章守纪，防止一切可能发生的事故，保证调车有关人员的人身安全及行车安全。

4.1.5 调车设备及作业人员的“九固定”

调车作业须由调车机的机车乘务组及车务系统的多工种共同完成。为使参加调车作业人员在作业中相互协调、紧密配合，以及熟悉调车技术设备及工具的性能，便于及时操作和使用，调车工作要实行“九固定”。

1. 固定作业区域

在调车作业繁忙，配有两台及以上调机的车站，应根据车站作业特点、设备情况及调车作业性质，划分每台调车机车固定作业区域，以避免各调车机车作业的相互干扰，并有利于作业人员熟悉本区作业性质和设备状况，掌握作业区域调车工作规律。

2. 固定线路使用

对调车线按列车编组计划中车流方向的要求、车流量的大小，结合车站线路配置情况及特殊用途等，分类固定每一条线路的用途以便有效地使用线路，减少重复工作，缩短调车行程，提高调车效率。技术站的调车线，应按车站调车工作任务要求、编组计划去向、车流大小等，结合线路有效长等确定。

3. 固定调车机车

为便于调车工作，要求调车机起、停快，前后瞭望条件好，能顺利通过半径较小的曲线。因此，调车机车要车身短，轴距小，前后均有头灯、防滑踏板、扶手把及无线调车设备等。

为便于调车领导人、调车指挥人和其他调车人员熟悉调车机车性能、特点，如换长、功率、制动性能等，科学、合理地编制或执行调车作业计划，为此，担当调车作业的机车应固定使用。固定替换用的调车机车及小运转机车，应符合调车机车的条件。

4. 固定人员

参加调车工作的人员，包括调车组人员、调车机车的乘务人员和扳道人员等。由于各工种作业人员来自不同单位，只有通过长期固定地在一起工作，才能相互了解、密切配合、协同作业。

5. 固定班次

调车组与机车乘务组、扳道组的班次必须统一、固定。摘挂列车要在沿线中间站作业，条件复杂、作业范围大，更要注意固定人员和班次。

6. 固定交接班时间

固定交接班时间，可以避免交接人员相互等待，有利于缩短非生产时间，主要指调车组和调车机车乘务组的交接班时间必须统一。

7. 固定交接班地点

交接班时，调车机车存放地点及有关人员交接地点均应固定，以便建立良好的作业秩序，主要指调车组和调车机车乘务组的交接班地点必须固定。

8. 固定工具数量

调车机车及调车组配备足够数量和质量良好的调车工具和备品，是做好调车工作的物质保证，避免工具数量不足或质量不好危及作业安全。

9. 固定工具存放地点

铁鞋、鞋叉、安全带、调车灯（旗）、无线调车灯显设备等调车工具固定地点存放，不仅便于使用和保管，而且当损坏或短少时，也便于及时发现和补充，消除安全隐患，保证正常的作业需要。

调车工作应使用符合标准的制动铁鞋及防溜器具，制动铁鞋及防溜器具应在规定的地点放置，用后归位。制动铁鞋应成组放置在铁鞋台上（在雪少地区可放在涂有特殊标记的钢轨外侧），每组铁鞋数量及组距由车站规定。

4.1.6 调车区的划分及调车机的分工

1. 调车区域划分

调车工作繁忙、配线较多的车站，配有两台以上调车机车时，应根据车场设置特点、调车作业性质、车流特点和车站配线等情况，划分每台调车机车的固定作业区域（简称调车区）。每个调车区有固定的调车机车和调车组。规定每一调车区及调车机车担负的作业种类和工作任务，以及相互之间联系配合的制度和办法，以建立正常的作业秩序，保证作业安全，提高作业效率。没有做好联系和防护，不允许放行越区车或转场车；越区作业的联系和防护办法，应在《站细》内规定。

划分调车区的基本原则是：保证各调车机车在作业上互不干扰和抵触，调车机车、驼峰、牵出线及调车线承担的任务相对均衡合理；保证加速解编作业，减少重复作业，充分挖掘潜力；保证调车作业和接发列车的安全。

划分调车区的方法，应根据车站的调车任务、车流和调车线配置等情况而定，并在《站细》内规定，一般采用两种方法：

（1）对于调车作业互不干扰，且设有牵出线和一定数量调车线的独立车场，可单独划区管理。调车作业量较大的货场、交接场和专用线，在配有专用的取送调车机车时，也可以划为单独的调车区。

（2）对于两端均设有牵出线和驼峰，或一端设有牵出线、一端设有驼峰的车场，可实行横向划区或纵向划区。

① 横向划分调车区。从调车场的中间或指定地点，用垂直线将调车场划分为左右两个调车区。两调车区之间设立不少于 20 m 的安全区，作为彼此隔开的安全措施。作业时，两端调车机车推送或连挂车辆，不得侵入安全区。

② 纵向划分调车区。按车流大小和列车编组计划规定组号的多少，以调车线的线束或股道数的多少划分为两个调车区。纵向划区时，在本区管辖的线路上可以进行溜放、推送和连挂，越区作业时，应取得对方同意。

纵向划分调车区的优点是便于掌握调车线的使用，避免同一线路两端同时作业而产生的不安全因素；缺点是对于线路少、车流方向多的车站，将会产生线路不足，增加重复改编作业。纵向划分调车区适用于调车线路较多的车站。

横向划分调车区的优缺点与纵向划分调车区相反，适用于调车线较长、数量较少的车站。

2. 调车场线路固定使用

为保证调车工作效率，调车场线路应固定使用，便于调车人员掌握。

研究调车场线路使用问题一般需按两步进行：首先合理分配各种用途的线路数目，然后确定每一条调车线的具体用途。调车场内的线路主要用途：一是按照列车编组计划的规定，用于集结和编组车列；二是存放本站货物作业车、场间交换车、扣修车、倒装车和装载特种货物或超限货物的车辆。在我国铁路车站目前调车线还不够充裕的情况下，应首先保证用于集结和编组的线路数，尽量减少停放其他车辆的线路数。

用于集结和编组的线路，尽可能按照列车编组计划的规定，每编组一个到达站的列车或车流组号，固定使用一条调车线，有利于解体照顾编组，减少重复改编作业。若可供使用的线路数少于规定的车流组号数时，应首先满足主要车流单独集结的需要，对其余车流量较小的组号，可合并使用一条线路。

用于存放其他车辆的线路，应在保证调车安全、不大量产生重复作业和严重交叉干扰的条件下，尽量做到一线多用。

调车场内各条线路的有效长度和平纵断面等条件不尽相同，固定其具体用途时，一般应考虑以下条件：

（1）适应车流强度的需要。车流量大的编组去向分配长线，车流量小的分配短线，并尽量选择容车数大于该去向列车编组辆数的线路，以减少整理车场的调车作业。

（2）均衡牵出线的作业负担。当调车场尾部具有两条编组牵出线时，将车流量大的几个编组去向，分散固定在衔接不同牵出线的调车线上，以均衡两条牵出线的作业负担。

（3）减少调车作业的干扰。对横列式车站，应将车流量大的编组去向固定在靠近出发场的调车线上；交换车固定停放在接近邻区的线路；集结同一去向的两条调车线和合编分组列车的线路，固定在同一线束的相邻线路上；本站货物作业车固定在接近货物作业地点、便于送车的线路上。

（4）照顾车辆溜行的性能。对空车和难行车比重较大的车流组号，尽可能固定在易行线上；对易行车比重较大的车流组号，固定在难行线上，以平衡车辆溜行阻力，提高解体调车的安全和效率。

（5）便于车辆检修和其他作业。站修线应拨给线间距离较宽，靠近站修所的边线；装载特种货物及超限货物的车辆，按其需要拨给偏僻、有利保安的线路等。

总之，调车场内的线路固定使用与车流性质、大小、线路的条件等有着密切的关系。因此，车站应根据列车编组计划的要求及具体条件确定调车线固定使用，并纳入《站细》。

3. 调车场两端调车机车的分工

（1）调车机车在调车场一端解体、另一端编组，或以一端解体为主、另一端编组为主。这种分工适用于调车场一端设有驼峰，另一端设有牵出线的车站。由驼峰负责解体，牵出线负责编组，以充分发挥驼峰和牵出线的设备功能。

（2）调车机车在调车场一端负责解编某一方向的列车，另一端负责解编另一方向的列车。这种分工适用于横列式车站调车场两端设有简易驼峰或牵出线，而两个方向的改编作业量又大致相等的车站。优点是可以充分利用调车设备，均衡两端调车机车负担，减少重复作业，便于采用解编结合的调车方法。

（3）调车机车在调车场以一端为主，另一端为辅。这种分工适用于解编作业基本上由主体调车机车担当，另一端调车机车负责车辆取送、车组甩挂作业，必要时协助主体调车机车进行解编作业。

4.1.7 无线调车灯显设备的使用

使用机车进行调车作业时，应采用无线调车灯显设备（机车摘挂、转线等不进行车辆摘挂的作业，列车在到达线路内拉道口、直接后部摘车除外），并使用规定频率，其显示方式须符合有关要求。无线调车灯显设备应与列车运行监控装置配合使用。

20 世纪 90 年代初期推广使用的无线调车灯显设备，具有调车作业指令无线传输功能，即将调车指挥人通过专用电台发出的调车指令以不同颜色的灯光显示在机车控制器上，指挥机车乘务员、调车组作业（通过语音合成技术，在将调车指令显示于机车控制器的同时，辅以语音提示）；还具有调车组、机车乘务组及调车领导人之间通话功能。为防止信号的串扰，每套无线调车灯显设备都有自己固定的频点，同一调车组人员所使用的每部电台均有相应的编码，当某一制动员发出紧急停车指令后，只有该制动员发出解锁指令才能解锁，其他任何人的指令均不可能使其解锁。另外，当调车长按压电台指令键后，发生调车长电台故障或电力不足等情况，造成不能发出指令时，机车控制器可测出上述故障，同时自动发出“故障停车”的指令。该设备可与列车运行监控装置连接，将各种调车指令转换为列车运行监控装置控制机车作业的数据、指令。该设备还具有数据采集和记录系统，可以记录调车指令的内容、发出时间，采集调车速度，以便分析作业情况。

随着现代电子技术的发展，铁路加快了运输设备的现代化步伐，调车解体作业从简易驼峰、机械化、半自动化驼峰发展到自动化驼峰；通信联络从使用站场扩音广播、站场对讲电话到无线通信联系；调车作业指挥方式从灯旗指挥到无线调车灯显设备，调车作业的现代化程度越来越高，通信联系和作业指挥越来越灵活可靠。随着无线调车灯显设备在全路的广泛应用，实现了“调车作业不使用灯旗指挥”的目标。在调车作业中，消除了确认信号困难、联系不彻底等安全隐患，提高了调车效率。无线调车灯显设备的记录功能为分析事故或问题提供了有效、可靠的依据，能够找到问题的根源，真正地吸取教训，避免类似问题的再次发生。

使用机车进行调车作业时，应采用无线调车灯显设备。对于以机车为动力的调车作业，应采用无线调车灯显设备进行调车作业指令无线传输和通话联系，不使用灯旗指挥，提高调车效率，消除确认信号困难、联系不彻底等安全隐患。

机车摘挂、转线等不进行车辆摘挂的作业，列车在到达线路内拉道口、直接后部摘车除外，考虑这几类具体调车作业的性质和实际，作业过程简单，没有调车指挥人和调车人员参与，若使用无线调车灯显设备反而需增加设备和作业环节。故而对于此类不使用无线调车灯显设备即可安全、高效地完成调车任务的情形，不要求采用无线调车灯显设备。

无线调车灯显设备应与列车运行监控装置配合使用。列车运行监控装置实现了对列车运行的监控与记录，无线调车灯显设备与列车运行监控装置配合使用，可以监控和记录调车作业过程，将无线调车灯显设备的指令纳入列车运行监控装置进行控制，充分体现了科技保安全、设备保安全的理念。

在无线调车灯显设备未与列车运行监控装置配合使用的情况下，在调车作业过程中，由于调车组人员或机车乘务组人员不执行作业标准或无线调车灯显设备发生故障时，列车运行监控装置不能发挥控制调车车列的作用，难以有效防止调车作业事故或问题的发生。为充分发挥设备安全控制作用，规定无线调车灯显设备应与列车运行监控装置配合使用，就是将无线调车灯显设备的机控器与列车运行监控装置相连，使列车运行监控装置接收无线调车灯显设备发出的指令，并按指令的要求限制调车速度，对调车作业情况进行监控，必要时停车，在调车作业中能够有效地防止调车超速连挂、调车冲突等事故。

无线调车灯显设备的机控器与列车运行监控装置的连接：担任固定调车作业的机车，无线调车灯显设备的机控器应与列车运行监控装置固定连接。由本务机车、小运转机车（含调度机车）担当调车作业时，可使用便携式无线调车灯显设备机控器。作业开始前，无线调车灯显设备的机控器临时与运行监控装置连接；作业完了，由调车人员取回。

无线调车灯显设备正常使用时停用手信号，对灯显以外的作业指令采用通话方式；无线调车灯显设备发生故障时，用手信号作业。为了避免灯显和手信号同时使用，增加调车作业环节和作业人员负担，造成“双指令”，也给司机带来识别困难，明确规定无线调车灯显设备正常时，调车作业人员应停用手信号，使用该设备指挥调车作业。考虑到目前灯显设备存在部分作业指令和作业联系等无法显示的情况，对灯显以外的作业指令采用通话方式。无线调车灯显设备发生故障时，应暂时停止作业，更换备用灯显设备后再继续作业。考虑一批或一钩作业过程中，难以中途更换备用灯显设备，以及没有良好的备用灯显设备等情形，应恢复手信号作业，完成作业任务。如调车组人员间电台通话功能良好时，作业中仍可使用电台相互联系，但调车长须改用手信号方式指挥司机。

无线调车机车信号和监控系统（STP）设备是使用无线传输方式将地面信号及调车作业计划等数据传送到机车上，由车载监控系统对相关信息进行分析利用，实现站场图显示作业计划显示、站场调车作业安全控制、作业过程记录等功能，可有效防止冒进信号和超速造成事故，并实时记录相关数据，便于对作业过程和事故原因进行分析，提高调车作业安全性。

4.1.8 动车组调车作业的一般要求

（1）车站、动车段（所）的调车工作，应按列车运行图、车站或动车段（所）的技术作业过程及调车作业计划进行。参加调车作业有关人员应做到：

① 及时办理动车组出入段（所）、转线及车底取送等作业，保证按列车运行图的规定时刻发车，不影响接车。

② 充分运用一切技术设备，采用先进工作方法，用最少的时间完成调车任务。

③ 认真执行作业标准，保证调车有关人员的人身安全及行车安全。

（2）调车作业时，应使用机车综合无线通信设备、调度台（车站）FAS 终端或注册的 GSM-R 手持终端进行联系。

使用机车进行调车作业时，应使用无线调车灯显设备（机车摘挂、转线等不进行车辆摘挂的作业除外），并使用规定频率，其显示方式须符合有关要求。无线调车灯显设备应与列车运行监控装置配合使用，无线调车灯显设备的使用、维修及管理办法由铁路局规定。

无线调车灯显设备正常使用时停用手信号，对灯显以外的作业指令采用通话方式；无线调车灯显设备发生故障时，改用手信号作业。

（3）动车段（所）设动车组地勤司机，负责动车组在动车段（所）内调车、试运行等调移动车组的作业。

（4）禁止溜放调车、手推调车和跟踪出站调车作业。

（5）在作业中，调车作业人员须停车上下。

（6）调车作业必须连结全部软管。摘车时，必须停妥，按规定采取好防溜措施，方可摘开车钩；挂车时，没有连挂妥当，不得撤除防溜措施。

（7）调车作业要准确掌握速度及安全距离，并遵守下列规定：

① 在空线上牵引运行时，不准超过 40 km/h；推进运行时，不准超过 30 km/h；动车组后端操作时，不准超过 15 km/h。

② 调动乘坐旅客车辆时，不准超过 15 km/h。

③ 接近被连挂的车辆时，不准超过 5 km/h。

④ 在尽头线上调车时，距线路终端应有 10 m 的安全距离；遇特殊情况，必须近于 10 m 时，要严格控制速度。

⑤ 电力机车、动车组在有接触网终点的线路上调车时，应控制速度，距接触网终点标应有 10 m 的安全距离；遇特殊情况，必须近于 10 m 时，要严格控制速度。

⑥ 旅客未上下车完毕，除本务机车、补机摘挂作业外，不得进行旅客列车（车底）的连挂作业。

⑦ 遇天气不良等非正常情况，应适当降低速度。

（8）调车信号机故障不能开放时，进路准备人员应将相关道岔操纵至所需位置并单独锁闭，在调车进路准备妥当后通知调车指挥人（司机）准许越过故障的调车信号机。

任务 4.2　调车作业布置及下达

任务引入

×年×月×日 1 时 20 分，×局×站丙班乙调开始执行 J203 号调车作业计划。2 时 00 分，作业至最后一钩 15-6 时，调车机司机向扳道长提出回 16 道交班。扳道长未向调车区长汇报即擅自准备进路，在该进路最后一组 76 号非集中道岔未开通的情况下盲目还道。2 时 10 分，调车机车行至 76 号道岔处脱轨。构成铁路交通一般 D2 类调车脱轨事故。

事故原因为调车长及扳道长未经调车区长同意私自变更计划，在未确认进路上道岔位置正确的情况下，盲目向调车机显示信号，此为事故发生的主要原因。

请思考：

1. 调车作业领导的原则是什么？
2. 调车作业指挥的原则是什么？
3. 调车作业计划编制要求是什么？
4. 调车计划变更的原则是什么？

知识准备

4.2.1　调车作业领导和指挥相关工作

调车工作是一项由多工种联合行动的复杂工作。调车工作不仅作业场地大，调动的机车车辆多种多样，作业人员及工种多，而且作业组织比较复杂，作业方法灵活多变。因此，调车工作必须实行统一领导和单一指挥，以便有效、迅速、高质量地完成调车任务。

1. 统一领导

车站的调车工作，由车站调度员（未设车站调度员的由调车区长，未设调车区长的由车站值班员）统一领导。分场（区）时，各场（区）的调车工作，由负责该场（区）的车站调度员或该场（区）的调车区长领导。

动车段（所）调车工作的领导及指挥由铁路局规定。

调车工作是由调车组人员、扳道（信号集中操纵）人员、机车乘务人员等共同完成的，多工种在不同的条件和环境下联合作业，为了安全、迅速、准确、协调地完成调车作业任务，必须有统一领导。即在同一时间内，对于一个车站或一个调车场（区）的工作，只能由该站的车站调度员（未设车站调度员的由调车区长，未设调车区长的由车站值班员）一人负责领导。所有车站的调车工作，都应根据调车领导人的命令、计划办理；所有与调车工作有关的人员，必须认真执行调车领导人的命令、指示和工作计划。

（1）设有车站调度员、调车区长的车站，车站及各调车场（区）互相关联的工作，由车站调度员统一领导；各调车场（区）内的调车工作，由负责该场（区）的调车区长领导。

（2）设有车站调度员未设调车区长的车站，调车工作由车站调度员领导，作业计划由其直接布置。设有调车区长未设车站调度员的车站，调车工作由调车区长领导。

（3）未设车站调度员和调车区长的车站，一般为中间站，调车作业量较小，调车工作由车站值班员领导。

（4）动车段（所）设备及管理模式不尽相同，调车工作的领导及指挥与车站有所区别，具体由铁路局规定。

2. 单一指挥

调车作业由调车长单一指挥。利用本务机车进行调车作业时，可由车站值班员或助理值班员担任指挥工作。遇有特殊情况，可由经鉴定、考试合格取得调车长资格的胜任人员代替。

调车作业实行单一指挥的制度，是为了保证调车作业有关人员行动一致、密切配合，在保证安全的基础上提高效率，更好地完成调车任务。

单一指挥就是对每台担当调车作业的机车在同一时间内只准由调车指挥人一人指挥。所有调车有关人员（调车组、扳道组、机车乘务组）都必须按调车指挥人的指挥进行作业。

调车指挥人的确定，按人员配备与作业要求的不同，有以下几种情况：

（1）调车组均配有调车长，配有调车组的车站，调车作业应由调车长单一指挥。

（2）未设调车组的车站或调车组正在进行其他调车作业，如需利用本务机车进行调车作业时，可由车站值班员或助理值班员担任指挥工作。

（3）如因特殊情况，上述指定人员不能指挥调车作业时，只准许由经鉴定、考试合格取得调车长资格的胜任人员担当调车指挥工作。

3. 调车长的工作职责

调车长在调车作业前，必须亲自并督促组内人员充分做好准备，认真进行检查。在作业中应做到：

（1）组织调车人员正确及时地完成调车任务。

（2）正确及时地显示信号（发出指令），指挥调车机车的行动。

（3）负责调车人员的人身安全和行车安全。

在调车作业中，调车长既是组织者又是指挥者，对组织调车人员执行规章制度、落实作业标准，严格按《站细》的规定和调车作业计划进行工作，保证安全，提高效率，全面完成任务，负有重要责任。因此，调车长不仅要做好本身的工作，还要组织、督促并指挥调车人员共同完成调车任务。

调车作业的准备工作，是保证顺利完成调车任务的前提。调车作业准备工作主要包括以下几个方面：

（1）在计划安排方面，要传达核对计划，制定作业方法，进行作业分工，并针对重点工作进行安全预想。

（2）在工具准备方面，要对调车组的每台无线调车灯显设备进行检查试验，特别是须与司机确认无线调车灯显设备作用良好，要准备好铁鞋叉子、安全带、灯具及防溜器具等。

（3）在了解情况方面，要掌握是否空线、各线车辆停留位置、停留车组间隔、检修及装卸作业是否完成和防护用具是否撤除等。

（4）在需要提前行动方面，摘管、排风、选择人力制动机，对专用线、段管线的线路、道岔、大门、停留车辆、堆放货物距离、有无障碍物等进行检查。

做好准备是调车作业的关键环节之一，也是保证调车作业安全的关键。上述准备工作，有的需调车长亲自进行，有的是督促有关人员去做；有的需接班开始后进行准备，有的则在连续作业中进行准备。有关人员必须认真做好，有关责任必须落实到人。

在调车作业中，调车长首先要组织调车人员正确及时地完成调车任务。“正确”是指按“调车作业通知单”的要求进行作业，做到溜放调车时不混线、不堵门，尽量缩小车组间隔距离；取送客车、作业车和检修车时，要对好位置；编组列车时，要连挂正确，对好列车试风器位置，并要注意重点检查“关门车”、车下不压铁鞋等。“及时”是指按“调车作业通知单”要求的时刻，完成列车编组、解体及车辆取送、转线等作业。

调车长显示的调车手信号或使用无线调车灯显设备发出的指令，是对调车作业行动发出的命令，有关人员必须认真执行，所以信号显示或发出的指令必须正确、及时。“正确”是指信号显示方式或发出的指令意义必须符合有关规定，并做到规范化，如手信号显示要横平、竖直、灯正、圈圆等。“及时”是指根据不同作业要求及距离、速度、作业方法等，及时显示信号或发出指令。

保证调车作业中的人身安全和行车安全，是调车长最重要的责任。故而要求调车长认真学习规章制度，掌握调车作业标准，在作业中认真落实作业标准化，严格要求，并随时掌握参加作业人员的动态，了解其执行作业标准情况，确认其所在位置及信号显示，发现情况不明、信号不清及其他特殊情况危及作业安全时，应立即采取停车措施，以确保人身安全和调车作业安全。

4.2.2 调车作业计划与准备

1. 调车作业计划编制要求

调车领导人应正确及时地编制、布置调车作业计划。布置调车作业计划，应使用“调车作业通知单”。中间站利用本务机车调车，应使用有示意图的“调车作业通知单”（示意图可另附）。使用无线调车灯显设备的车站，调车作业计划布置方法，由铁路局规定。

列车在到达线路内拉道口、对货位、直接后部摘车、本务机车（包括重联机车、补机）摘挂及转线、企业自备机车进入站内交接线整列取送作业，可不使用“调车作业通知单”。

自轮运转特种设备调车作业是否需要使用“调车作业通知单”，由铁路局规定。

调车作业计划是调车人员的行动依据，调车领导人通过调车作业计划来实现对调车工作的领导，完成调车工作任务。调车领导人必须根据车站技术作业过程所规定的各项技术作业时间标准和班计划、阶段计划的任务要求，结合站内或有关区域内现车分布情况和列车到达确报，按始发列车的编组要求、到达列车的编组内容、旅客列车车底、货物作业车和检修车取送安排、接发列车与调车作业的进展情况等，正确及时地编制、布置调车作业计划。

在“调车作业通知单”上，应明确调车作业的调车组（只有一个调车组时除外）、编解列车的车次、作业的计划开始与终了时间、使用的线路、摘挂的辆数、应注意的事项及经由的车场线路等。

编制调车作业计划时，应满足下列要求：

（1）符合列车编组计划、列车运行图和《技规》的规定，保证调车作业顺利完成和人身安全。

（2）合理运用技术设备和先进工作方法，最大限度地实现解体照顾编组，解体照顾送车，使解、编、取、送作业密切配合，做到调车钩数少、行程短、调动辆数（带车数）少、占用股道少、作业方便，即平均钩分小，调车效率高。

（3）做到及时、准确、完整。“及时”就是及时编制和下达计划；“准确”就是保证计划本身无漏洞、无差错，尽量不变或少变计划；“完整”就是要求“调车作业通知单”字迹清楚，项目齐全。

2. 调车计划的传达

调车领导人与调车指挥人必须亲自交接计划。由于设备原因，亲自交接计划确有困难，以及设有“调车作业通知单”传输装置的车站，交接办法在《站细》内规定。

调车指挥人应根据调车作业计划制定具体作业方法，连同注意事项，亲自向司机交递和传达；对其他有关人员，应亲自或指派连结员进行传达。具体传达办法，在《站细》内规定。

调车指挥人确认有关人员均已了解调车作业计划后，方可开始作业。

动车段（所）调车工作的计划编制及下达办法，由铁路局规定。

调车领导人和调车指挥人亲自交接计划不仅能够防止误传计划，而且能交换更多的信息，全面了解作业任务及意图，及时准确地掌握各种注意事项，有利于保证安全，提高效率。如确因连续作业，调车指挥人不能离机车时，调车领导人应将计划亲自送到作业场所，当面交予调车指挥人。如因设备和劳动组织的原因，调车领导人与调车指挥人不能亲自交接计划时，交接办法在《站细》内规定。但无论用人工传递、固定设备传递或电话抄收等，都必须保证调车计划能够交接清楚。随着现代化传输设备的应用，调车计划的传达方式越来越先进，自动化驼峰设备可将计划直接传输至自动控制系统，有的还采用调车通知单传输系统（传统机械、有线或无线设备等）、计算机网络传输、电话传真等，但计划接收人均应与计划编制人进行认真核对，以免计划接收不正确而影响作业，具体核对方法应在《站细》内规定。

为正确及时地完成调车作业计划，调车指挥人每次接收调车作业计划后，应根据计划内容和要求，结合设备、车辆停留、人员配备等情况，制定具体的调车作业方法，连同注意事项亲自向司机交递和传达；对其他人员也应亲自传达，使参加调车作业的人员明确作业方法和注意事项，按照计划统一协调行动。线路比较分散、业务量比较大的车站，调车指挥人亲自传达计划有困难时，可指派连结员进行传达，具体传达办法在《站细》内规定。例如，由调车领导人将调车作业计划向信号员传达；驼峰作业时，调车领导人向峰顶提钩人员及峰下铁鞋制动长传达；未设调车组的中间站利用本务机车作业时，由车站值班员向扳道员传达等。

调车作业计划的传达，有一个最根本的要求，那就是无论采取何种传达和联系方法，最后都必须由调车指挥人确认有关人员均已正确了解调车作业计划、掌握作业要求及注意事项后，方可开始作业。

3. 调车计划的变更

一批作业（指一张“调车作业通知单”）不超过三钩或变更计划不超过三钩时，可用口头方式布置（中间站利用本务机车调车除外），有关人员必须复诵。变更股道时，必须停车传达。仅变更作业方法或辆数时，不受口头传达三钩的限制，但调车指挥人必须向有关人员传达清楚，有关人员必须复诵。

驼峰解散车辆，只变更钩数、辆数、股道时，可不通知司机，但调车机车变更为下峰作业或向禁溜线送车前，须通知司机。

由于调车作业涉及的环节多且现场情况多变，变更调车作业计划在所难免，但是及时了解和准确掌握实际情况，增强预见性，做到不变更或少变更计划，是对调车领导人的一项重要要求。变更调车作业计划，会打乱调车长已经布置的作业方案，而且常常因为传达不彻底，造成调车人员预想不够，失去协调，以致发生错漏，破坏工作秩序，引发混乱，甚至酿成事故。因此，遇变更计划，必须把住传达彻底这一关。

考虑到变更计划多在作业过程中发生，重新填写书面计划影响作业效率，但又考虑到人的记忆能力有限，所以规定一批作业不超过 3 钩或变更计划不超过 3 钩时可用口头方式布置。为了确保作业人员协调一致，传达必须清楚彻底，重点工作和注意事项要布置清楚，接收计划人员必须复诵，对重点工作和注意事项做好预想，做到心中有数。

调车作业线路的有效长、停留车、作业要求各不相同，为此变更股道牵涉面较广，是调车计划主要内容的变更，因而对调车安全的危害也最大。在执行调车作业计划中，因某种原因，不得不改变原来计划的股道时，为安全起见，调车指挥人必须停止作业，重新传达给有关人员。

仅变更作业方法或辆数时，主要是指溜放与推送方法的变更、摘挂车数的变化，因而不受口头传达三钩的限制，但调车指挥人必须向有关人员传达清楚，推送变更溜放时，有关人员要提前做好车辆制动的准备工作。驼峰作业，由于司机按信号显示要求推峰，如驼峰解散作业只变更钩数、辆数、股道时，对司机操纵影响不大，可不通知司机。但变更为调车机车下峰作业或向禁溜线送车时，涉及调车作业方法的改变，下峰作业或向禁溜线送车时如果速度掌握不好，容易发生问题，对安全危害较大，因此必须向司机传达清楚。

去货物线、专用线调车时，遇现场的实际情况与原计划不符时，准许调车指挥人根据实际情况，自行变更或制订作业计划，但使用无线调车灯显设备能够与调车领导人取得联系时，须取得其同意；同时中间站利用本务机车调车时，也可以采用改写“调车作业通知单”的方式向司机传达，但作业完了后，必须及时向调车领导人汇报计划变更和车辆停留情况。

4. 调车作业前的准备工作

（1）提前排风、摘管，核对计划，确认进路，检查线路、道岔（集中联锁区除外）、停留车及车辆防溜等情况。

作业开始前要事先做好排风、摘管工作。排风是指由专人拉动待解车列每辆车的缓解阀，将副风缸、制动缸的风排净，防止因副风缸内余风漏泄发生制动，造成车辆作业中抱闸，危及溜放车辆的安全。摘管是指按调车作业计划的要求，将摘开车组处的车辆软管摘开，方便提钩作业，以免在解散或溜放过程中停车摘管，延长解体时间。

在调车作业开始前，为了使调车人员进一步清楚作业计划和分工，有关人员应进一步核实确认计划，明确各自的作业分工，并做好安全预想，特别是对调车指挥人不能亲自传达布置的人员，更要认真核对计划，防止错漏。在填写、抄收、传收“调车作业通知单”的过程中，也要认真核对，防止传错、抄错。

确认进路、检查线路、道岔（集中联锁区除外）和停留车位置等工作都是确保调车作业安全的重要环节。在集中区调车时，要确认进路上所有调车信号机都处于开放状态；在非集中区调车时，要确认扳道人员的开通信号，无扳道人员时调车组人员要确认道岔开通位置。确认进路，调车人员必须做到钩钩确认。

在轨道电路分路不良区段进行调车作业时，调车组人员（司机）还应在确认调车车列（机车）到达指定地点后通知准备进路人员，准备进路人员方可排列进路，防止因轨道电路分路不良造成道岔中途转换，危及调车安全。

要提前检查线路、道岔（集中联锁区除外）、停留车位置，尤其是去货物线、专用线、段管线取送车辆时，应事先派人检查线路、道岔（集中联锁区除外）、车辆、大门、货物堆放距离及安全防护用具使用情况，因路途较远或受人员、设备的限制，可在进入上述线路前检查，具体办法应在《站细》内规定。货物线、专用线、段管线由于作业特点、人员和管理方面的问题，不确定的因素多，作业条件变化大，因此要认真检查确认，不得简化作业过程、臆测作业和盲目图快，同时要有联控制度，以防疏漏，确保安全。

检查停留车辆的防溜措施，主要是指去货物线、专用线、段管线及其他停有采取防溜措施车辆的线路上摘挂车辆时，应先检查停留车是否采取了防溜措施。牵出或推进车列时，要检查车下有无铁鞋、止轮器，人力制动机是否松开，防止因拉鞋、轧止轮器或抱闸造成事故。对摘下需要采取防溜措施的车辆，要检查是否按规定采取了防溜措施。

（2）人力制动机的选闸、试闸，系好安全带。

人力制动机制动时，要事先做好选闸和试闸工作。在选闸和试闸中，一般要做到“四选四不选”，即选前不选后、选重不选空、选大不选小、选高不选低和“一闸两试”（停车试和走行试）等方法。这样，才能保证溜放的车组有足够的制动力，防止选闸不当制动力不够或未试闸等，致使人力制动机制动力不强或不制动造成事故。

为了保证调车作业人员的人身安全，使用人力制动机制动的人员，必须按规定挂好安全带。

（3）准备足够的良好制动铁鞋和防溜器具。

为满足调车作业过程中溜放车组制动和机车车辆停留后防溜需要，作业前应准备足够、良好的制动铁鞋和防溜器具。铁鞋制动时，包线制动员要根据溜放车组的空重及辆数的多少，提前在上鞋地点备好足够的制动铁鞋。

铁鞋无论用于制动还是防溜，都应该良好，必须认真检查，不合格的铁鞋禁止使用，并应及时更换。

铁鞋具有下列不良情况之一者，禁止使用：

① 支座有裂纹；

② 没有挡板或挡板损坏；

③ 底板扭曲；

④ 鞋尖与轨面不密贴；

⑤ 鞋尖破损、压扁或弯曲；

⑥ 鞋尖宽度超过轨面宽度；

⑦ 支座或底板的焊接破裂或铆钉松动；

⑧ 底板边缘损坏、磨耗过甚或弯曲；

⑨ 铁鞋尺寸与轨型不符；

⑩ 铁鞋底板有冰雪、油渍或盐碱等润滑物质。

发现不合格的铁鞋，当时不能更换的，应放在线路中间或集中放置在一处，不得与合格的铁鞋混在一起，以免用错造成事故。

（4）无线调车灯显设备试验良好。

无线调车灯显设备作为指挥调车作业的关键设备，调车作业过程中必须时刻保持良好的状态。因此作业开始前必须进行试验，主要包括调车组人员间的试验和调车长与司机间的试验，以防作业过程中发生故障，影响调车作业的正常进行。

对于固定调车组和调车机车的车站，无线调车灯显设备也是固定使用，一一对应，一般要求调车组人员和机车乘务组人员接班后进行一次试验，确保无线调车灯显设备状态良好，在本班时间内，无需每批作业前进行无线调车灯显设备试验。但遇班中更换无线调车灯显设备或更换机车时，应在更换后对无线调车灯显设备试验良好。对于不固定作业机车的车站，如利用本务机车进行调车作业时，每次作业前均需对无线调车灯显设备试验良好。

任务 4.3 调车作业相关规定

任务引入

×年×月×日 11 时 31 分，×线×站 3 道停留的无动力回送 HXD_3 型 0021 号电力机车，因防溜不彻底导致机车溜逸撞上牵出线车挡，造成机车脱轨，构成机车溜逸冲突事故。由于防溜铁鞋未紧贴车轮踏面，机车停留时，制动闸盘逐渐缓解，加之邻线通过列车和本线进入试验机车的震动，造成无动力机车溜逸。

事故原因：一是未按规定进行防溜。×站连结员调车作业防溜时，违反《站细》第 77 条第 2 款第 1 项“到发线停留车辆时两端车辆必须采取两道防线”的规定，只在两端使用了铁鞋防溜，缺少一道防线。同时，两端防溜铁鞋鞋尖均没有紧贴车轮踏面，是事故发生的主要原因。二是违反防溜作业程序。调车长对防溜作业复检不到位，没有及时发现止轮不彻底的隐患。在只有一道防线的情况下，调车长提前摘开机车，违反《技规》(普速铁路部分)第 226 条“调车作业摘车时，必须停妥，采取好防溜措施，方可摘开车钩；挂车时，没有连挂妥当，不得撤除防溜措施”和《站细》第 77 条第 2 款第 4 项第 1 点“防溜措施的采取必须执行‘先止后摘，先挂后撤’的规定”，是事故发生的重要原因。三是监控干部未发挥作用。副站长监控调车作业时，未发现只采取一道防线的严重问题，没有发挥监控作用，对职工的违章问题未能及时制止和纠正，并且对新型机车站内防溜作业未引起重视，没有采取有效措施，失去了防止事故的时机。

请思考：

1. 关于机车车辆停留的线路及停留地点有什么规定？
2. 关于机车车辆停留的安全措施有什么规定？

知识准备

4.3.1 调车作业

1. 调车作业信号及人员相关规定

（1）调车作业时，调车人员必须正确及时地显示信号；机车乘务人员要认真确认信号，并回示。

调车作业时，调车组、扳道组、信号操纵人员等所有调车作业人员，显示信号或使用无线调车灯显设备发出指令时要正确、及时；机车乘务人员须不间断地确认地面固定信号和调车人员显示的手信号（无线调车灯显设备发出指令），并须及时回示，表示确已了解。

（2）推进车辆连挂时，要显示“十、五、三车”的距离信号，没有显示“十、五、三车”的距离信号，不准挂车，没有司机回示，应立即显示停车信号。

推进连挂车辆时，调车指挥人应根据停留车位置的距离，显示“十、五、三车”距离信号或发出相应的指令。在调车车列前端距离被连挂车辆十车（约 110 m）时，显示“十车”信号或发出“十车”指令；距离五车（约 55 m）时，显示“五车”信号或发出“五车”指令；距离三车（约 33 m）时，显示“三车”信号或发出“三车”指令。如距离不足十车时，仅显示“五、三车”信号或发出“五、三车”指令；不足五车时，仅显示“三车”信号或发出“三车”指令；不足三车时，仅显示接近连挂信号或发出相应指令。接近连挂信号比照向显示人稍行移动信号显示。

单机挂车时，因司机视线不受影响，所以调车指挥人可不显示“十、五、三车”距离信号，使用无线调车灯显设备时可不发出“十、五、三车”指令。

（3）推送车辆时，要先试拉。车列前部应有人瞭望，及时显示信号。

推进车辆时，要先试拉，以检查车钩连挂状态，防止车钩没有挂好，导致推进中车辆溜走。在同一线路内，连续连挂车辆时，可不停车连挂，但要确认连挂状态，车组间距超过十车时，必须顿钩或试拉。一批作业过程中牵出后折返推进时，不需进行试拉。被连挂车辆距警冲标较近时，须采取相应安全措施。列车编组完了最后一钩，应进行试拉。推进车辆运行或连挂其他车辆时，调车指挥人确认前方进路和“十、五、三车”距离有困难时，可指派制动员、连结员在推进车辆的前部进行瞭望确认，有关人员须及时显示信号或发出指令。推进车辆较多时，应派中转人员按规定中转信号，调车长应掌握显示信号或发出指令情况，发现盲目推进等情况时，要及时采取减速或停车措施。

（4）当调车指挥人确认停留车位置有困难时，应派人显示停留车位置信号。

遇有天气不良、照明不足或地形地物影响，调车指挥人看不清停留车位置时，应派人在停留车的连结一端显示停留车位置信号。

（5）调车人员不足 2 人，不准进行调车作业。

调车作业是一项复杂的工作，涉及进路、信号的确认，停留车及线路的检查，防溜措施的采取与撤除及机车车辆的移动等，一个人很难完成上述工作；同时为保证调车作业安全和人身安全，更好地完成调车任务，参加作业的调车组人员必须达到 2 人及以上时，方准进行调车作业。

2. 调车信号显示状态的确认

（1）在调车作业中，单机运行或牵引车辆运行时，前方进路的确认由司机负责；推进车辆运行时，前方进路的确认由调车指挥人负责，如调车指挥人所在位置确认前方进路有困难时，可指派调车组其他人员确认。

为了明确司机和调车指挥人确认进路的责任分工，根据作业中他们所处的位置和所具备的条件，规定单机运行或牵引车辆运行时，前方进路的确认由司机负责。

推进车辆运行时，前方进路的确认由调车指挥人负责。在推进车辆运行中，调车指挥人应站在既易于确认前方进路，又能使司机看见其显示信号的位置。如两者不能兼顾时，调车指挥人应站在能使司机看见其显示信号的位置，车列前部再指派其他调车人员确认进路，并及时向调车指挥人显示信号或使用无线调车灯显设备发出指令。

（2）没有看到调车指挥人的起动信号，不准动车（但单机返岔了或机车出入段时，可根据扳道员显示的道岔开通信号或调车信号机显示的允许运行的信号动车）。无扳道员和调车信号机时，调车指挥人确认道岔开通正确（如为集中操纵的道岔，还须与操纵人员联系）后，向司机显示起动信号。

司机须凭调车指挥人显示的信号或无线调车灯显设备的指令动车，以便其他调车作业人员做好各项工作，保证作业安全。遇无扳道员和调车信号机时，调车指挥人确认道岔开通正确（如为集中操纵的道岔，调车指挥人还应与操纵人员联系确认）后，向司机显示起动信号或发出起动指令，司机凭调车指挥人的起动信号或起动指令动车。

单机返岔子或机车出入段，由于无调车指挥人参加作业，可根据扳道员的道岔开通信号或调车信号机显示的允许运行的信号动车。

为保证调车进路的正确，防止调车作业中挤岔子或进入异线等事故的发生，非集中区调车作业时，调车有关人员要认真执行“要道还道制度”。

要道的方法有两种：一是单机或牵引运行时，由司机要道；二是推进车辆运行时，由车列前端的调车人员要道。还道时扳道员必须在确认进路准备正确、道岔尖轨密贴后，方可显示道岔开通信号。为避免误认，扳道员应先显示开通的股道号码，再显示道岔开通信号。当同一个进路由多名扳道员准备时，扳道员间在准备好进路后，先行对道，然后一般由来车方向的第一个扳道员向调车组人员或司机还道。由于设备的不同，扳道员间的要道还道办法应在《站细》内规定。

（3）非集中区调车作业时，要认真执行“要道还道制度”。扳道员之间的要道还道办法及集中区与非集中区间的作业办法，在《站细》内规定。

由集中区到非集中区或由非集中区到集中区的调车作业，应制定要道还道或作业联系办法，由于集中区作业繁忙，涉及接发列车等多项作业，由非集中区到集中区，必须提前做好联系，合理安排，减少作业等待及其他不安全因素。根据各站设备的不同，具体的要道还道办法和非集中区与集中区间的联系办法应在《站细》内规定。

随着无线调车设备的广泛采用，为保护环境，减少噪声干扰，要道还道可以通过无线调车设备进行，具体办法和用语应在《站细》内规定。要道还道时，应统一为“出×道要×道”“进×道要×道”。考虑到连续溜放和驼峰解散车辆作业的特点，规定连续溜放和驼峰解散车辆时，第一钩应执行“要道还道制度”，从第二钩起，按“调车作业通知单”的要求扳动道岔。集中联锁的调车区，装设了调车信号机，调车作业按信号机显示的要求进行，因此，第一钩可不执行“要道还道制度”。

3. 调车速度的规定

调车作业要求做到安全、迅速、准确，掌握调车速度是关键。进行调车作业的司机，必须严格按照《技规》《铁路调车作业标准》等有关规章规定的限制速度和调车指挥人的信号操纵机车，在任何情况下，不准超速作业。调车指挥人必须注意观速、观距，及时准确地显示信号，发现司机超速危及安全时，必须立即显示停车信号。

调车速度是根据调车作业特点，调车时所经过线路、道岔的允许速度，调动特殊构造车辆或装载特殊货物车辆的要求，以及保证调动车辆运行中的安全规定。作业中还应根据带车多少、制动力大小及距离远近等，由司机和调车指挥人共同掌握。

（1）在空线上牵引运行时，不准超过 40 km/h；推进运行时，不准超过 30 km/h。

调车作业时，被调动车辆的自动制动机没有全部加入机车操纵的自动制动系统，这样车列的停车和减速多凭机车自身的制动力量。进行调车作业的线路标准、道岔号码通常低于正线、到发线的标准。因此，空线上牵引运行时，不得超过 40 km/h。当推进运行时，除了受上述条件限制外，还因车列在前、机车在后，司机不便于瞭望信号，故须降低速度，规定不准超过 30 km/h。

（2）调动乘坐旅客或装载爆炸品、气体类危险货物、超限货物的车辆时，不准超过 15 km/h。

为了保证旅客的安全和舒适，防止装有爆炸品、气体类危险货物和装载超限货物的车辆，由于高速调动或紧急制动时引起货物窜动、货物爆炸等意外事故，因而不准超过 15 km/h。

（3）接近被连挂的车辆时，不准超过 5 km/h。

防止与停留车辆发生严重撞击，损坏车钩，甚至造成车辆或车列脱轨。

（4）推上驼峰解散车辆时的速度和装有加、减速顶的线路上的调车速度，在《站细》内规定。经过道岔侧向运行的速度，由工务部门根据道岔具体条件规定，并纳入《站细》。

驼峰解散车辆是个多工种的联合作业，除按调车有关规定进行外，解散速度也是保证调车安全的一项重要因素。目前，我国驼峰规格尚不统一，设备条件差异很大，峰高、道岔区长短、制动方法等不同。因此，由车站根据本站实际情况，规定推上驼峰解散车辆的速度，以保证调车作业的安全与效率。

（5）在尽头线上调车时，距线路终端应有 10 m 的安全距离；遇特殊情况，必须近于 10 m 时，要严格控制速度。

尽头线末端均设有车挡或端部站台，取送车时，因司机在另一端，在制动距离掌握上稍有不慎，则可能与车挡或端部站台碰撞而造成事故，故规定有 10 m 的安全距离。

（6）电力机车、动车组在有接触网终点的线路上调车时，应控制速度，距接触网终点标应有 10 m 安全距离；遇特殊情况，必须近于 10 m 时，要严格控制速度。

在电气化铁路的部分线路上，根据技术条件和作业需要并未完全挂网，为了区分有电区与无电区，接触网的终点均挂有终点标。为了防止担当调车作业的电力机车或动车组越过终点标进入无电区，造成刮弓、塌网或将高压电带入无电区造成损害等事故，电力机车或动车组在该线路上调车时，调车人员与司机应严格控制速度，距接触网终点标应有 10 m 的安全距离。

（7）旅客未上下车完毕，除本务机车、补机摘挂作业外，不得进行旅客列车（车底）的连挂作业。

为防止调车作业中连挂冲撞、超速连挂等影响旅客上下车平稳、安全，同时为提高服务质量、确保安全，规定在旅客上下车期间，除本务机车、补机摘挂作业外，不得进行旅客列车（车底）的连挂作业。

（8）遇有天气不良等非正常情况，应适当降低速度。

天气不良是不利于调车作业的客观因素，对调车的影响程度很难预先确定，因此调车领导人、调车指挥人和司机可根据天气情况适当降低速度。调车作业中还会遇到很多不正常情况，例如邻线施工或发生事故，人员和机具随时可能侵入本线限界等，此时，亦可依情况适当降低速度。

4. 禁止溜放的车辆、线路及其他限制

（1）装有禁止溜放货物的车辆。

本项是由货物的特性和车辆的其他要求确定的，具体作业时应按照《铁路危险货物运输管理规则》附件 7“铁路禁止溜放和限速连挂的车辆表”及机车车辆构造特点要求进行。

（2）非工作机车、动车、轨道起重机、大型养路机械、机械保温车、大型凹型车、落下孔车、客车和特种用途车。

上述车辆，有的因车体构造特殊，不能使用铁鞋、人力制动机进行制动或装有精密仪器，发生冲撞时后果严重，所以对这些车辆禁止溜放，并在“调车作业通知单”上注明，以便于作业中掌握。

特种用途车是指发电车、无线电车、轨道检查车、钢轨探伤车、试验车、通信车等。

（3）乘坐旅客的车辆及停有该车辆的线路。

为了确保旅客的人身安全，对乘坐旅客的车辆及停有该种车辆的线路，禁止溜放作业。

（4）超过 2.5‰坡度的线路（为溜放调车而设的驼峰和牵出线除外）。

2.5‰坡度是指线路有效长范围内的平均坡度。溜行车组在这样坡度的线路上运行，会逐渐加速，不易在预计地点停车，若制动不及时，可能造成冲突、脱轨、挤岔子等事故，所以禁止溜放。

（5）停有正在进行技术检查、修理、装卸作业车辆及无人看守道口的线路。

溜放车组的减速和停车，是靠人力制动机和铁鞋制动来实现的，如果人力制动机失灵，铁鞋脱落或调速不当失去控制，将严重威胁旅客及有关作业人员人身安全，同时车辆也可能轧上防护用具造成脱轨等事故，所以禁止溜放。

（6）停有装载爆炸品、压缩气体、液化气体车辆的线路。

上述物品对撞击、摩擦特别敏感，一旦调速不当发生冲撞，可能发生爆炸或毒气泄漏，容易造成人员伤亡和财产损失。上述车辆在调车场一般均固定线路停留，两端道岔定位开通邻线并加锁。

（7）停留车辆距警冲标的长度容纳不下溜放车辆（应附加安全制动距离）的线路。

这属于“堵门车”的线路，由于制动距离不足，调速困难，容易造成冲撞事故，因此禁止溜放。调车人员要随时掌握调车线内车辆停留情况，发现线路内有“堵门车”时，禁止向有“堵门车”的线路溜放，以免发生事故。

（8）中间站正线、到发线及与其衔接而未设隔开设备的线路。

这主要是为了确保车站接发列车安全。中间站股道少，咽喉区短，在这样的线路上溜放调车，如果制动不当，溜放车辆一旦失控，有可能进入区间，极易与列车发生冲突，造成严重后果。

（9）调车组不足 3 人时，禁止溜放作业。

在进行溜放调车时，至少由一人指挥，一人提钩，一人制动，调车组至少需要 3 人，这样才能保证溜放作业安全。

未配调车组的中间站，也禁止溜放作业。这是由于未配调车组的中间站，利用本务机车进行调车作业，一般由车站值班员、助理值班员担任指挥人，临时配合，难免不协调。

（10）不准采用牵引溜放法调车。

牵引溜放调车是一种调车方法，是调车机车牵引车列快速运行，在途中摘钩后，机车加

速，机车与车辆拉开一定距离，扳动道岔，使机车与调车车列进入不同股道。这种调车方法对司机、调车人员，扳道员相互的配合要求较高，必须严格掌握减速、提钩、加速和扳道的时机，稍有不当，就可能造成前堵后追或进入“四股”的严重后果，因此规定不准采用牵引溜放法调车。

5.“两先两后”的有关规定

（1）调车作业摘车时，必须停妥，按规定采取好防溜措施，方可摘开车钩；挂车时，没有连挂妥当，不得撤除防溜措施。

停留在线路上的车辆，在重力及风力、震动和冲撞等其他外力作用下，静止的车辆有可能溜走，运行中的车辆，在势能和运动惯性的作用下，将加快走行速度，失去控制的车辆将造成可怕后果，因此必须对停留车按不同车站、不同线路的具体防溜规定采取防溜措施。需要摘下车辆时，必须停妥，没有按规定采取好防溜措施，不得摘开机车，防止因坡道或震动等造成车辆溜逸；连挂车辆时，要先检查防溜措施后再连挂，挂好后方可撤除全部防溜措施，防止因先撤除防溜措施或防溜措施不起作用，在机车连挂过程中因坡道或机车车辆的冲撞等造成车辆溜逸。

影响摘挂车的防溜器具，在其他防溜措施作用良好的情况下，在摘挂车前可先行撤下，如防溜枕木、防溜脱轨器、铁鞋等，此时应派人在现场看护。

防溜器具是指人力制动机、人力制动机紧固器、防溜铁鞋、防溜枕木、防溜脱轨器、止轮器等。

（2）转场或在超过 2.5‰坡度的线路上调车时（驼峰作业除外），10 辆及以下是否需要连结软管及连结软管的数量，11 辆及以上必须连结软管的数量，以及以解散作业为目的的牵出是否需要连结软管，由车站和机务段根据具体情况共同确定，并纳入《站细》。

转场作业运行距离长，需要跨越正线或影响其他调车区作业，所以应加强车列的制动能力，以便遇到特殊情况可以随时停车。在超过 2.5‰坡度的线路上（是指线路有效长内的平均坡度，驼峰作业除外）调车，特别是去坡度较大的专用线取送作业，需要较强的制动力。因此转场或在超过 2.5‰坡度的线路上调车时，11 辆及以上必须连结软管，以保证按要求减速或停车。

为了既能保证作业安全，又不至于影响作业效率，兼顾调车作业“提前排风、摘管”的要求，对于 11 辆及以上必须连结软管的数量、10 辆及以下是否需要连结软管及连结软管的数量，以及以解散作业为目的的牵出是否需要连结软管，由车站与机务段根据机车类型、线路坡度、挂车多少、走行速度等情况，研究确定并纳入《站细》。

驼峰主要是为溜放作业所设置的调车设备，线路的坡度会超过 2.5‰，作业中需要频繁摘开车钩，连结软管对作业影响较大，因此为了适应驼峰作业的需要，驼峰作业时可不连结软管。

6. 手推调车的有关规定

手推调车，须取得调车领导人的同意，人力制动机作用必须良好，有胜任人员负责制动。手推调车速度不得超过 3 km/h。下列情况，禁止手推调车：

（1）在正线、到发线及超过 2.5‰坡度的线路上（确需手推调车时，须经铁路局批准）。

在正线、到发线及实际坡度超过 2.5‰的线路上不准手推调车，这主要考虑正线、到发线主要办理接发列车作业，安全要求高，禁止手推调车；在超过 2.5‰坡度的线路上手推调车时，若制动不及时或制动不当，容易造成车辆溜逸。但由于线路条件限制或特殊作业需要，必须在正线、到发线及超过 2.5‰坡度的线路上进行手推调车时，车站应制定安全措施，经铁路局批准，纳入《站细》。

（2）在停有动车组的线路上。

由于动车组是独立固定编组，正常情况下不具备与其他机车、车辆连挂的条件，若手推调车制动不及时或制动不当，容易造成车辆接触或碰撞、损坏动车组，所以在停有动车组的线路上不得手推调车。

（3）遇暴风雨雪或夜间无照明时。

天气不良，遇有暴风雨雪时，作业条件不好，外界环境因素影响大，车辆有可能在外力的作用下溜逸，因此不得手推调车。夜间无照明，无法确认进路，作业人员动作难以协调，同时又难以照顾推车人员安全，因此也不得手推调车。

（4）接发列车时，与接发列车进路没有隔开设备或脱轨器的线路，向能进入接发列车进路的方向。

接发列车时，为防止手推调车制动不当越过警冲标进入接发车进路，影响列车运行安全，与接发列车进路没有隔开设备或脱轨器的线路向能进入接发列车进路的方向不准进行手推调车。

（5）装载爆炸品、气体类危险货物的车辆。

装载爆炸品、气体类危险货物的车辆不准手推调车，是因为上述车辆手推调车如制动不当溜逸时，将造成严重后果，所以为防止意外，不准进行手推调车。

（6）电气化区段，接触网未停电的线路上，对棚车、敞车类的车辆。

电气化区段在接触网未停电的线路上，对棚车、敞车类的车辆不准手推调车。因为棚车、敞车类的车辆大都是高闸台，因接触网的限制，制动人员不能使用人力制动机实施制动，不能确保手推调车的有效制动，容易造成车辆溜逸。

手推调车除严格执行上述规定外，各站还应制定具体安全措施，如每批推车的辆数、车组间的间隔距离、推车人员的人身安全、现场监督指挥等，均应在《站细》内规定。

7. 动车组调车作业规定

动车组自带动力，基于安全、构造特点、作业方式等原因，一般情况下，动车组进行调车作业应采用自走行方式（故障救援、非电化区段调车等必要时才采用动车组无动力调车方式），司机根据调车作业计划，凭地面信号机的显示进行作业。

动车组调车作业原则上采用自走行方式，并应执行下列规定：

（1）司机应在动车组运行方向的前端操作，前方进路的确认由动车组司机负责。在不得已情况下必须在后端操作时，应指派随车机械师或其他胜任人员站在动车组运行方向的前端指挥，发现危及行车或人身安全的情况时，应立即使用紧急停车按钮（紧急制动装置）或通知司机停车。后端操作时，动车组运行速度不得超过 15 km/h。

（2）禁止连挂其他机车车辆（救援机车、附挂回送过渡车、动车组无动力调车时的调车机车、公铁两用牵引车除外）调车。动车组固定编组、单独运用，从其自身构造和安全要求出发，动车组禁止连挂其他机车车辆调车。但是动车组故障时连挂救援机车，动车组连挂附挂回送过渡车，以及动车组无动力调车时的调车机车、公铁两用牵引车，是特殊情况下的必要方式，不在此禁止之列。

4.3.2 正线、到发线上的作业

在正线、到发线上调车时，要经过车站值班员的准许。在接发列车时，应按《站细》规定的时间，停止影响列车进路的调车作业。

车站的正线、到发线主要办理列车接发、通过、会让。在正线、到发线上调车时，应遵守下列要求：

（1）要经过车站值班员的准许。车站值班员负责掌握正线、到发线的使用，了解列车运行情况，对保证不间断地接发列车负有直接责任。因此，占用或影响正线、到发线的调车，必须经过车站值班员的准许，特别是设有车站调度员的车站更应注意，以免妨碍列车的接发。在调度集中区段，由列车调度员办理接发列车，掌握车站的正线、到发线运用的情况下，在正线、到发线上调车时，必须取得列车调度员的准许。

（2）在接发列车时，车站值班员应掌握调车作业的实际情况，并应按《站细》规定的时间，确认影响列车进路的调车作业已停止，再排列接发车进路，开放信号。

列车进路具体如下：

接车进路，是指由进站信号机起至接车线末端计算该线有效长的警冲标或出站信号机（若有延续进路，为至延续进路末端）止的一段线路，如图 4–1 所示。

图 4–1　接车进路示意图

发车进路，是指由列车前端起至相对进站信号机或站界标止的一段线路，如图 4–2 所示。

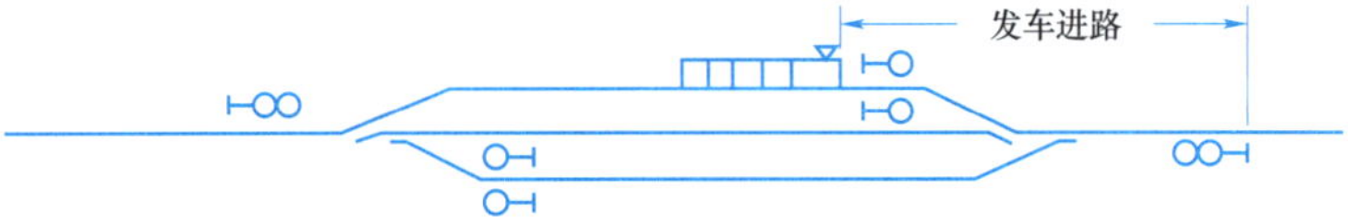

图 4–2　发车进路示意图

通过进路，是指该列车通过线路两端进站信号机或站界标间的一段线路，如图 4–3 所示。

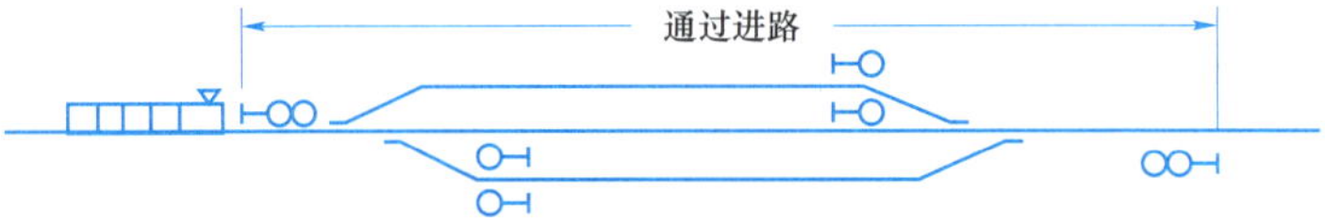

图 4–3　通过进路示意图

占用或穿越上述列车进路直接影响接发列车的调车活动，以及在接发超限货物列车进路的邻线，线间距离不足 5 000 mm 的线路上调车，或接发非超限列车而在线间距离不足 5 000 mm 的邻线调动有超限货物的车辆等情况，均称为影响列车进路的调车作业。

（3）影响列车进路的调车作业，应在《站细》规定的开放信号时机前停止，严禁抢钩作业。

（4）接发旅客列车时，与接发列车进路没有隔开设备或脱轨器的线路，不准向能进入接发列车进路的方向调车。本务机车在停留线路内摘挂、列车拉道口时除外。

4.3.3　接发旅客列车时调车作业的规定

接发旅客列车时，与接发列车进路没有隔开设备或脱轨器的线路，不准向能进入接发列车进路的方向调车。本务机车在停留线路内摘挂、列车拉道口时除外。

有特殊困难的车站，确需调车时，应制定安全措施，由铁路局批准。

在接发旅客列车时，除遵守正线、到发线调车作业及影响接发列车进路的调车作业等相关规定外，为防止其他调车作业中的机车车辆因溜逸、冒进信号等进入接发列车进路，与正在进出站的旅客列车发生冲突，规定在接发旅客列车时，与接发列车进路没有隔开设备或脱轨器的线路，不准向能进入接发列车进路的方向调车。

为了尽可能地压缩非生产等待时间，并考虑本务机车在停留线路内摘挂、列车拉道口等作业下机车车辆移动范围小、目的明确，允许接发旅客列车时，在与接发列车进路没有隔开设备或脱轨器的线路进行本务机车摘挂、列车拉道口作业，须严格控制速度，只能在本线路内进行。

有特殊困难的车站，确需调车时，应根据作业特点和设备实际制定相应的安全措施，由铁路局批准。接发空载动车组有特殊困难的动车段（所），可比照有特殊困难的车站办理。

4.3.4　越出站界调车

越出站界调车，是指利用列车占用区间的间隙时间，调车车列越过进站信号机或站界标进入区间的调车作业，是在区间空闲（自动闭塞为第一闭塞分区空闲）的情况下，进入区间调车的一种方法。由于闭塞设备及区间线路数目不同，为了调车作业安全，办理方法及凭证也不尽相同。

（1）行车设备等情况符合下述条件之一时，经车站值班员口头准许通知司机后，方可出站调车。

① 双线区间正方向，必须区间（自动闭塞区间为第一闭塞分区）空闲。

② 单线自动闭塞区间，闭塞系统必须在发车位置，第一闭塞分区空闲。

以上情况占用区间（闭塞分区）的权限完全在作业站，对方站不能发车。

（2）行车设备等情况符合下述条件之一时，须有停止基本闭塞法的调度命令，与邻站办理电话闭塞手续，并发给司机“出站调车通知书”（附件 5），方可出站调车。

① 双线反方向出站调车。

② 单线半自动闭塞区间出站调车。

前者占用区间权限完全属于对方站，且反方向无闭塞设备；后者占用区间权限不完全属于本站，虽然能办理闭塞，但因出站调车压不上接车站轨道电路，两站闭塞即不能正常复原。因此，两者都得用电话闭塞办理出站调车手续。

（3）“出站调车通知书”的填写。

“出站调车通知书”原则上应由车站值班员填发。个别车站确有困难时，可由助理值班员填发，应在《站细》内规定。格式如表 4-1 所示。

表 4-1　出站（跟踪）调车通知书

出站 跟踪　调车通知书 对方站承认的号码第……………………………………号， 准许 自 至 时 分 起 止 …………机车由车站向…………区间 出站 跟踪 调车。 站（站名印）车站值班（扳道）员（签名） 年　　月　　日填发

注：不用的字句抹消。　　　　（规格90 mm×130 mm）

（4）注意事项。

① 调车车列应在限定的时间内返回站内，以免影响列车运行，待出站调车作业完毕，全部返回站内并不妨碍列车进路时，车站值班员应将“调车通知书”收回，与邻站办理区间开通手续。

② 出站调车在限定时间内不受出站次数限定。但在限定的时间内退回车站待避列车后，再需继续出站调车时，应重新办理手续，不得使用原凭证。

③ 车站值班员应在控制台或闭塞机上揭挂“出站调车”表示牌（帽），以防遗忘。

④ 机车推进越出站界调车时，“出站调车通知书”由扳道员或助理值班员交予调车指挥人，再由调车指挥人交予司机。用后及时收回，报告车站值班员，方可办理区间开通手续。

4.3.5　跟踪出站调车

跟踪出站调车，只准许在单线区间及双线正方向线路上办理，并须经列车调度员口头准许，取得邻站值班员承认的电话记录号码，发给司机“跟踪调车通知书”（附件 5）。在先发列车尾部越过预告、接近信号机（或靠近车站的第一个预告标）或《站细》规定的间隔时间后，方可跟踪出站调车，但最远不得越出站界 500 m。

跟踪出站调车是指在列车由车站发出后，尚未到达前方站（线路所）间隔一定的距离或时间，即跟随前行列车，越出站界在规定距离内进行的调车作业。

跟踪出站调车只能在单线区间或双线正方向的线路上办理，并按下列要求进行，以确保安全。

① 为使跟踪出站调车不影响列车运行，在办理时须经列车调度员口头准许。

② 为了更好地掌握区间占用情况，防止跟踪出站调车的机车车辆返回车站前，两站错误办理闭塞，办理跟踪出站调车时，须在取得邻站车站值班员承认的电话记录号码后，方可填写“跟踪调车通知书”，组织跟踪出站调车。

③ 发给司机的“跟踪调车通知书”，填写时应将“出站”字样抹消。“跟踪调车通知书”允许由扳道员、助理值班员等根据车站值班员的指示填发。

④ 办理跟踪出站调车时，为了防止错办，车站值班员应在控制台上揭挂“跟踪调车”表

示牌（安全帽）。

⑤ 跟踪调车作业完毕，车站值班员确认“跟踪调车通知书”收回后，向邻站发出电话记录号码。列车虽已到达邻站，但“跟踪调车通知书”尚未收回时，禁止办理区间开通手续。

⑥ 承认跟踪出站调车、跟踪出站调车完毕发出电话记录号码及发出的时间，填写在《行车日志》相应栏内。

遇下列情况，禁止跟踪出站调车：

① 出站方向区间内有瞭望不良的地形或有长大上坡道（站名表由铁路局公布）；

② 先发列车需由区间返回，或挂有由区间返回的后部补机；

③ 一切电话中断；

④ 降雾、暴风雨雪时；

⑤ 动车组调车作业。

跟踪调车作业完毕，车站值班员确认“跟踪调车通知书”收回后，向邻站发出电话记录号码。列车虽已到达邻站，但“跟踪调车通知书”尚未收回时，禁止办理区间开通手续。

4.3.6　机车出入段经路的规定

车站值班员要认真掌握机车出入段的经路。

设有机务段（折返点）的车站，机车出入段是一项频繁的调车作业，不仅关系到加速出入段机车的放行，保证机车按停留时间标准进行作业，而且对到发线、咽喉道岔能力的运用有着直接的影响。因此，车站值班员必须认真掌握机车出入段的时机和经路。

（1）有固定机车走行线时，出入段机车必须走固定走行线。机车固定走行线上禁止停留机车车辆。

有固定走行线时，出入段机车必须走固定走行线。因为设计、确定机车走行线时，对机车走行线的配置已经综合考虑车站技术作业并进行了科学划分，使机车出入段的走行更便利、更合理，最大限度地减少机车出入段与接发列车的相互干扰，因此必须按固定走行线走行。

为了保证固定走行线的正常运用，禁止在固定走行线上停留机车车辆。因为一旦停留机车车辆，将引起出入段变更走行线，打乱机车出入段顺序，而且因变更走行线后司机对线路不熟，有可能延长出入段时间。

（2）没有固定走行线或临时变更走行线时，应通知司机经路（集中联锁的车站除外），司机按固定信号或扳道员显示的允许运行的信号行车。

当车站没有机车出入段固定走行线或临时变更走行线时，为保证安全和加速机车出入段工作，应事先通知司机走行经路，司机按固定信号或扳道员显示的允许运行的信号行车。集中联锁的车站，机车出入段时，司机按地面调车信号机的显示运行，故不必通知司机，司机按信号显示运行即可。

4.3.7　机车车辆的停留

1. 机车车辆停留的线路及停留地点

（1）机车车辆必须停在警冲标内方。调车作业中，车辆临时停在警冲标外方时，一批作业完了后，应立即送入警冲标内方。因特殊情况需在警冲标外方进行装卸作业时，须经车站值班员、调车区长准许，在不影响列车到发及调车作业的情况下方可进行，装卸完了后，应立即送入警冲标内方。

（2）安全线及避难线上，禁止停留机车车辆；在超过 6‰坡度的线路上，不得无动力停留机车车辆。

（3）装载爆炸品、气体类危险货物的车辆及救援列车，必须停放在固定的线路上，两端道岔应扳向不能进入该线的位置并加锁；临时停留公务车线路上的道岔也应扳向不能进入该线的位置并加锁。集中操纵的道岔可在控制台上进行单独锁闭。

2. 机车车辆停留的安全措施

（1）编组站、区段站在到发线、调车线以外的线路上停留车辆，不进行调车作业时，应连挂在一起，并须拧紧两端车辆的人力制动机，或以铁鞋（止轮器、防溜枕木等）牢靠固定。因装卸车对货位等情况，不能连挂在一起时，应分组做好防溜措施。

（2）中间站停留车辆，无论停留的线路是否有坡道，均应连挂在一起，拧紧两端车辆的人力制动机，并以铁鞋（止轮器、防溜枕木等）牢靠固定。因装卸车对货位等情况，不能连挂在一起时，应分组做好防溜措施。一批调车作业中临时停留的车辆，须拧紧两端车辆的人力制动机或以铁鞋（止轮器）止轮。

（3）编组站和区段站的到发线、调车线是否需要防溜，以及作业量较大中间站执行上述规定有困难时，由铁路局规定。

3. 动车组无动力停留

动车组无动力停留时，有停放制动装置的动车组，由司机负责将动车组处于停放制动状态；动车组无停放制动装置或在坡度为 20‰以上的区间无动力停留时，由司机通知随车机械师进行防溜，防溜时使用铁鞋牢靠固定。动车段（所）内动车组防溜办法，由铁路局规定。

项目自测

理论考核

一、选择题

1. 双线四显示自动闭塞区间正方向越出站界调车时，如第一闭塞分区空闲，经（　　）口头准许并通知司机后，即可出站调车。

A. 列车调度员　　B. 车站调度员　　C. 车站值班员　　D. 信号员

2. 跟踪出站调车，只准许在单线区间及双线正方向线路上办理，须经列车调度员口头准许，取得邻站值班员的承认号码，并发给司机（　　）。

A. 调度命令　　B. 路票

C. 跟踪调车通知书　　D. 许可证

3. 单线自动闭塞区间，闭塞系统在发车位置，第一闭塞分区空闲，越出站界调车时，经（　　）准许并通知司机后，方可出站调车。

A. 列车调度员口头　　B. 列车调度员调度命令

C. 车站值班员口头　　D. 邻站车站值班员口头

4. 在正线、到发线上调车时，要经过（　　）的准许。

A. 车站调度员　　B. 车站值班员

C. 调车区长　　D. 列车调度员

5. 在有接触网终点标的线路上使用电力机车调车时，机车距接触网终点标应有（　　）的安全距离。

A. 6 m　　B. 8 m　　C. 10 m　　D. 15 m

6. 在超过（　　）坡度的线路上禁止溜放调车（为溜放调车而设的驼峰和牵出线除外）。

A. 6‰　　B. 1.5‰　　C. 3.5‰　　D. 2.5‰

7. 越区或转场调车作业的联系和防护办法按（　　）规定执行。

A. 调车区长　　B. 调车长　　C. 《站细》　　D. 车站值班员

8. 在超过 2.5‰坡度的线路上禁止手推调车，确需手推调车时，须经（　　）批准。

A. 铁路局　　B. 铁路站段　　C. 国铁集团　　D. 列车调度员

9. 为了给解体作业提供方便，到达解体列车技术作业过程，除需要进行车辆技术检查等技术作业外，还应进行（　　）等解体前的准备工作。

A. 排风　　B. 排风、摘管　　C. 摘管　　D. 拉风

10. 当一批作业（指一张“调车作业通知单”）不超过（　　）时，允许以口头方式布置（中间站利用本务机车调车除外）。

A. 2 钩　　B. 3 钩　　C. 4 钩　　D. 5 钩

11. 直达特快旅客列车到达车站前，必须按（　　）规定的时间，提前停止影响列车进路的调车作业。

A. 运行图　　B. 列车调度员　　C. 《站细》　　D. 《技规》

12. 摘挂列车到达前，作业站值班员应及时向（　　）了解本站的甩挂计划和作业时间要求。

A. 列车调度员　　B. 后方站值班员

C. 前方站值班员　　D. 运转车长

13. 停有装载（　　）车辆的线路，禁止溜放调车。

A. 危险品　　B. 爆炸品　　C. 超限货物　　D. 易碎品

14. 停有装载（　　）车辆的线路，禁止溜放调车。

A. 危险品　　B. 易碎品

C. 压缩、液化气体　　D. 超限货物

15. 有固定机车走行线时，出入段机车必须走固定走行线。机车固定走行线上禁止停留（　　）。

A. 机车　　B. 车辆　　C. 机车车辆　　D. 轻型车辆

16. 电气化区段，接触网未停电时，导线高度为 5 700 mm 的线路上，禁止对（　　）的车辆进行手推调车。

A. 平车类　　B. 罐车类　　C. 棚、敞车类　　D. 客车类

17. 调车作业要准确掌握速度及安全距离，调动乘坐旅客的车辆时，不准超过（　　）。

A. 10 km/h　　B. 15 km/h　　C. 20 km/h　　D. 25 km/h

18. 没有做好（　　），不准放行越区车或转场车。

A. 防护　　B. 联系　　C. 防护和联系　　D. 进路准备

19. 当调车指挥人确认停留车位置有困难时，应派人显示（　　）信号。

A. 十、五、三车距离　　B. 停留车位置

C. 减速　　D. 连挂

20. 调动装载超限货物车辆时，不准超过（　　）。

A. 5 km/h　　B. 10 km/h　　C. 15 km/h　　D. 20 km/h

21. 调车组不足（　　）时，禁止作业。

A. 4 人　　B. 3 人　　C. 2 人　　D. 5 人

22. 罐车装载压缩气体的车辆属于（　　）的车辆。

A. 禁止溜放　　B. 禁止上峰　　C. 限速连挂　　D. 限速溜放

23. 装载（　　）的车辆，可以空线溜放。

A. 压缩气体　　B. 液化气体　　C. 易碎货物　　D. 特种货物

24. 跟踪出站调车最远距离的限制，主要是保证调车车列与区间退回的列车之间有（　　）的安全距离。

A. 200 m　　B. 300 m　　C. 400 m　　D. 500 m

25. 车站值班员要及时组织机车出入段，机车走行线上禁止停留（　　）。

A. 机车　　B. 车辆　　C. 机车车辆　　D. 轻型车辆

26. 在尽头式货物线上进行取送车调车时，机车与车挡间应有（　　）的安全距离。

A. 15 m　　B. 10 m　　C. 8 m　　D. 5 m

27. 调动乘坐旅客的车辆时，调车速度不得超过（　　）。

A. 10 km/h　　B. 15 km/h　　C. 20 km/h　　D. 25 km/h

28. 溜放调车作业调车组不足（　　）时，禁止作业。

A. 4 人　　B. 3 人　　C. 2 人　　D. 5 人

二、简答题

1. 调车设备及作业人员的“九固定”有哪些？
2. 参加调车作业的人员应满足哪些要求？
3. 编制调车作业计划时应满足哪些要求？
4. 调车计划的变更应满足哪些要求？
5. 调车作业前应做好哪些准备工作？
6. 调车速度应满足哪些规定？
7. 在正线、到发线上作业应满足哪些要求？
8. 机车出入段经路有什么规定？
9. 机车车辆停留的线路及停留地点有什么要求？
10. 机车车辆停留的安全措施有哪些？
11. 动车组无动力停留应满足哪些要求？

项目5　列车运行

项目概述

本项目通过设置任务案例，介绍列车在车站到发及区间内运行的相关规定。列车运行的主要范围是区间，为保证列车的运行安全，采取了行车闭塞法，使列车在区间运行保有安全运行间隔，不同闭塞法对应不同闭塞设备，《技规》中要求铁路车站必须配有基本闭塞设备。列车进入区间必须有行车凭证，行车凭证可以是信号灯显示灯色，也可以是调度命令或纸质行车凭证，司机凭行车凭证方可驾驶列车进入区间。列车进入区间后，如遇特殊情况需按《技规》规定处理。

教学目标

★ 知识目标

1. 了解区间及闭塞分区的划分要求。
2. 了解行车闭塞法的含义及种类。
3. 了解电话闭塞法的含义及使用情况。
4. 掌握一切电话中断时组织行车的方法。
5. 了解行车凭证的种类及使用方法。
6. 掌握车站办理接发列车作业的相关规定。
7. 了解列车在区间被迫停车后的处理方法。
8. 了解列车由区间退回时的管理规定。
9. 了解开行救援列车的行车办法。
10. 了解开行施工及路用列车的行车办法。

★ 能力目标

1. 能判断区间和车站范围的划分。
2. 能按需要选择行车凭证并进行行车凭证的填写。
3. 能正确及时地准备接发列车进路。
4. 能在区间被迫停车后进行处理。
5. 能按程序组织开行救援列车。
6. 能进行列车由区间退回的行车作业。

★ 素质目标

1. 培养学生面对突发情况时的心理素质。

2. 培养学生精益求精的工匠精神。
3. 培养学生自主学习的习惯素养。
4. 提升学生分析问题、解决问题的能力。
5. 塑造学生吃苦耐劳、勇于创新的品格。

任务 5.1　行车闭塞法的认知

任务引入

2011 年 7 月 23 日 × 时 × 分，由 A 站开往 B 站的 D301 次列车与同向运行的 D3115 次列车发生追尾事故，事故造成 40 人死亡、172 人受伤。经过调查后，发现事故主要原因是设备故障导致 D3115 次列车在区间停车占用轨道时无显示，设备故障后工作人员应急处置不力，违规操作，致使 D301 次列车继续驶向 D3115 次列车，最后 D301 次司机虽然发现前方有车，采取了紧急制动措施，但因制动距离长，最终造成追尾事故。

请思考：

1. 列车在区间运行时，如何保证运行安全？
2. 如何保证前后车之间的运行间距？
3. 列车的运行间隔是如何规定的？

知识准备

列车不同于日常生活中常见的汽车车辆，列车的运行速度和制动距离要求都要高于普通汽车。为保证列车在区间的安全运行，铁路采用行车闭塞法组织行车，即通过调度所或相邻车站、线路所、闭塞分区的设备或人为控制，使列车与列车相互间保持一定间隔，以保证列车安全运行。

5.1.1　区间及闭塞分区的划分

列车运行以车站、线路所划分的区间及自动闭塞区间的通过信号机所划分的闭塞分区作间隔。区间及闭塞分区的界限，按下列规定划分：

1. 站间区间

（1）单线站间区间，以进站信号机柱中心线为车站与区间的分界线，如图 5-1 所示。

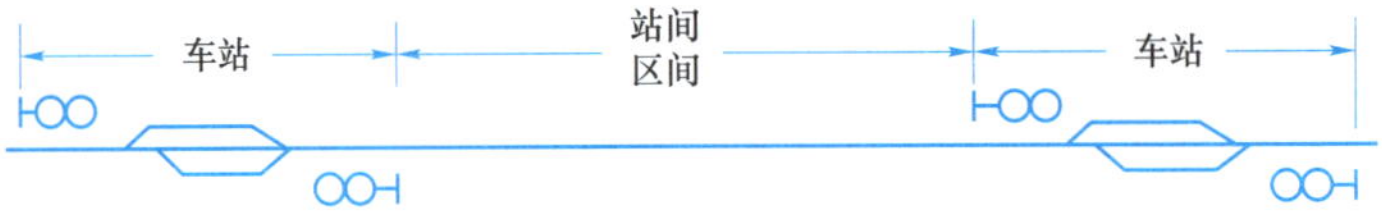

图 5-1　单线区段站间区间界限示意图

（2）双线或多线站间区间，分别以各站的进站信号机柱或站界标的中心线为车站与区间的分界线，如图 5-2 所示。

2. 所间区间

所间区间即两线路所间或线路所与车站间的线段。

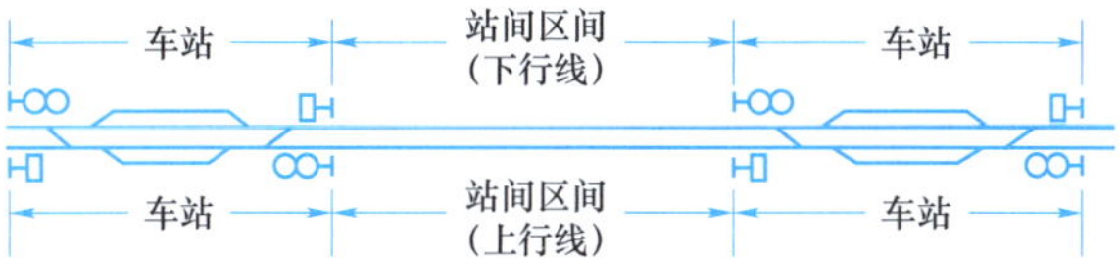

图 5-2　双线区段站间区间界限示意图

（1）单线所间区间，以该线上的线路所通过信号机柱的中心线为所间区间的分界线。设有进站信号机的线路所，所间区间的分界方法与站间区间相同。

线路所只设有通过信号机，无管辖地段的，如图 5-3 所示。

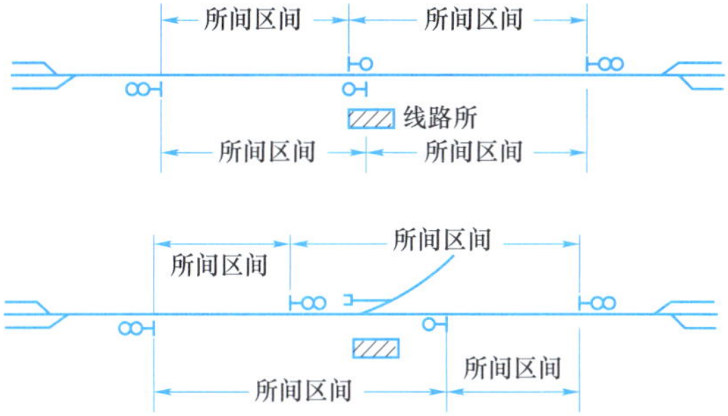

图 5-3　单线区间只设有通过信号机的所间区间界限示意图

线路所设有进、出站信号机，并有管辖地段的，如图 5-4 所示。

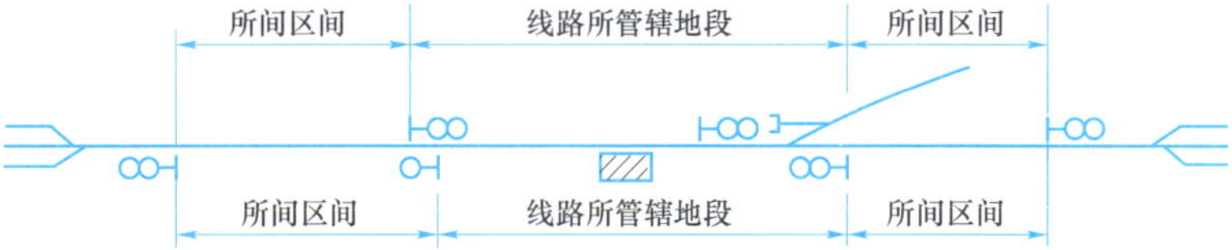

图 5-4　单线区间设有进、出站信号机的所间区间界限示意图

（2）双线所间区间，其划分方法与单线所间区间相同。

线路所只设有通过信号机，无管辖地段的，如图 5-5 所示。

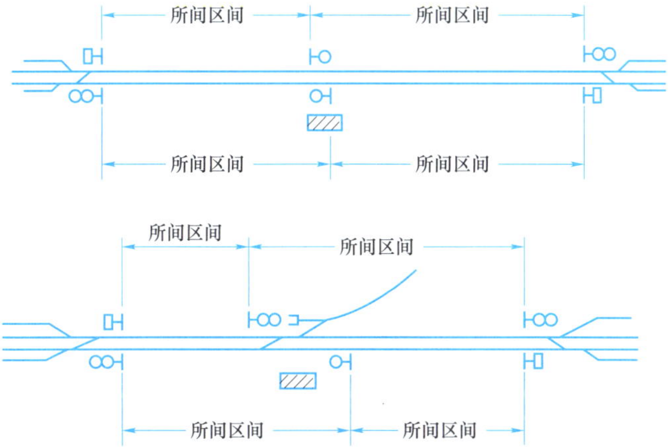

图 5-5　双线区间只设有通过信号机的所间区间界限示意图

线路所设有进、出站信号机，并有管辖地段的，如图 5-6 所示。

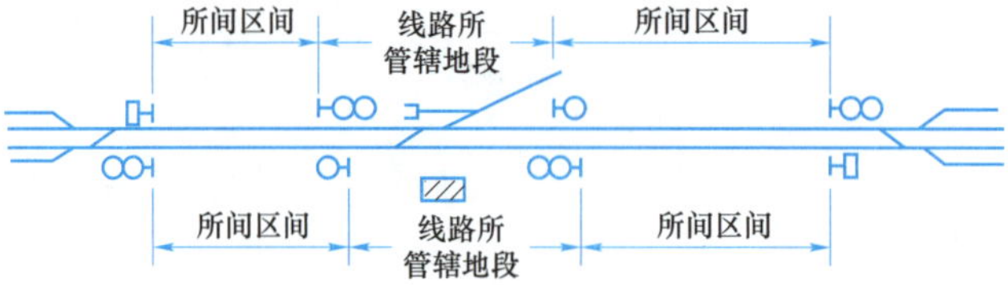

图 5-6　双线区间设有进、出站信号机的所间区间界限示意图

3. 闭塞分区

闭塞分区即自动闭塞区间同方向相邻的两架通过色灯信号机间或进站信号机与通过色灯信号机间的线段。

自动闭塞区间的闭塞分区，以该线上同方向相邻的两架通过色灯信号机柱的中心线为分界线。单线区间闭塞分区分界线，如图 5-7 所示。

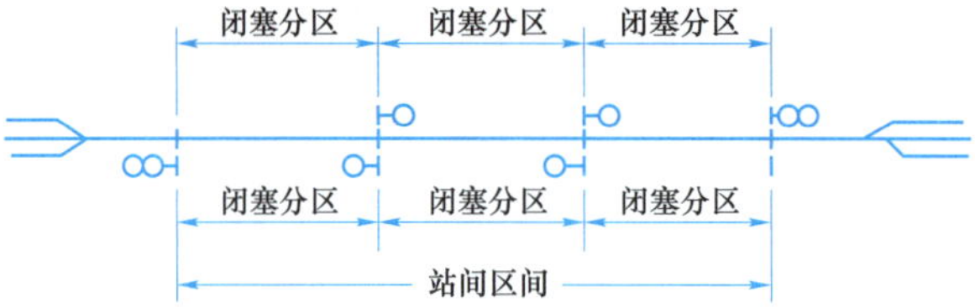

图 5-7　单线区间闭塞分区界限示意图

双线区间闭塞分区分界线，如图 5-8 所示。

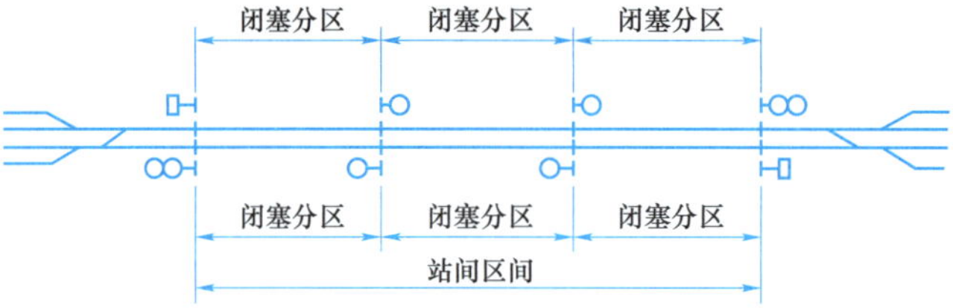

图 5-8　双线区间闭塞分区界限示意图

5.1.2　闭塞法的种类

1. 基本闭塞法

车站均需装设基本闭塞设备。行车基本闭塞法采用下列三种：

① 自动闭塞；

② 自动站间闭塞；

③ 半自动闭塞。

2. 代用闭塞法

当基本闭塞法不能使用时，采用代用闭塞法——电话闭塞法。

电话闭塞法是在基本闭塞法不能使用的条件下，主要靠人工检查确认和联系制度来保证实现列车运行空间间隔的代用闭塞法。使用电话闭塞法行车须有列车调度员的命令，并按有关电话闭塞接发列车规定的程序、制度办理行车作业。

原则上不使用隔时续行办法，如必须使用时，由铁路局规定。所谓必须使用时，是指在有特殊情况需要连续放行大量同方向列车时使用，如军事运输、紧急的救灾运输、双线区间一切电话中断时的行车等。采用这种行车方法，应根据具体情况规定保证安全的措施。

5.1.3　闭塞法的采用

铁路各车站均须装设基本闭塞设备。

（1）在单线区段宜采用半自动闭塞，运输繁忙时经过经济技术比较，也可采用自动闭塞或自动站间闭塞。

（2）双线区段宜采用自动闭塞，若运量小且增长速度较慢或受其他条件限制时，也可采用半自动闭塞。

当基本闭塞设备发生故障或其他原因不能使用基本闭塞法时（如单线半自动闭塞出站信号机故障），为维持列车运行，应采用电话闭塞法。遇列车调度电话不通时，闭塞法的变更和恢复应由该区间两端站的车站值班员确认区间空闲后，直接以电话记录办理。列车调度电话恢复正常时，两端站车站值班员应及时向列车调度员报告。

5.1.4　行车制度中的发车权

1. 单线区间

在单线区间，区间两端站都有可能向该区间发出列车。为保证一个区间只有一趟列车占用，发车站必须确认区间空闲的条件下，取得邻站同意接车的通知，并办理规定的闭塞手续，得到发车权后，方可向区间发出列车。

2. 双线正方向

双线区间的行车，采用上下行列车分别固定在上下行线路上运行的办法。根据左侧行车的规定，出发列车在区间运行方向左侧方向线路上行驶，称为双线正方向运行；反之，在运行方向右侧线路上行驶，称为双线反方向运行。双线正方向有闭塞设备，发车权归发车站所有。发车站只要确认区间空闲（半自动）或第一闭塞分区空闲（自动），不必征得接车站同意，即可发出双线正方向运行的列车。

3. 双线反方向

双线反方向运行时，由于发车权为邻站所有，所以必须确认区间空闲；还要经列车调度员命令准许，征得邻站同意。如未设双向闭塞设备，要改变闭塞法，办理电话闭塞手续；如设有双向闭塞设备，使用改变方向按钮，改变闭塞方向。取得发车权后，方可发出反方向运行的列车。同一区间绝对不能同时使用两种闭塞法，否则将酿成严重后果。

任务 5.2　行车闭塞法的使用

任务引入

×年×月×日，敬业站待发列车 31004 次，上行出站信号机故障且监督器上不能确认第一闭塞分区空闲。按《技规》（普速铁路部分）第 315 条规定，敬业站发给司机绿色许可证作为 31004 次占用第一闭塞分区的行车凭证，同时发给司机书面通知运行至第一架通过色灯信号机。

许 可 证

第 1 号

在出站~~（进路）~~信号机故障、~~未设出站信号机、列车头部越过出站（进路）~~信号机的情况下，准许第 31004 次列车由 3 线上发车。

敬 业 站（站名印）车站值班员（签名）

×年×月×日填发

书 面 通 知

第 31004 次司机：

监督器上不能确认第一个闭塞分区空闲，以在瞭望距离内能随时停车的速度，最高不超过 20 km/h，运行至第一架通过信号机，按其显示的要求执行。

敬 业 站（站名印）车站值班员（签名）

×年×月×日填发

请思考：

1. 敬业站采用的行车闭塞方式是什么？
2. 列车进入区间的凭证是指什么？
3. 当出站信号机故障时，不同闭塞方式所采用的行车凭证是什么？

知识准备

5.2.1 半自动闭塞

半自动闭塞是用出站信号机的开放作为列车占用区间的凭证；出站信号机只能在站间区间或所间区间办理闭塞后才能开放；当出发的列车压上出站方面的轨道电路区段后，出站信号机就会自动关闭。半自动闭塞是通过两个相邻车站的闭塞机、出站（线路所通过）信号机和轨道电路所构成的电气联锁关系的闭塞设备。

1. 半自动闭塞设备的特点

半自动闭塞是目前我国应用最多的闭塞方式，具有区间只允许开行一趟列车、人工办理闭塞手续、人工确认列车完整到达和人工解除闭塞等特征。

1）出站信号机的开放条件

（1）单线区间，必须区间空闲，并得到接车站同意接车的闭塞信号后；

（2）双线区间，必须区间空闲，并得到接车站办理的前次列车到达复原信号后，发车站才具备开放出站信号机的条件。

2）单线区间车站可装设预办设备

为了提高运输效率，单线区间车站可装设预办设备。发车站发车后，接车站有待发列车时，可使用预办设备办理列车折返手续。当列车到达接车站，办理到达复原时，即转换了发车权，接车站即转为发车站，这样就节省了办理闭塞的时间，提高了效率。但已同意对方站跟踪出站调车而未得到调车作业完毕的通知时，禁止使用预办设备。

3）轨道电路设置

非集中联锁的车站进站信号机（双线车站的出站方向为站界标）内方设一段不少于 25 m 长的轨道电路，作为半自动闭塞的轨道电路。集中联锁的车站仅用进站信号机内方（或出站方面）的无岔区段，作为半自动闭塞的轨道电路，车站闭塞机上的有关接、发车表示灯起变化，以此监督列车的出发或到达。

半自动闭塞区间不设轨道电路，接车表示灯与发车表示灯仅表示列车的到达与出发，区间的空闲情况设备不能反映，还需由接车人员确认列车整列到达来判断区间是否空闲。

4）半自动闭塞设备在使用中的注意事项

（1）操纵按钮时必须稳定，保证完全按下，闭塞机传送信号、电铃鸣响过程中不要操纵按钮。

（2）办理闭塞时，双方站值班员应确认闭塞表示灯显示，当两站表示灯显示不一致时，应停止使用半自动闭塞，并立即通知信号工区检修。

（3）使用人工复原按钮办理人工复原时，双方站值班员应严格执行使用手续。

（4）未设区间检查设备的车站，车站值班员办理闭塞和到达复原前应确认区间空闲，防止区间有车辆停留而引起事故。

（5）办理好闭塞、开放进站或出站信号后，避免利用半自动闭塞轨道电路区段进行调车作业，防止调车车列进入轨道电路区段，引起闭塞机错误动作和信号机错误关闭。

2. 列车占用区间的行车凭证

1）正常情况下的行车凭证

正常情况下的行车凭证为出站信号机或线路所通过信号机显示的允许运行信号。

开放出站信号机或通过信号机前，双线区段必须得到前次列车到达前方站的到达信号，单线区段必须得到接车站的同意闭塞信号。

发车站办理闭塞手续后，列车不能出发时，应将事由通知接车站，取消闭塞。

2）特殊情况下的行车凭证

（1）半自动闭塞区段，遇超长列车头部越过出站信号机而未压上出站方面的轨道电路发车时，行车凭证为出站信号机显示的允许运行信号，同时还要发给司机“准许列车头部越过出站信号机发车”的调度命令。

（2）遇发车进路信号机故障或超长列车头部越过发车进路信号机发车时，列车越过发车进路信号机的行车凭证为“半自动闭塞发车进路通知书”，如图 5-9 所示。

半自动闭塞发车进路通知书

第______号

1.在列车头部越过发车进路信号机的情况下，准许第___次列车由___线发车。

2.在___发车进路信号机故障的情况下，准许第___ 次列车越过该发车进路信号机。

站（站名印）车站值班员（签名）

年　　月　　日填发

注：1.白色纸，复写一式两份，司机一份，存根一份；　　（规格90 mm×130 mm）

2.不用的字句抹消。

图 5-9　半自动闭塞发车进路通知书

5.2.2 自动站间闭塞

自动站间闭塞是在半自动闭塞基础上发展起来的新型闭塞方法，区间两端车站的出站信号机和轨道检查装置构成联锁关系，采用轨道检查装置自动检查区间空闲，列车以站间区间为间隔运行，通过办理发车进路和检查列车出清区间的方式，自动实现区间闭塞和区间开通。

轨道检查装置主要有计轴设备和区间长轨道电路。

计轴设备通过设置在区间两端站的计轴磁头，对进入区间和车站的列车轴数进行记录，并经过传输线路将两端站所记录的轴数进行核对。当两端站记录的轴数一致时，即确认列车整列到达，区间空闲，自动开通区间。发出由区间返回的列车时，由发车站自行检查。当计轴设备记录进入区间的列车轴数不一致时，即判定区间占用。当计轴设备发生故障不能正常计轴或判定区间占用时，不能自动解除闭塞。

区间长轨道电路由三部分组成，包括上、下行接近区段轨道电路（双线位接近和发车区段轨道电路）和中间区段轨道电路，通过轨道电路对区间是否占用、线路是否良好进行检查。在这三段轨道电路都空闲时，排列发车进路，开放出站信号机，自动完成闭塞；在列车到达前方站（返回发出站）三段轨道电路都空闲后，自动开通区间。当区间任何一段轨道电路处于占用状态时，不能开放出站信号机，自动办理闭塞；列车虽已到达前方站（返回发车站），但不能解除闭塞开通区间，出站信号机开放后，如果区间轨道电路因故障等原因处于占用状态时，便自动关闭。

使用自动站间闭塞法发出列车时，由于列车按站间间隔运行，列车凭出站信号机或线路所通过信号机显示的允许运行信号进入区间。

由于自动站间闭塞发车前不需办理闭塞手续，排列发车进路开放出站信号后，即可发出列车，同时列车按站间间隔行车，因此发车站办理发车进路前，须确认区间空闲和接车站未办理同一区间或线路发车进路，否则不能开放信号，形成自动闭塞。为使接车站做好接车准备工作，发车站应向接车站预告。

自动站间闭塞区间，发车站办理预告后即“区间闭塞”，接车站必须做好接车准备。如果列车预告后因特殊情况不能发出时，发车站必须通知接车站取消预告，避免长时间占用区间，方便接车站进行其他作业，也能为其他列车运行提供条件。

5.2.3 自动闭塞

自动闭塞是由运行的列车自动完成闭塞作用的一种行车闭塞方法。在自动闭塞区段，将一个站间区间划分为若干个闭塞分区，由装在每个闭塞分区始端的通过信号机进行防护（第一闭塞分区由出站信号机防护）。由于闭塞分区都设有轨道电路，从而能反映出列车占用或线路发生故障情况。通过色灯信号机在列车占用或出清闭塞分区时，能自动地转换显示，以指示追踪列车的运行。

自动闭塞是比较先进的行车闭塞方法，它使行车密度大大增加，提高了运行速度，显著提高了区间通过能力。由于不需要办理闭塞，简化了办理接发和通过列车的手续，提高了车站的通过能力，也减轻了车站值班员的劳动强度。由于区间线路装有轨道电路，当闭塞分区有机车、车辆占用或钢轨折断时，都可使防护该闭塞分区的通过信号机自动地显示停车信号。这样，列车在区间的运行安全就有了保证。自动闭塞还能为列车运行超速防护提供连续的速度信息，构成更高层次的列车运行控制系统，保证高速行车的安全。

1. 自动闭塞设备的使用特点

四显示自动闭塞区段的车站控制台上有邻近区间的三个闭塞分区占用情况表示，即第一、第二、第三接近及第一、第二、第三离去。当列车进入第一、第二或第三接近区段时，电铃发出短时间音响信号，接近表示灯亮灯，以提醒车站值班员注意，准备接车。出站信号机的开放受第一及第二离去分区占用的限制。

双线自动闭塞区段的车站发车时，车站值班员不需办理闭塞手续，发车前，检查确认进路道岔位置正确，影响进路的调车作业已经停止后方可开放出站信号机，交付行车凭证，即可发车。为便于接车站做好接车准备，应向接车站通报列车车次、出发时刻及有关注意事项。

单线自动闭塞区段上的发车方向一经确定，发车站得到列车调度员准许后，按下发车按钮，发车站就可以连续发出列车。为保证列车运行秩序或不影响某些重要列车的运行，车站值班员在转换发车方向之前，除确认站间区间空闲外，并须得到列车调度员的同意，方可办理转换手续。

在自动闭塞区段，车站的进站和出站信号机的开放，仍需要车站值班员在控制台上来操纵。

装有自动按钮的车站，若连续运行通过列车时，可以将进路开通正线并开放出站信号机和进站信号机后，再把控制台上的自动按钮按下，则进站、出站信号机均纳入自动闭塞系统，其显示同区间通过信号机。

2. 列车进入闭塞分区的行车凭证

1）正常情况下的行车凭证

使用自动闭塞法行车时，列车进入闭塞分区的行车凭证为出站或通过信号机显示的允许运行的信号。

自动闭塞区段的车站，办理发车前应向接车站预告；单线自动闭塞区段的车站，还须得到列车调度员的同意（列车调度员已下达列车运行调整计划时除外）。已向接车站预告，但列车不能出发时，发车站须通知接车站取消预告。

2）遇下列情况发车的行车凭证

自动闭塞区段遇下列情况发车的行车凭证见表 5-1。

表 5-1　自动闭塞区段特殊情况行车凭证

列车出发情况	行车凭证	发给行车凭证的依据	附带条件
1. 出站信号机故障时发出列车	绿色许可证（附件 2）	1. 监督器表示第一个闭塞分区空闲，不表示时为接到前次列车到达邻站的通知或前次列车发出后不少于 10 min 的时间 2. 确认道岔位置正确及进路空闲 3. 单线须取得对方站确认区间内无迎面列车的电话记录号码	从监督器上不能确认第一个闭塞分区空闲时，车站应发给司机书面通知（附件 8），司机以在瞭望距离内能随时停车的速度，最高不超过 20 km/h，运行到第一架通过信号机，按其显示的要求执行
2. 由未设出站信号机的线路上发出列车			
3. 超长列车头部越过出站信号机发出列车			
4. 发车进路信号机发生故障时发出列车		确认道岔位置正确及进路空闲	列车到达次一信号机按其显示的要求执行

续表

列车出发情况	行车凭证	发给行车凭证的依据	附带条件
5. 超长列车头部越过发车进路信号机发出列车	绿色许可证（附件 2）		
6. 自动闭塞作用良好，监督器故障时发出列车	出站信号机显示的允许运行的信号		与邻站车站值班员及本站信号员联系
7. 双线双向闭塞设备的车站，反方向发出列车		1. 区间占用表示灯表示区间空闲 2. 双线反方向行车的调度命令	反方向发车进路表示器显示正确（进路表示器故障时通知司机）

注：在四显示区段，因设备不同，执行上述条款困难的，可按铁路局规定办理。

3）绿色许可证的使用

绿色许可证是自动闭塞区段的特殊行车凭证，当出发列车不能或无法取得出站或发车进路信号机的正常显示时，发给列车绿色许可证，允许列车占用第一闭塞分区；列车进入第一闭塞分区以后的运行，仍按其运行前方的通过信号机的显示执行。

绿色许可证（附件 2）如图 5-10 所示。

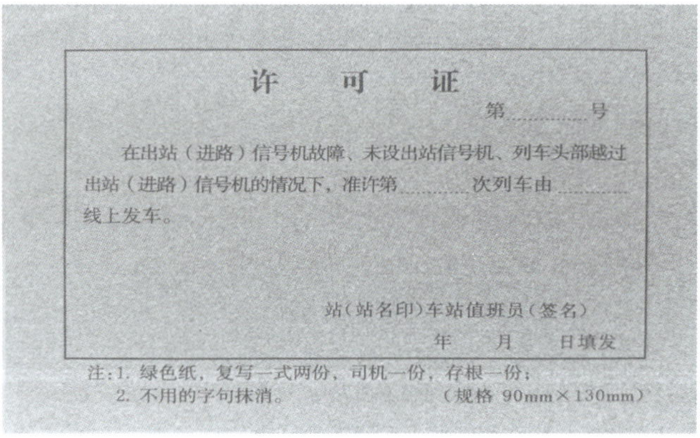
许　可　证

第……号

在出站（进路）信号机故障、未设出站信号机、列车头部越过出站（进路）信号机的情况下，准许第……次列车由……线上发车。

站（站名印）车站值班员（签名）

年　月　日填发

注：1. 绿色纸，复写一式两份，司机一份，存根一份；
2. 不用的字句抹消。　（规格 90mm×130mm）

图 5-10　绿色许可证

3. 区间通过色灯信号机显示停车信号（包括显示不明或灯光熄灭）时的行车办法

1）通过色灯信号机显示红色灯光的原因

（1）显示红色灯光的原因可能是前方闭塞分区有列车或机车、车辆占用，钢轨折断，轨道电路短路。

（2）显示不明可能是天气不良造成或通过信号机乱显示。

（3）灯光熄灭可能是灯泡断丝或松动，也可能是临时断电。

因此，列车进入前方闭塞分区有发生事故的可能，也有危及行车安全的可能。为不打乱运行秩序，除司机确认或通过无线电话联系，得知前方闭塞分区有列车不能进入外，其他情况则制定了相应的行车办法。

2）行车办法

（1）自动闭塞区间通过信号机显示停车信号（包括显示不明或灯光熄灭）时，列车必须在该信号机前停车，司机应使用列车无线调度通信设备通知车辆乘务员（随车机械师）。停车等候 2 min，该信号机仍未显示允许运行的信号时，即以遇到阻碍能随时停车的速度继续运行，最高不超过 20 km/h，运行到次一通过信号机（进站信号机），按其显示的要求运行。在停车等候同时，必须与车站值班员、列车调度员联系，如确认前方闭塞分区内有列车时，不得进入。

（2）装有容许信号的通过信号机，显示停车信号时，准许铁路局规定停车后起动困难的货物列车，在该信号机前不停车，按上述速度通过。当容许信号灯光熄灭或容许信号和通过信号机灯光都熄灭时，司机在确认信号机装有容许信号时，仍按上述速度通过该信号机。

（3）装有连续式机车信号的列车，遇通过信号机灯光熄灭，而机车信号显示允许运行的信号时，应按机车信号的显示运行。

（4）司机发现通过信号机故障时，应将故障信号机的号码通知前方站（列车调度员）。车站值班员（列车调度员）发现或得到区间通过信号机故障的报告后，在故障修复前，对尚未进入区间的后续列车，按规定办法组织行车。

5.2.4　电话闭塞

1. 电话闭塞的特点

电话闭塞是当基本闭塞设备不能使用时，由两端站（线路所）值班员利用站间行车电话以发出电话记录号码的方式办理闭塞的一种方法。

电话闭塞不论单线或双线，均按站间区间办理。由于没有设备控制，全凭制度约束来保证闭塞作用，因此办理手续必须严格。为保证同一区间在同一时间内不会用两种闭塞法，在停用基本闭塞法改按电话闭塞法或恢复基本闭塞法行车时，均须根据列车调度员的命令并确认区间空闲后方准采用。遇列车调度电话不通时，闭塞法的变更或恢复，应由该区间两端站的车站值班员确认区间空闲后，直接以电话记录办理。列车调度电话恢复正常时，两端站车站值班员应及时向列车调度员报告。

2. 停止使用基本闭塞法，改按电话闭塞法行车的情况

遇下列情况，应停止使用基本闭塞法，改按电话闭塞法行车：

（1）基本闭塞设备发生故障导致基本闭塞法不能使用、自动闭塞区间内两架及以上通过信号机故障或灯光熄灭时。

① 自动闭塞设备发生故障导致基本闭塞法不能使用，不能保证列车按自动闭塞方式行车时，应停止使用，改按电话闭塞法行车。

自动闭塞区间两架及以上通过信号机发生故障或灯光熄灭，如按《技规》（普速铁路部分）第 316 条组织行车，势必造成列车在区间一再停车，不仅会降低列车运行速度，而且危及行车安全。因此，遇两架及以上通过信号机故障或灯光熄灭时，改按电话闭塞法行车。

② 半自动闭塞设备故障，如：出站信号机内方轨道电路故障、出站信号机故障或灯光熄灭，由于不能形成半自动闭塞控制条件或不能开放出站信号机作为列车占用区间的行车凭证，因此，应停止使用，改按电话闭塞法行车。

③ 自动站间闭塞设备故障，导致自动站间闭塞、半自动闭塞法均不能使用时，如不能开放出站信号机作为列车占用区间的行车凭证，应停止使用自动站间闭塞，改按电话闭塞法行车。

（2）无双向闭塞设备的双线区间反方向发车或改按单线行车时。

无双向闭塞设备的双线区间反方向发车时，由于反方向无闭塞设备，必须改按电话闭塞法行车。无双向闭塞设备的双线区间改按单线行车时，虽然正方向闭塞设备可以使用，但反

方向行车时无闭塞设备保证安全，办理上容易混淆，极易引发错误，所以也要停止使用基本闭塞法，改按电话闭塞法行车。

（3）发出由区间返回的列车，或发出挂有由区间返回后部补机的列车时。

发出由区间返回的列车时，在其返回前，车站无法从设备上控制不再向该区间放行列车，为防止人为失误造成严重后果，应停止使用基本闭塞法，改按电话闭塞法行车。发出挂有由区间返回后部补机的列车，车站无法从设备上控制在列车到达前方站后、补机返回前不再向该区间放行列车，为防止人为失误造成严重后果，因此，应停止使用基本闭塞法，改按电话闭塞法行车。

（4）自动站间闭塞、半自动闭塞区间，由未设出站信号机的线路上发车，或超长列车头部越过出站信号机并压上出站方面轨道电路发车时。

自动站间闭塞、半自动闭塞列车占用区间的行车凭证，为出站信号机显示的允许运行的信号。由未设出站信号机的线路上发车，或超长列车头部越过出站信号机并压上出站方向轨道电路发车时，因无法取得占用区间的行车凭证，须改按电话闭塞法行车。

（5）在夜间或遇降雾、暴风雨雪，为消除线路故障或执行特殊任务，开行轻型车辆时。

轻型车辆装有绝缘车轴，不能通过轨道电路确定其位置，为确保安全，轻型车辆仅限昼间封锁施工作业时使用，此时不按列车办理；同样为确保安全，在夜间或遇降雾、暴风雨雪等天气不良及瞭望条件不好的情况下，为消除线路故障或执行特殊任务须使用轻型车辆时，应按列车办理，此时应停止基本闭塞法，改按电话闭塞法行车。

（6）自动站间闭塞设备故障，半自动闭塞设备良好时，可根据调度命令改按半自动闭塞法行车。

部分自动站间闭塞是在半自动闭塞的基础上，增加了计轴设备自动检查区间空闲状态，从而实现自动站间闭塞。此时，仅计轴设备故障停用，半自动闭塞设备仍作用良好时，可使用另一基本闭塞法——半自动闭塞法组织列车运行，但必须得到列车调度员准许并发布调度命令。

3. 电话闭塞占用区间的行车凭证

1）行车凭证

使用电话闭塞法行车时，列车占用区间的行车凭证为路票，如图 5-11 所示。当挂有由区间返回的后部补机时，另发给补机司机路票副页。

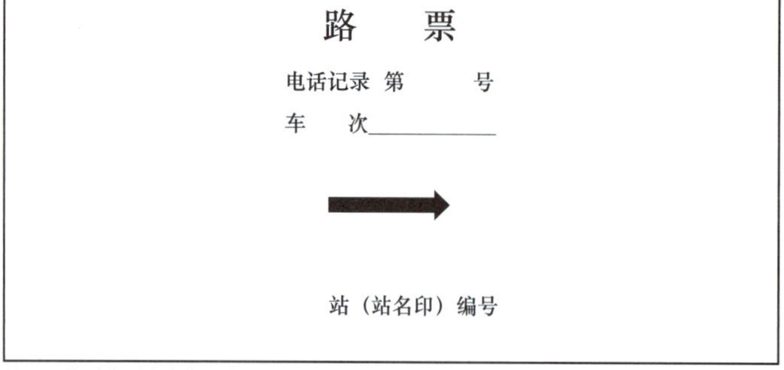
路　　票

电话记录 第　　　号

车　　次＿＿＿＿＿＿

站（站名印）编号

注：1.路票为预先印好区间（即站名）和编号的硬卡片；　　（规格75 mm×88 mm）
2.加盖㊖字戳记者，为路票副页。

图 5-11　路票

2）填发路票的条件

（1）单线或双线反方向发车（正方向首列发车）时，根据《行车日志》查明区间已空闲，并取得接车站承认的电话记录号码，在发车进路准备妥当后，方可填发路票。

（2）双线正方向发车（首列除外）时，根据收到的前次发出的列车到达的电话记录号码，在发车进路准备妥当后，即可填发路票。

4. 路票的填写

1）电话记录号码的使用

办理电话闭塞时，下列各项应发出电话记录号码，并记入《行车日志》：

（1）承认闭塞；

（2）列车到达，补机返回；

（3）取消闭塞；

（4）单线或双线反方向越出站界调车。

电话记录号码自每日 0 时起至 24 时止，按日循环编号，编号办法由铁路局规定。

2）路票的使用、填写方法

（1）路票应由车站值班员或指定的助理值班员填写。

（2）对于填写的路票，车站值班员应根据《行车日志》的记录，进行认真核对，确认无误，并加盖站名印后，方可送交司机。

（3）双线反方向行车使用路票时，应在路票上加盖“反方向行车”章；两线、多线区间使用路票时，应在路票上加盖“××线行车”章。

5.2.5 一切电话中断时的行车

电话联络是行车工作的重要手段，车站在办理闭塞和接发列车时，都要通过电话与邻站及列车调度员进行联系。由于自然灾害和其他原因，造成行车室内的电话（包括站间闭塞电话、列车调度电话及各站电话）全部中断时，即为一切电话中断。半自动闭塞设备由于电路的特点，在电话中断时，闭塞设备同时不能使用。当车站与邻站的电话中断，又得不到列车调度员的指示时，为了不中断行车，须采用特殊的行车办法。

1. 一切电话中断时的行车

1）行车办法及行车凭证

（1）在双线自动闭塞区间，平时两站不用办理闭塞，电话的作用是联系列车有关事项。此时电话虽然中断，如果车站值班员从监督器上仍能确认列车是否出清第一、第二及第三闭塞分区，区间的通过信号机仍能保证列车运行安全所需间隔。那么，列车的出发、在区间运行安全是有保障的。所以，如果闭塞设备完好，列车仍可按自动闭塞法行车，但车站与列车司机应以列车无线调度通信设备直接联系（说明车次及注意事项等）。列车无线调度通信设备故障时，列车必须在车站停车联系。

（2）单线行车按书面联络法。单线区间上、下行列车均在同一条区间正线上交替运行，一切电话中断时，两站只能利用往返运行的列车进行书面联络，确定列车进入区间的运行顺序。

（3）双线行车按时间间隔法。双线区间是上、下行分别按正方向行车，而且由于电话中断后，列车调度员不能发布调度命令，不能办理列车的反方向运行。因此，双线可按时间间隔隔法行车。

（4）列车按书面联络法及按时间间隔法运行时，进入区间的行车凭证均为红色许可证，如图 5-12 所示。其内容包括占用区间的行车凭证，还包括与邻站联络确定列车运行顺序的通知书。

在一切电话中断时间内，如有封锁区间抢修施工或开通封锁区间时，由接到请求的车站值班员以书面通知封锁区间的相邻车站。

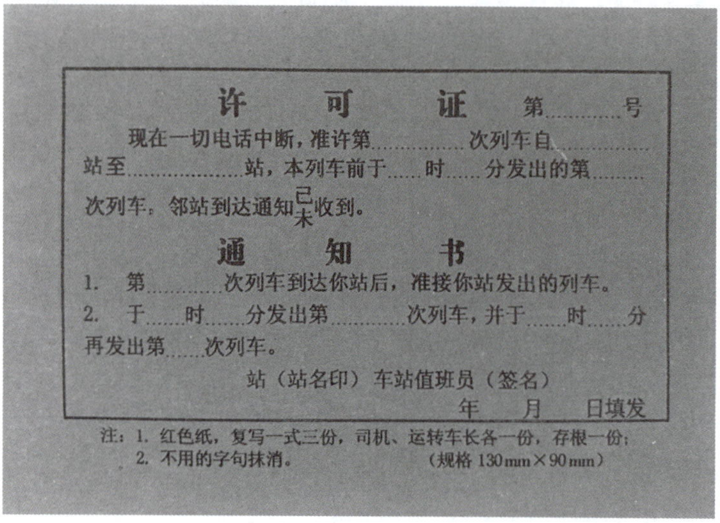

许　可　证　第……号

现在一切电话中断，准许第……次列车自……站至……站，本列车前于……时……分发出的第……次列车。邻站到达通知已/未收到。

通　知　书

1. 第……次列车到达你站后，准接你站发出的列车。

2. 于……时……分发出第……次列车，并于……时……分再发出第……次列车。

站（站名印）车站值班员（签名）

年　月　日填发

注：1. 红色纸，复写一式三份，司机、运转车长各一份，存根一份；
2. 不用的字句抹消。（规格 130mm×90mm）

图 5-12　红色许可证（通知书）

2）书面联络法的使用

一切电话中断时，单线区间两端站系通过书面联络确定列车运行的先后次序。但是，电话中断后，第一趟列车如果等待书面联络后发车，则将产生很长的等待时间；如果在取得书面联络前，两站任意发车，将造成列车正面冲突。为此，单线区间一切电话中断前就规定了优先发车的车站，该站在一切电话中断后，可优先发出第一趟列车。单线按书面联络法行车时，下列车站可以优先发车：

（1）已办妥闭塞而尚未发车的车站；

（2）未办妥闭塞时：

① 单线区间为发出下行列车的车站；

② 双线改为单线行车时，为该线原定发车方向的车站；

③ 同一线路、同一方向运行的列车，有上、下行两种车次时，铁路局规定优先发车的车站。

3）书面联络的建立

第一趟列车的发车权为优先发车的车站所有，如优先发车的车站没有待发列车时，应主动用图 5-12 中的通知书通知非优先发车的车站。非优先发车的车站，如有待发列车时，在得到通知书以后方可发车。

第一趟列车的发车站，在发车前应查明区间已空闲，并在通知书上记明下一趟列车的发车权。如已办妥闭塞而尚未发车的车站在发车时，持有行车凭证的列车，还应发给通知书；如无行车凭证，列车应持红色许可证开往邻站。以后开行的列车，均凭红色许可证的通知书上记明的发车权办理。

通知书应采取最快的方法传送。优先方向车站如无开往区间的列车时，在确认区间空闲后，可使用重型轨道车或单机传送。

4）时间间隔法

时间间隔法，是指前一列车由车站出发后，不论是否到达前方站，准许间隔一定的时间，再向该区间发出次一列车的行车办法。

双线按时间间隔法行车时，只准发出正方向的列车。非自动闭塞区间发出第一趟列车时，在发车前应查明区间已空闲。

5）发出同方向列车的间隔时间

电话中断后，无论单线或双线区间，均无法收到列车到达邻站的通知。发出同方向运行的列车，必须使两列车有一定的间隔时间。这一间隔时间为区间规定运行时分另加 3 min，但不得少于 13 min。这样，在一般情况下，前行列车完全可以到达前方站，构成区间空闲，同时也能保证前发列车在区间被迫停车后的防护时间。按区间规定运行时间另加 3 min 是给接车站安排后行列车准备进路时间，或前行列车在区间被迫停车时的防护时间。在区间规定运行时间较短的情况下，为了确保与前行列车的安全间隔，所以规定不得少于 13 min。

6）一切电话中断时禁止发出的列车

在电话中断时，行车指挥和站间联系都很困难。为保证列车运行安全，对于不十分紧要的列车或可能引起不安全因素的列车，都暂时停开。因此，禁止发出下列列车：

（1）在区间内停车工作的列车（救援列车除外）。由于一切电话中断后，对列车在区间运行的情况很难掌握，如果发出在区间停车工作的列车，就可能影响邻站待发的重要列车出发。若在区间超过规定时间，就有可能发生列车冲突事故。但为了排除区间线路故障或进行其他抢修抢救，准许发出到区间救援的列车。

（2）开往区间岔线的列车。开往区间岔线的列车开出后，如待其返回或继续开往前方站，再发出其他列车，占用区间的时间太长。从岔线返回时，也很难和车站联系。因此这种列车禁止开行。

（3）须由区间返回的列车。因为这种列车要在区间内停车进行某种作业，占用区间时间长，返回时间不易掌握，将会影响待发的其他列车。

（4）挂有须由区间内返回后部补机的列车。当补机由区间返回时，邻站只能掌握列车的到达，而不了解补机是否返回原发站。所以，禁止发出由区间返回的列车。

（5）列车无线调度通信设备故障的列车。列车无线调度通信设备是唯一的辅助通信工具，用于车站、列车之间的联系和区间被迫停车的联系工作。故一切电话中断时，不准发出无线调度通信设备故障的列车。

2. 单线区间的车站，电话呼唤 5 min 无人应答时的行车办法

单线区间车站电话良好，而对某个车站用各种电话呼唤 5 min 得不到应答，为了避免发生列车堵塞，规定由列车调度员查明该站及两相邻区间确无列车后（包括单机、大型养路机械、重型轨道车），方可向不应答站的两端邻站发出封锁相邻区间的调度命令，按封锁区间的办法向不应答车站办理行车，并以调度命令作为进入区间的凭证。

向不应答车站发出的列车，由于事先无法了解该站接车进路是否已准备，是否发生事故、灾害或其他情况等，为确保安全，不论进站信号机是否开放，必须在进站信号机外停车，待判明情况，并确认接车进路已准备妥当后再进入站内。列车进站后，司机或该站的车站值班员，应将经过情况及时报告列车调度员。此时，不应答站的车站值班员如能恢复正常工作，就失去了再继续封锁区间的必要性，列车调度员应以命令开通封锁区间，恢复正常行车。

任务 5.3　列车运行的一般要求

任务引入

2018 年 4 月 12 日，×次列车在×站至×区间运行时，突然下起暴雨，并伴有雷暴现象。此时司机视线受限，按规定报告调度员后，依照调度员命令减速行驶。行驶途中，列车乘务人员发现线路沿线有被雷击折断的树木侵入限界，立即通知司机，后者立即采取了紧急制动措施。

请思考：

1. 列车内的工作人员有哪些？
2. 列车运行的速度受什么限制？
3. 列车运行中遇到恶劣天气应如何行车？

知识准备

5.3.1　列车运行的认知

1. 列车

列车是指编成的车列并挂有机车及规定的列车标志，如图 5-13、图 5-14 所示。动车组列车为自走行固定编组列车。

单机、大型养路机械及重型轨道车，虽未完全具备列车条件，亦应按列车办理。

旅客列车的尾部标志应使用电灯，动车组以外的旅客列车尾部标志灯的摘挂、保管，由车辆部门负责。对中途转向的动车组以外的旅客列车，应有备用标志灯，以备转向时使用。

图 5-13　机车

图 5-14　列车尾部标志

2. 车机联控

列车运行中，各有关作业人员应认真执行“车机联控”。

“车机联控”是车站与司机利用列车无线调度通信设备，将接发列车及列车运行中相互关联的作业相互通报、相互提醒，使作业人员精力集中，提前做好准备，确保列车安全的互控模式。“车机联控”在保证列车安全正点方面起了重要作用。随着机车信号、列车运行监控装置等新设备的使用，“车机联控”的作用已逐步由新设备的新功能所取代。除在危及行车安全，以及行车设备故障、停用等须提醒司机注意运行时，应按各铁路局制定的办法，认真执行“车机联控”外，正常情况下可不再执行“车机联控”。

3. 列车乘务组

列车应设有列车乘务组，按下列规定组成：

（1）动车组列车应有动车组司机，其他列车应有机车乘务人员。

（2）动车组列车应有随车机械师，其他旅客列车、特快货物班列和机械保温车组均应有车辆乘务人员。

（3）旅客列车应有客运乘务组。

5.3.2　使用紧急制动阀停车的条件

车辆乘务人员及客运乘务组发现下列情况应使用紧急制动阀（紧急制动装置）停车：

（1）车辆燃轴或重要部件损坏。

（2）列车发生火灾。

（3）有人从列车上坠落或线路内有人死伤。

（4）其他危及行车和人身安全必须紧急停车时。

使用车辆紧急制动阀时，不必先行破封，立即将阀手把向全开位置拉动，直到全开为止，不得停顿和关闭。遇弹簧手把时，在列车完全停车以前，不得松手。在长大下坡道上，必须先看制动主管压力表，如压力表指针已由定压下降 100 kPa 时，不得再使用紧急制动阀（遇折角塞门关闭时除外）。

动车组列车遇上述情况时，随车机械师、客运乘务组等列车乘务人员应立即报告司机采取停车措施；来不及报告时，应使用客室紧急制动装置停车。

列车乘务人员应将使用紧急制动阀（紧急制动装置）的情况报告司机。

5.3.3　列车运行限制速度

1. 列车运行限速

见表 5-2。

表 5-2　列车运行限速

项　　目	速度/（km/h）
四显示自动闭塞区段通过显示绿黄色灯光的信号机	在前方第三架信号机前能停车的速度
通过显示黄色灯光的信号机及位于定位的预告信号机	在次一架信号机前能停车的速度
通过显示一个黄色闪光灯光和一个黄色灯光的信号机	该信号机防护进路上道岔侧向的允许通过速度
通过减速地点标	标明的速度，未标明时为 25
推进	30
退行	15
接入站内尽头线，自进入该线起	30

2. 道岔侧向容许通过速度

1）单开道岔侧向容许通过速度

见表 5-3。

表 5-3　单开道岔侧向容许通过速度

道岔号数	导曲线半径/m	客车通过速度/（km/h）	货车通过速度/（km/h）
30	2 700	140	90
18	≥860	80	
	800	75	
12	350	50（45）*	
	330	45	
9	180～190	30	

注：1. 保留使用的 8 号、10 号、11 号单开道岔侧向通过的最高速度分别为 25 km/h、35 km/h 和 40 km/h；
2. *括号内数据为 75 kg/m 钢轨 12 号道岔的侧向容许货车通过速度。

2）对称道岔容许通过速度

见表 5-4。

表 5-4　对称道岔容许通过速度

道岔号数	导曲线半径/m	客车、货车通过速度/（km/h）
9	355	50
6	180	30

3）交分道岔侧向容许通过速度

见表 5-5。

表 5-5　交分道岔侧向容许通过速度

道岔号数	导曲线半径/m	客车、货车通过速度/（km/h）
12	380	45
9	220	30

5.3.4　恶劣天气下行车要求

遇天气恶劣，信号机显示距离不足 200 m 时，司机或车站值班员须立即报告列车调度员，列车调度员应及时发布调度命令，改按天气恶劣难以辨认信号的办法行车。

（1）列车按机车信号的显示运行。当接近地面信号机时，司机应确认地面信号，遇地面信号与机车信号显示不一致时，应立即采取减速或停车措施。

（2）当无法辨认出站（进路）信号机显示时，在列车具备发车条件后，司机凭车站值班员列车无线调度通信设备（其语音记录装置须作用良好）的发车通知起动列车，在确认出站（进路）信号机显示正确后，再行加速。

（3）天气转好时，应及时报告列车调度员发布调度命令，恢复正常行车。

汛期暴风雨行车应急处理：

（1）列车通过防洪重点地段时，司机要加强瞭望，并随时采取必要的安全措施。

（2）当洪水漫到路肩时，列车应按规定限速运行；遇有落石、倒树等障碍物危及行车安全时，司机应立即停车，排除障碍并确认安全无误后，方可继续运行。

（3）列车遇到线路塌方、道床冲空等危及行车安全的突发情况时，司机应立即采取应急性安全措施，并立刻通知追踪列车、邻线列车及邻近车站。配备列车防护报警装置的列车应首先使用列车防护报警装置进行防护。

任务5.4　接车与发车

任务引入

×年2月27日，×局KT站助理值班员（学习）在车站值班员的监控下办理接发列车作业。14时17分，K1273次YC冲站通过。助理值班员在向WY站办理预告后，于14时18分排列客车Ⅱ道通过进路。由于错误操作，通过进路未能建立，信号未开放。此时，车站值班员忙于联系20067次挂车作业等事宜，未认真监视控制台。14时22分，车站值班员发现Ⅱ道通过信号未开放时，立即补办。由于未正确操作，出站信号仍不能开放。车站值班员呼叫K1273次司机Ⅱ道停车。14时30分，K1273次KT站Ⅱ道停车。经电务人员处理后，K1273次于14时47分从KT站发车。构成铁路交通一般D15类错误操纵、使用行车设备耽误列车事故。

请思考：

1. 接发列车对于线路的使用有什么规定？
2. 接发列车工作涉及的岗位有哪些？
3. 设备故障影响正常接发车作业时如何处理？
4. 接发列车工作的要求有哪些？

知识准备

接发列车工作是铁路运输生产活动的一项重要内容，是车站工作的重要组成部分，是列车运行过程中不可缺少的重要环节。车站值班员是车站接发列车工作的组织者和指挥者。所有参加接发列车工作的人员，均应服从车站值班员的统一指挥。由于参加接发列车工作的人员多，作业环节复杂，接发列车工作中的任何疏忽或差错，都可能造成列车晚点或行车事故，不仅影响其他列车，甚至影响全局运输。因此，接发车人员必须认真执行《接标》所规定的程序和用语，贯彻集中领导、统一指挥、逐级负责的原则，做到安全、迅速、不间断地接发列车，严格按运行图行车。

5.4.1 接发列车工作一般要求

1. 接发列车工作总体要求

（1）车站应不间断地接发列车，严格按列车运行图行车。

（2）接发列车时，车站值班员应亲自办理闭塞、布置进路（包括听取进路准备妥当的报告）、开闭信号、交接凭证、接送列车、发车。由于设备或业务量关系，除布置进路（包括听取进路准备妥当的报告）外，其他各项工作可指派助理值班员、信号员或扳道员办理。

（3）车站值班员接到邻站列车预告后，按《站细》规定及时通知有关人员到岗接车，站内平过道应加强监护。

2. 接发列车线路使用

1）正线、到发线上办理接发列车应遵循的原则

在正线、到发线上办理接发列车时，根据列车的性质和线路特点，应遵循以下原则：

（1）旅客列车、挂有超限货物车辆的列车，应接入规定线路。

（2）动车组列车在车站办理客运业务时，须固定股道、固定站台、固定停车位置。

（3）动车组列车、特快旅客列车通过时应在正线办理，其他通过列车原则上应在正线办理。

（4）原规定为通过的旅客列车由正线变更为到发线接车及动车组列车、特快旅客列车遇特殊情况必须变更基本进路时，须经列车调度员准许，并预告司机；如来不及预告时，应使列车在站外停车后，再开放信号机，接入站内。动车组列车遇特殊情况需变更办理客运业务的固定股道时，须经调度所值班主任（值班副主任）准许。

2）保证车站有空闲的接车线路

（1）正线上不应停留车辆（尽头式车站除外）。

（2）到发线上停留车辆时，须经车站值班员准许，在中间站并须取得列车调度员的准许方可占用，该线路的两端道岔应扳向不能进入的位置并加锁（装有轨道电路除外）。

3）站内无空闲线路

在站内无空闲线路的特殊情况下：

（1）只准许接入为排除故障、事故救援、疏解车辆等所需要的救援列车、不挂车的单机及重型轨道车。

（2）上述列车均应在进站信号机外停车，由接车人员向司机通知事由后，以调车手信号旗（灯）将列车领入站内。

4）列车在接车线停靠原则

（1）列车进站后，应停于接车线警冲标内方。在设有出站（进路）信号机的线路，列车头部不得越过出站（进路）信号机。

（2）如列车尾部停在警冲标外方或压轨道绝缘时，车站接车人员应使用列车无线调度通信设备等通知司机或显示向前移动的手信号，使列车向前移动。

（3）当超长列车尾部停在警冲标外方，接入相对方向的列车，在进站信号机外制动距离内进站方向为超过 6‰的下坡道，而接车线末端无隔开设备时，须使列车在站外停车后，再接入站内。如在邻线上未设调车信号机，又无隔开设备，相对方向需要进行调车作业时，必须派人以停车手信号对列车进行防护。

当超长列车尾部停在警冲标外方，相对方向需接入列车，而在进站信号机外制动距离内为超过 6‰的下坡道，接车线末端又无隔开设备时，为了防止对向列车进站后由于司机操纵不当越过出站信号机或警冲标，与超长列车发生冲突，所以规定必须使对向列车在站外停车后，再接入站内，如图 5-15 所示。

图 5-15　超长列车在规定条件下会车示意图

当超长列车尾部停在警冲标外方，其邻线未设调车信号机，又无隔开设备，由相对方向进行调车时，必须派人以停车手信号进行防护，防止调车车列与超长列车尾部发生侧面冲突。

3. 接送列车与发车

1）接送列车

列车出入车站时，必须由有关人员在室外立岗接送列车，监视列车运行状态，及时处理危及行车安全的问题。

（1）接发列车时，接发车人员应携带列车无线调度通信设备、持手信号旗（灯），站在规定地点接送列车。

（2）注意列车运行和货物装载状态。发现车辆燃轴、抱闸、制动梁脱落、货物窜动或倾斜、倒塌等危及行车安全时，要立即采取措施。

（3）发现旅客列车尾部标志灯光熄灭时，通知车辆乘务员进行处理。在自动闭塞区段，通知不到时，应使列车停车处理。

（4）发现货物装载状态有异状时，及时处理；发现货物列车列尾装置丢失时，应报告列车调度员，使列车在前方站停车处理。

（5）列车接近车站、进站和出站时，接发车人员应及时向车站值班员报告列车进出站的情况（能从设备上确认的除外）。

（6）列车到达、发出或通过后，车站值班员应立即向邻站及列车调度员报点，并记入《行车日志》（设有计算机报点系统的按有关规定办理）。遇有超长、超限列车、制动力部分切除的动车组列车、单机挂车和货物列车列尾装置灯光熄灭等情况，应通知接车站。

2）向列车显示发车的条件

（1）发车进路准备妥当，出站（进路）信号机已开放，行车凭证已交付，发车条件具备后，车站值班员（助理值班员）方可显示发车信号。

（2）司机必须确认行车凭证正确或出站信号机已开放后，方可起动列车。

（3）语音记录装置良好的车站，准许使用列车无线调度通信设备发车。

（4）货物列车在站停车时，司机必须使列车保持制动状态（铁路局指定的凉闸站除外）。发车前，司机施行缓解，确认发车条件具备后，方可起动列车。

3）动车组列车的发车

动车组列车由列车长确认旅客上下完毕后，通知司机关闭车门；列车进站停车时，司机按动车组停车位置标停车，确认列车停稳、对准停车位置后开启车门。按钮不在司机操作台上的，由列车长通知随车机械师关闭车门；列车到站停稳后，由随车机械师开启车门。如自动开关门装置故障或特殊情况需单独开关车门时，由司机通知列车工作人员手动开关车门。

动车组列车在车站出发，动车组列车司机确认行车凭证和开车时间，车门关闭后，即可起动列车。

4. 相对方向同时接车和同方向同时发接列车

1）禁止办理相对方向同时接车和同方向同时发接列车的情况

（1）进站信号机外制动距离内，进站方向为超过 6‰的下坡道而接车线末端无隔开设备，如图 5-16 所示。

（2）在接、发旅客列车的同时，接入列车运行监控装置或轨道车运行控制设备发生故障的列车、制动力部分切除的动车组列车而接车线末端无隔开设备。

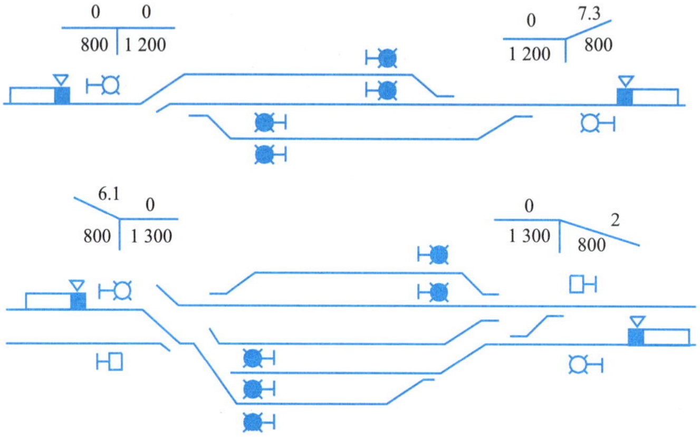

(a) 禁止相对方向同时接车

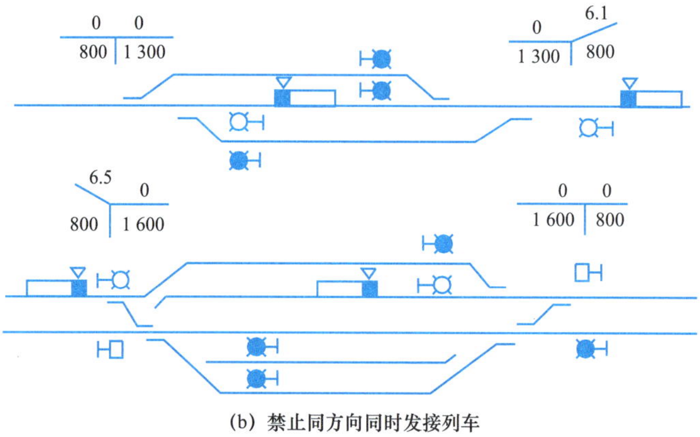

(b) 禁止同方向同时发接列车

图 5-16　禁止办理相对方向同时接车和同方向同时发接列车的情况

2）不能同时接车和不能同时发接列车的处理

（1）相对方向两列车同时接近车站而不能同时接车时：

应先将一个方向的列车接入站内停于接车线警冲标内方后，再接入另一列车。在确定先后顺序时，应先接不适于在站外停车的列车、在站外停车后起动困难的列车，以及后面有续行列车的列车。

其他情况应汇报列车调度员后，遵照先客后货、先快后慢的原则执行，一般可考虑：旅客列车与非旅客列车交会时，应先接旅客列车；停车列车与通过列车交会时，应先接停车列车；非超长列车与超长列车交会时，应先接非超长列车；进站方向为下坡道的列车与进站方向为平道或上坡道的列车交会时，应先接进站方向为平道或上坡道的列车。

（2）禁止办理同方向同时发接列车时：

原则上应先接后发，亦可根据列车调度员指示办理。

遇两列车的到发时刻抵触，而所接列车已由邻站出发时：

① 原则上应先接后发，但到达列车必须进入待发列车所占线路时可先发后接。

② 遇有两个及以上方向的车站，当列车同方向同时接近车站时，应先接不适于站外停车的列车、停车后起动困难的列车、后面有续行的列车、列车运行监控装置发生故障的列车。

③ 在保证停车后能起动的情况下，准许列车机外停车。

④ 两列车等级相同时，按列车调度员指示办理。

5.4.2 接发列车岗位的工作要求

1. 车站值班员工作要求

车站值班员在接发列车工作时应做到：

（1）在办理闭塞时，应确认区间空闲。

（2）接车前，必须亲自或通过有关人员确认接车线路空闲、影响进路的调车作业已经停止后，方可准备进路，开放进站信号机，准备接车。

（3）发车前，必须亲自或通过有关人员确认影响进路的调车作业已经停止后，方可准备进路，开放出站信号机，交付行车凭证，在旅客上下、行包装卸和列检作业等完了后发车。

（4）车站值班员下达准备接发车进路命令时，必须简明清楚、正确及时，讲清车次和占用线路（一端有两个及以上列车运行方向或双线反方向行车时，应讲清方向、线别），并要受令人复诵，核对无误。

（5）接发列车时，按规定程序办理，并使用规定用语。

（6）车站值班员应严格按《站细》规定时机开闭信号机。如取消发车进路时，应先通知发车人员；如已开放信号或发车人员已通知司机发车，而列车尚未起动时，还应通知司机，收回行车凭证后，再取消发车进路。

2. 扳道、信号人员工作要求

扳道、信号人员在值班时应做到：

（1）严格按照车站值班员的接发列车命令、调车作业计划，正确及时地准备进路。

（2）在扳动道岔、操纵信号时，认真执行“一看、二扳（按）、三确认、四显示（呼唤）”制度；对进路上不该扳动的道岔，也应认真进行确认。

（3）接发列车进路准备完了后，及时报告车站值班员（能从设备上确认的除外）。

5.4.3 特殊情况下接发列车

1. 信号机灯泡不受控时

（1）进站、出站、进路及线路所通过信号机发生故障时，应置于关闭状态。

（2）进站信号机及线路所通过信号机发生不能关闭的故障时，应将灯光熄灭或遮住。在将灯光熄灭或遮住，信号机灭灯时，于夜间应在信号机柱距钢轨顶面不低于 2 m 处加挂信号灯，向区间方面显示红色灯光。

2. 进站信号机故障时

（1）进站、接车进路信号机不能使用时，应开放引导信号。引导信号不能开放或无进站信号机时，应派引导人员接车。

（2）引导接车时，列车以不超过 20 km/h 速度进站，并做好随时停车的准备。

（3）由引导人员接车时，应在引导员接车地点标处（未设的，引导人员应在进站信号机、进路信号机或站界标外方），显示引导手信号接车。列车头部越过引导信号，即可关闭信号或收回引导手信号。

在无联锁的线路上接发列车时，车站值班员除严格按接发列车手续办理外，还应将进路上无联锁的有关对向道岔及邻线上防护道岔加锁。进路上无联锁的分动外锁闭道岔无论对向或顺向，均应对密贴尖轨、斥离尖轨和可动心轨加锁。具体加锁办法，由铁路局规定。

3. 出站信号机故障时

（1）出站信号机发生故障时，除按规定交递行车凭证外，对通过列车应预告司机，并显示通过手信号。

出站信号机故障后，进站信号机不能显示通过信号。为避免列车在出站信号机前停车，对通过列车应事先预告司机，车站值班员除按规定递交行车凭证外，还应显示通过手信号（昼间：展开的绿色信号旗；夜间：绿色灯光），使列车不停车通过车站。来不及向司机预告时，可使通过列车在车站停车，司机收到凭证后再开。

（2）装有进路表示器或发车线路表示器的出站信号机，当该表示器不良时，由办理发车人员通知司机后，列车凭出站信号机的显示出发。

4. 站内无空闲线路时的接车

站内无空闲线路是指站内正线、到发线及其他站线（如调车线、货物线）均有车占用或因线路故障不能正常接车的情况。

1）对接入列车的限制

在站内无空闲线路的特殊情况下，只准接入为排除故障、事故救援、疏解车辆等所需的救援列车、不挂车的单机及重型轨道车。

2）接车办法

（1）接车前，车站值班员应亲自或派人确认接车线停留车位置和空闲地段的长度，并通知接车线内停留的机车、重型轨道车司机禁止移动位置。

（2）接车时不开放进站信号机，也不得使用引导接车办法，接车人员应站在进站信号机（反方向接车时为站界标）外方。所接列车在站外停车，由接车人员通知司机接车线路、停留车位置、列车停车地点及其他注意事项，然后接车人员登乘机车，以调车手信号旗（灯）将列车领入站内。

5. 列车在站内临时停车

列车在站内临时停车，待停车原因消除且继续运行时，应按下列规定办理：

（1）司机主动停车时，自行起动列车。

（2）其他列车乘务人员使用紧急制动阀（紧急制动装置）停车时，由车辆乘务员（随车机械师）通知司机开车。

（3）车站接发车人员使列车在站内临时停车时，由车站按规定发车（动车组列车由车站通知司机开车）。

（4）其他原因的临时停车，车站值班员应组织司机、车辆乘务员（随车机械师）等查明停车原因，在列车具备运行条件后，由车站按规定发车（动车组列车由车站通知司机开车）。

上述第（1）、（2）、（4）项情况下列车停车后，司机应立即报告车站值班员，并说明停车原因。

任务 5.5　列车被迫停车后的处理

任务引入

2007 年 3 月 28 日，28601 次由敌业站通过时，助理值班员在接车中发现列车尾部最后一辆敞车（车号：1475622）轮对燃轴，助理值班员立即通知车站值班员，车站值班员立即呼叫司机停车。列车停于敌业站至昆仑站区间 K300+550 处，经检查发现尾部最后一辆车 2 位端燃轴。

请思考：

1. 列车在区间停车后需要第一时间做什么？
2. 列车在区间被迫停车后应采取什么措施进行防护？
3. 列车在区间停车后处理方法有哪些？

知识准备

除列车在区间有计划地停车外，凡因事故或行车设备故障及自然灾害等原因，致使列车在区间停车时，称为列车在区间被迫停车。发生上述情况，不仅中断该线行车，还可能构成追踪列车的尾追，导致更严重的事故发生；如在有平行线路的区间发生列车脱轨、颠覆或货物坠落时，还可能妨碍邻线行车。因此，运转车长及列车司机应迅速判明情况，尽快妥善处理，以恢复列车运行。

5.5.1　列车在区间被迫停车后的处理

（1）列车在区间被迫停车后，不能继续运行时，司机应立即使用列车无线调度通信设备通知两端站、列车调度员及车辆乘务员（随车机械师），报告停车原因和停车位置，根据需要迅速请求救援。

（2）需要防护时，列车前方由司机负责，列车后方由车辆乘务员（随车机械师）负责，无车辆乘务员（随车机械师）则由列车乘务员负责；配备列车防护报警装置的列车应首先使用列车防护报警装置进行防护。单班单司机值乘的列车防护作业办法由铁路局规定。

（3）如遇自动制动机故障，旅客列车（动车组除外）司机应通知车辆乘务员立即组织列车乘务人员拧紧全列人力制动机，以保证就地制动；其他列车司机应立即采取安全措施，并向车站值班员（列车调度员）报告，请求救援。

（4）对已请求救援的列车，不得再行移动，并按规定对列车进行防护。

（5）车站值班员（列车调度员）接到司机通知后，应将区间内列车运行情况通知司机，并立即使用列车无线调度通信设备转告区间内有关列车。在停车原因消除前不得再放行追踪、续行列车。

（6）列车被迫停车可能妨碍邻线时，司机应立即用列车无线调度通信设备通知邻线上运行的列车和两端站、列车调度员，并与车辆乘务员或随车机械师分别在列车的头部和尾部附近邻线上点燃火炬（仅运行旅客列车的高速铁路除外）；在自动闭塞区间，还应对邻线来车方向短路轨道电路。司机应亲自或指派人员沿邻线一侧对列车进行检查，发现妨碍邻线时，应立即派人按规定防护。如发现邻线有列车开来时，应鸣示紧急停车信号。

（7）列车调度员、车站值班员接到列车被迫停车可能妨碍邻线的通知后，在原因消除前不得向邻线放行列车。

（8）需组织旅客疏散时，车站值班员得到列车调度员准许后，扣停邻线列车并通知司机，司机通知有关作业人员办理。

5.5.2 被迫停车后的防护

1. 防护的工具

1）响墩

响墩呈扁圆形，外部为铁壳，内部装有炸药，如图 5-17 所示。铁壳上有一条铅带，旋置在钢轨上时起固定响墩的作用。当开来的列车轧上响墩后，即可发生与其他声响不同的爆炸声，是昼夜通用的要求紧急停车的听觉信号。

设置响墩时，不应设置在道口、道岔、钢轨接头处、无砟桥上及隧道内；应避开浸水地点；轨面上如有积雪，应清除后再设置。

2）火炬

火炬产生的红色火光，是昼夜通用的要求紧急停车的视觉信号，如图 5-18 所示，当来不及按规定办法设置响墩时可使用火炬。

火炬分为投式和插式两种。使用火炬时，先取下擦火帽，露出发火药头，再用擦火帽擦发火药头使之燃烧，点燃后置于道心。应当注意的是，擦发火药头时应顺风操作，不要对向面部，以免烧伤。每支火炬点燃后可燃烧 7～10 min。

图 5-17 响墩

图 5-18 火炬

2. 响墩防护的设置方法

使用响墩时，三个为一组。首先在距防护对象不少于规定距离的来车方向的左侧钢轨上设置第一个响墩，然后在向外 20 m 来车方向的右侧钢轨上设置第二个响墩，最后在向外 20 m 来车方向的左侧钢轨上设置第三个响墩，如图 5-19 所示。响墩设置后，防护人员返回到第一个响墩内方 20 m 的线路外侧，手持停车信号进行防护。手持停车信号的防护人员在看守响墩的同时，其停车手信号是防护的手段。当开来列车停车后，防护人员应通知司机区间情况及注意事项。

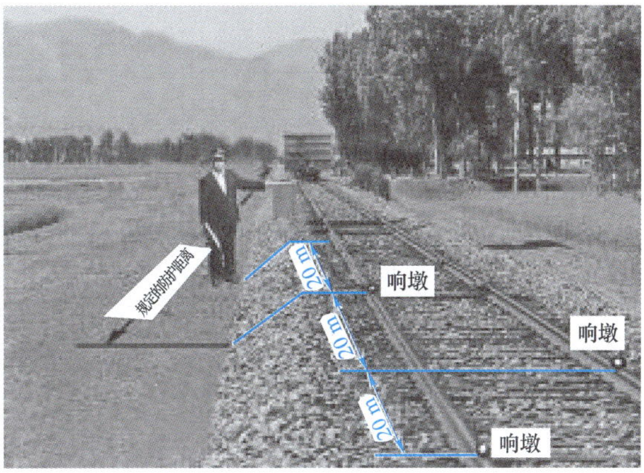

图 5-19　响墩安放示意图

在不同情况下放置响墩的要求如下：

（1）已请求救援的列车，应在救援列车开来方向（不明时，从列车前后两方面）距停留车列不小于 300 m 处放置响墩，如图 5-20 所示。规定 300 m，是因为已请求救援，列车调度员已在命令中指明了被迫停车列车的所在位置，所以救援列车司机心中有数，可以提前减速，能在 300 m 内停车。

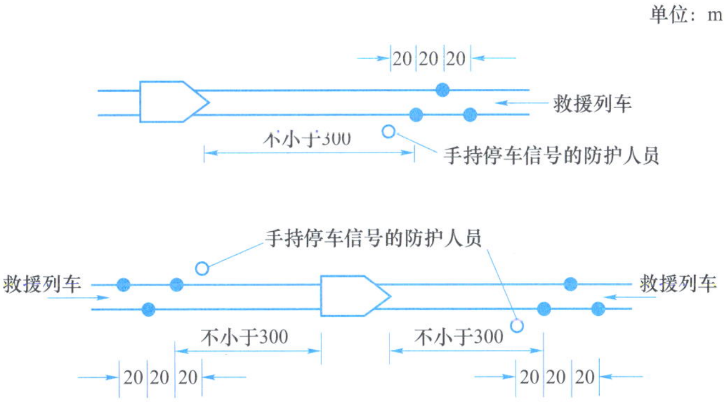

图 5-20　已请求救援列车的防护

（2）一切电话中断后发出的列车有两种，一种是持有《技规》附件 3 红色许可证通知书之 1 的列车（后面无续行列车）；一种是持有红色许可证通知书之 2 的列车（后面有续行列车）。在后面有续行列车的情况下，因续行列车对前行列车在区间停车没有准备，因此列车后部防护距离应不小于列车制动距离，此制动距离为该线路最大速度等级规定的列车紧急制动距离。如该线路最大速度为 160 km/h，则制动距离为 1 400 m，防护距离应不小于 1 400 m，如图 5-21 所示。

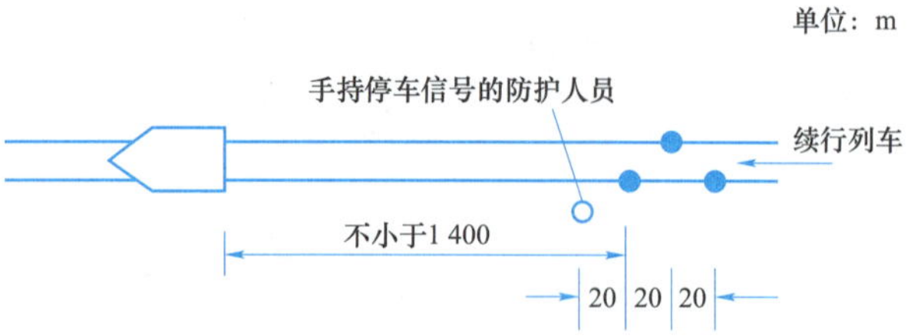

图 5–21　有续行列车运行的防护

（3）列车被迫停车后，如妨碍邻线行车时，为防止邻线列车开来发生冲突，应在邻线上放置响墩防护。在不能确认来车方向时，考虑邻线可能反方向行车，应从两端进行防护。如确认来车方向，可仅对来车方向进行防护。由于邻线运行的列车没有停车准备，故放置响墩的距离不应小于线路最大速度等级规定的列车紧急制动距离。防护方法如图 5–22 所示。

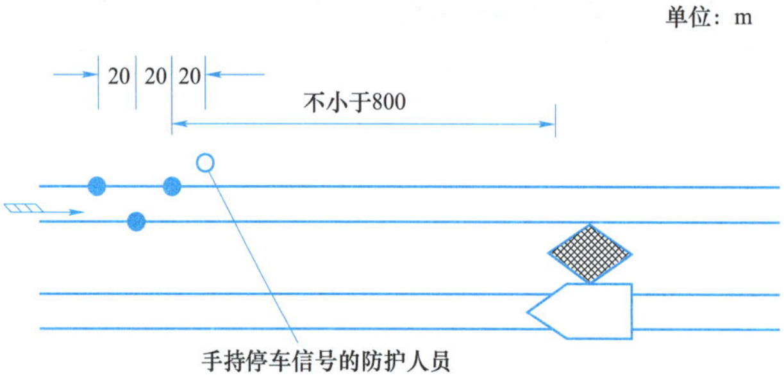

图 5–22　妨碍邻线的防护

（4）列车分部运行，机车进入区间挂取遗留车辆时，因其已知停留车地点，能提前减速及停车，故在车列前方不小于 300 m 处放置响墩防护，如图 5–23 所示。

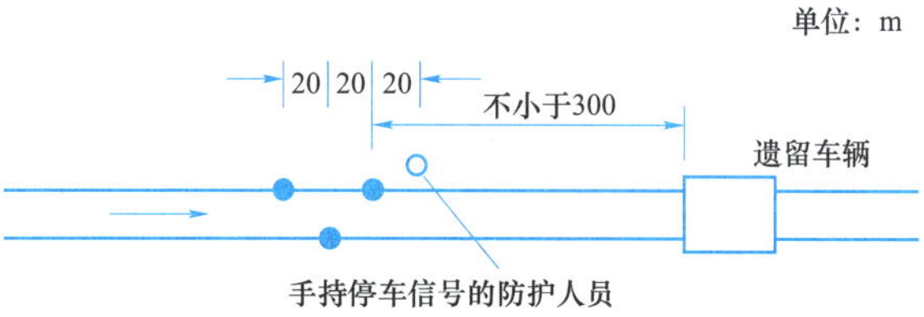

图 5–23　分部运行时机车挂取遗留车辆的防护

被迫停车的列车消除故障可以运行后，应用列车无线调度通信设备通知防护人员返回。此时防护人员可不撤除响墩返回列车，以便尽快恢复列车运行。但在列车运行图规定开行动车组列车的区段，考虑到动车组运行速度高，列车轴重轻，不撤除响墩不利于动车组运行安全，所以必须撤除响墩。

3. 执行响墩、火炬信号的要求

司机听到响墩的爆炸声或发现火炬信号的火光时，应立即采取停车措施。

列车停车后，应及时与防护人员联系，了解情况并采取相应措施。如停车地点无防护人员时，司机应亲自或指派其他人员向前方检查线路，如线路无异状，向前方瞭望并无前行列车时，列车以在瞭望距离内能随时停车的速度继续运行，但最高不得超过 20 km/h。在自动闭塞区间，列车按上述速度运行到次一信号机前，如无异状即可按该信号机显示执行；在非自动闭塞区间，列车按上述速度运行 1 km，如未发现异状，准许恢复正常速度运行。

5.5.3 列车分部运行

列车由于断钩、制动主管破裂、脱轨等原因被迫停车后不能继续运行，而需分批运行到前方站或后方站的处理办法，称为列车分部运行。由于列车分部运行时，大多数情况下对区间遗留车辆的防护、监护等都比较困难，又因分部运行占用区间时间较长，会较严重地打乱列车运行秩序。因此，为保证安全，在不得已的情况下采用分部运行时，必须有严格的限制。

1. 不准列车分部运行的情况

（1）采取措施后可整列运行时；

（2）对遗留的车辆未采取防护、防溜措施时；

（3）遗留的车辆无人看守时；

（4）司机与车站值班员及列车调度员均联系不上时；

（5）遗留车辆停留在超过 6‰坡度的线路上时。

2. 列车分部运行的办理方法

列车需要分部运行时，应按下列方法办理：

（1）司机应使用列车无线调度通信设备报告前方站和列车调度员。

（2）司机（车辆乘务员或随车机械师或车站指派前往的胜任人员）应做好遗留车辆的防溜（即对尾部车辆紧贴车轮踏面安放铁鞋或止轮器，并按规定拧紧人力制动机）和防护工作。

（3）司机在记明遗留车辆辆数和停留位置后，方可牵引前部车辆运行至前方站。

（4）在牵引前部车辆至前方站的运行中，仍按信号机的显示执行，但在半自动闭塞区间或按电话闭塞法行车时，该列车必须在进站信号机外停车（司机已用列车无线调度通信设备通知车站值班员列车为分部运行时除外），将情况报告车站值班员后再进站，以防止接车站误认列车整列到达，而开通区间。

（5）前部车辆到达并接到司机报告后，车站值班员应立即报告列车调度员。

（6）列车调度员接到车站值班员报告后，应立即向遗留车辆区间两端站发布调度命令封锁区间，并派出单机（或救援列车）进入区间挂取遗留车辆（或救援），见表 5-6。

（7）车站值班员按向封锁区间发出救援列车的办法办理发车作业，司机凭调度命令进入封锁区间挂取遗留车辆。

（8）遗留车辆拉回车站，车站值班员确认区间空闲后，立即报告列车调度员。

（9）列车调度员接到车站值班员遗留车辆全部拉回车站的报告，并确认区间空闲后，向两端站发布调度命令，开通区间。

表 5-6 列车分部运行调度命令

2008 年 10 月 23 日 13 时 27 分 第 15 号

受令处所	甲站、乙站	调度员姓名	×××
内 容	根据______站报告，______次列车因______________，自接令时起______站至______站间___行线区间封锁。 准许______站利用_____机车开行_____次列车进入封锁区间______km______m 处挂取遗留车辆，将______次列车推进（返回开______次列车）至______站。		

5.5.4 列车退行

列车在区间因自然灾害、线路故障、坡停等原因，不能继续运行，需退回原发车站或后退闯坡时，通称为列车退行。

1. 禁止列车退行的情况

（1）按自动闭塞法运行时（列车调度员或后方站车站值班员确认该列车至后方站间无列车，并准许时除外）；

（2）在降雾、暴风雨雪及其他不良条件下，难以辨认信号时；

（3）一切电话中断后发出的列车（持有《技规》附件 3 红色许可证通知书之 1 的列车除外），见表 5–7。

挂有后部补机的列车，除上述情况外，是否准许退行，由铁路局规定。

表 5–7　红色许可证（附件 3）

许 可 证 第　　号 现在一切电话中断，准许第　　次列车自　　站至　　站，本列车前于　　时　　分发出的第　　次列车，邻站到达通知未收到。 通 知 书 1. 第　　次列车到达你站后，准接你站发出的列车。 2. 于　　时　　分发出第　　次列车，并于　　时　　分再发出第　　次列车。 站（站名印）车站值班员（签名） 年　　月　　日填发

注：1. 红色纸，复写一式两份，司机一份，存根一份；（规格 90 mm×130 mm）
2. 不用的字句抹消。

2. 列车退行办法

除上述禁止退行的列车外，其他列车在不得已情况下必须退行时，应按下列规定办理：

（1）车辆乘务员或随车机械师（无车辆乘务员或随车机械师时为指派的胜任人员）应站在列车尾部注视运行前方，发现危及行车或人身安全时，应立即使用紧急制动阀（紧急制动装置）或使用列车无线调度通信设备通知司机，使列车停车。

（2）列车退行速度，不得超过 15 km/h。

（3）未得到后方站（线路所）车站值班员准许，不得退行到车站的最外方预告标或预告信号机（双线区间为邻线预告标或特设的预告标）的内方。

（4）车站接到列车退行的报告后，除立即报告列车调度员外，根据线路占用情况，可开放进站信号机或按引导办法将列车接入站内。

5.5.5 恶劣条件下的行车

遇天气恶劣，信号机显示距离不足 200 m 时，司机或车站值班员须立即报告列车调度员，列车调度员应及时发布调度命令，改按天气恶劣难以辨认信号的办法行车。

（1）列车按机车信号的显示运行。当接近地面信号机时，司机应确认地面信号，遇地面信号与机车信号显示不一致时，应立即采取减速或停车措施。

（2）当无法辨认出站（进路）信号机显示时，在列车具备发车条件后，司机凭车站值班员列车无线调度通信设备（其语音记录装置须作用良好）的发车通知起动列车，在确认出站（进路）信号机显示正确后，再行加速。

（3）天气转好时，应及时报告列车调度员发布调度命令，恢复正常行车。

5.5.6 发生火灾、爆炸时的应急处理

（1）列车发生火灾、爆炸时，须立即停车（停车地点应尽量避开特大桥梁、长大隧道等，选择便于旅客疏散的地点），车站不再向区间放行列车，并通知邻线及后续相关列车停车。电气化区段，现场需停电时，应立即通知供电部门停电。

（2）列车需要分隔甩车时，应根据风向及货物性质等情况而定。一般为先甩下列车后部的未着火车辆，再甩下着火车辆，然后将机后未着火车辆拉至安全地段。

对甩下的车辆，在车站由车站人员负责采取防溜措施；在区间由司机、车辆乘务员负责采取防溜措施。

5.5.7 汛期暴风雨行车应急情况处理

（1）列车通过防洪危险地段时，司机要加强瞭望，并随时采取必要的安全措施。

（2）当洪水漫到路肩时，列车应按有关规定限速运行；遇有落石、倒树等障碍物危及行车安全时，司机应立即停车，排除障碍并确认安全无误后，方可继续运行。

（3）列车遇到线路塌方、道床冲空等危及行车安全的突发情况时，司机应立即采取应急性安全措施，并立刻通知追踪列车、邻线列车及邻近车站。配备列车防护报警装置的列车应首先使用列车防护报警装置进行防护。

5.5.8 列车（动车组列车除外）运行途中发生车辆故障应急处理

（1）发现客车车辆轮轴故障、车体下沉（倾斜）、车辆剧烈振动等危及行车安全的情况时，须立即采取停车措施。由车辆乘务员检查，对抱闸车辆应关闭截断塞门，排除工作风缸和副风缸中的余风，确认安全无误后，方可继续运行；如车轮踏面损坏超过限度或车辆故障不能继续运行时，应甩车处理。

（2）列车调度员接到热轴报告后，应按热轴预报等级要求果断处理。必要时，立即安排停车检查（司机应采用常用制动，列车停车后由车辆乘务员负责检查，无车辆乘务员的由司机确认能否继续安全运行）或就近站甩车处理。

（3）遇客车安全监控系统报警或其他故障需要列车限速运行时，车辆乘务员应使用列车无线调度通信设备通知司机，司机根据要求限速运行并报告车站值班员（列车调度员）。

任务 5.6 救援列车的开行

任务引入

2007 年 3 月 28 日 16 时 47 分，客车 T11 次运行至 SZB 站至 HLDB 站区间 K189+350 处，列车尾部第 18 节行李车突然起火，行李员立即通知司机及列车长，司机果断采取停车措施，并及时向列车调度员和车站值班员报告。列车调度员通知司机将行李车甩下，保证旅客生命财产安全，并按照请求积极组织 SHG 站开行救援列车。

请思考：

1. 事故救援采用的设备有哪些？
2. 如何组织救援列车的开行？
3. 事故现场是否需要进行防护？如何防护？

知识准备

5.6.1 事故救援设备

在国铁集团指定地点，应备有经常处于整备待发状态、工具备品齐全整洁、状态良好的各种救援设备，以保证及时起复机车车辆，消除线路障碍，迅速恢复正常行车。

1. 事故救援列车

事故救援列车是为及时处理机车车辆颠覆、脱线等事故而设置的专用列车，由轨道起重机和装载拖拉机、发电机、钢轨、枕木及工具器材的车辆，以及救护、炊事、宿营等专用车辆组成。事故救援列车平时停放在指定的、可以两端通行、不需转线即能直接在该线发车的站线（包括段管线）上，以备随时挂上机车即可开行。为及时起复机车车辆，机车、动车、重型轨道车上均应备有复轨器。

2. 电线路修复车

电线路修复车是为修复受自然灾害或其他原因造成损坏的信号、通信电线路而设的专用车辆。

3. 接触网检修车

电气化铁路因各种原因发生接触网断线、电杆及铁塔倒伏、瓷瓶破损等情况时，用以进行抢修施工的专用车辆为接触网检修车。

5.6.2 救援列车开行办法

1. 救援列车的请求与派遣

1）请求

当区间发生行车事故、自然灾害及线路故障需请求救援时，司机或工务、电务部门人员应迅速报告列车调度员或车站值班员。车站值班员接到请求后，须立即报告列车调度员。请求救援时，应报告事故、灾害或故障概况，并说明救援所需器材。

2）派遣

列车调度员接到请求救援的报告后，应立即向调度值班主任报告，随即向事故区间两端站发布封锁区间的调度命令，并根据具体情况向有关单位发布调度命令，迅速派出救援列车。在发布派遣救援列车的调度命令后，一般规定救援列车应在 30 min 内出动，开往事故现场。担当事故救援、抢修抢救的事故救援列车、单机、重型轨道车，均为救援列车。

发生行车事故后，在派出的救援列车到达前，列车调度员应根据需要指示将事故列车前部或尾部完好的车辆拉至车站，以便于救援列车到达后的事故起复。

当调度电话不通时，接到救援请求的车站值班员，应根据救援请求办理前述工作。

2. 救援列车的开行

1）行车凭证

救援列车在非封锁区间运行时，仍按该区间行车闭塞法优先办理，不得耽误和拖延时间。行车凭证为非封锁区间行车闭塞法的行车凭证。

救援列车需进入封锁区间时，不办理闭塞手续，以列车调度员的命令作为进入封锁区间的许可。这样，既可区别于正常行车，又可提示该列车注意，必须按调度命令的要求运行，见表 5-8。调度命令中应包括往返车次、运行速度、发生事故地点及工作任务、要求等。

当列车调度电话不通时，应由接到救援请求的车站值班员根据救援请求办理，救援列车以车站值班员的命令，作为进入封锁区间的许可。

表 5-8　向封锁区间开行救援列车调度命令

2008 年 10 月 23 日 13 时 27 分　第 15 号

受令处所	甲站、乙站	调度员姓名	×××
内　　容	准许　　站开　　次列车，进入　　站至　　站间　　行线封锁区间　　km　　m 处进行事故救援，将　　次列车推进（返回开　　次列车）至　　站（按事故救援指挥人的指挥办理）。		

2）救援列车进出封锁区间的联系

救援列车向封锁区间发出或由封锁区间返回的时刻、由区间拉回的车数，以及现场救援的进度等，车站值班员应报告列车调度员，以便列车调度员掌握救援进度，及时安排人力、材料等。为使对方站了解救援及运行情况，上述内容亦须通知对方站。

司机接到救援命令后，必须认真确认，命令不清、停车位置不明确时，不准动车。救援列车进入封锁区间后，在接近被救援列车或车列 2 km 时，要严格控制速度，同时使用列车无线调度电话与请求救援的司机进行联系，或以在瞭望距离内能够随时停车的速度运行（最多不超过 20 km/h），在防护人员处压上响墩后停车，联系确认，并按要求进行作业。

在较复杂的事故救援现场，为了便于列车调度员联系以加速救援进度，以及办理由两端站向事故现场开行救援列车的需要，可设立临时线路所。该线路所值班员即为向两端站办理行车的指挥人。车站值班员每次向临时线路所发车前，均应取得临时线路所值班员的同意，以便临时线路所做好接车准备工作和防护工作。救援列车向临时线路所运行时，应在防护地点外停车，待防护人员将事故地点及注意事项告知司机及有关人员，撤销防护后，救援列车再按调车办法进入指定地点。临时线路所向事故两端站发车时，必须得到列车调度员的命令及接车站的同意，撤除防护后方能发车。

5.6.3 事故现场的指挥

在事故调查处理委员会人员到达前，站长或车站值班员应随乘发往事故地点的第一列救援列车（分部运行时挂取遗留车辆的机车除外）到事故现场，负责指挥列车有关工作。

5.6.4 事故区间的开通

列车调度员接到事故现场负责人关于开通区间的报告，在查明区间确已空闲后，方可向两端站发布开通区间的调度命令。如列车须限速运行时，列车调度员还必须发布限速运行的调度命令。

当调度电话不通时，由两端站车站值班员在确认区间空闲后，以电话记录办理开通区间的手续。

任务 5.7 施工及路用列车的开行

任务引入

×年×月×日，N 局 YL 工务段，按计划在×下行线 K228+500 至 K237+000 处进行改道维修，现场作业人员及防护员误认线路行别，错误地在未封锁的上行线作业。7 时 25 分和 7 时 30 分，驻站联络员先后两次通报 30046 次列车的通行情况。7 时 35 分，现场防护员发现上行列车，组织人员下道避车，由于发现过晚最终导致 4 名作业人员被列车撞击，造成三人死亡，一人重伤。

请思考：

1. 在区间进行施工作业时如何保证作业人员安全？
2. 车站在施工时如遇必须进行接发列车情况，如何进行组织？
3. 施工的防护有什么要求？

知识准备

凡影响行车的施工（特别规定的慢行施工除外）、维修作业，都必须纳入天窗，不得利用列车间隔进行。线路、桥隧、信号、通信、接触网及其他行车设备的施工、维修，力争开通后不降低行车速度。

5.7.1 封锁施工

1. 审批手续

（1）封锁线路、慢行施工和停用信号、联锁、闭塞设备及其他影响行车设备的施工，必须纳入月度施工方案。

（2）施工单位应在前一个月向铁路局提出施工计划。运输部门在编排施工方案时，应将各单位在同一地段的施工，安排在同一时间内进行平行作业，并明确施工主体单位。施工方案应以铁路局命令下达有关站、段及施工单位。

（3）因封锁区间，跨局列车的停运由两局商定，须经由外局线路迂回运输时，由国铁集团批准。

2. 施工申请

（1）封锁区间施工时，施工负责人应确认已做好一切施工准备，按批准的施工方案（临时封锁区间抢修施工时除外），施工开始前 1 h 在车站《行车设备施工登记簿》内登记（图 5–24），通过车站值班员向列车调度员申请施工。车站值班员应尽速与列车调度员联系，并根据封锁或开通命令，在控制台或微机联锁设备上揭挂或摘下封锁区间表示牌（帽）。施工负责人也可指派驻站联络员对施工内容进行登记，必须保证驻站联络员清楚施工内容及安全注意事项。

请求施工（慢行及封锁）登记					承认施工
本月施工编号	施工项目	月日时分	（1）影响使用范围（需要的慢行或封锁条件） （2）施工负责人签名 （3）设备单位检查人签名 （4）车站值班员签名	所需时分	（1）命令号及发令时间 （2）慢行及封锁起止时间 （3）车站值班员签名 （4）施工负责人签名

施工后开通检查确认、销记		施工开通	备注
月日时分	（1）恢复使用范围和条件（开通后恢复常速确认） （2）施工负责人签名 （3）设备单位检查人签名 （4）车站值班员签名	（1）开通（恢复常速）命令号及开通时间 （2）施工负责人签名 （3）设备单位检查人签名 （4）车站值班员签名	

图 5–24 《行车设备施工登记簿》照片

（2）列车调度员根据车站值班员的施工请求，保证施工时间，并向施工区间的两端站发出实际施工命令（表 5–9）。两端站车站值班员核对施工调度命令内容正确后，及时签收调度命令。到施工时间时，车站值班员方可将施工调度命令交付驻站联络员。由驻站联络员向施工负责人传达调度命令内容。施工负责人确认施工起止时刻，设好停车防护后，方可开工，并保证在规定时间内完成。

表 5–9 封锁区间调度命令

2008 年 10 月 23 日 13 时 27 分 第 15 号

受令处所	甲站、乙站	调度员姓名	×××
内 容	________站至______站间____行线因__________，自接令时（______次列车到_______站）起（至_____时_____分止），区间封锁。		

（3）驻站联络员时刻与现场保证密切联系，区间是双线或多线时，一条线施工、另一条线行车时，及时向现场作业人员通知列车运行情况，保证现场作业人员人身安全。

（4）驻站联络员时刻掌握现场作业进度，并及时在《行车设备施工登记簿》内登记开通后的情况（表 5–10）。施工单位及设备管理单位应严格掌握开通条件，经检查满足放行列车的条件，且设备达到规定的开通速度要求，办理开通登记后，通过车站值班员通知列车调度员开通区间。如因特殊情况不能按时开通区间或不能按规定的开通速度运行时，应提前通知车站值班员，要求列车调度员延长时间或限速运行。

表 5-10　开通区间调度命令

2008 年 10 月 23 日 13 时 27 分　第 15 号

受令处所	甲站、乙站	调度员姓名	×××
内　容	根据______站报告，______站至_____站间____行线______完毕，区间已空闲，自接令时起区间开通。		

（5）施工封锁前，通过施工地点的最后一趟列车前进方向为不大于 6‰的上坡道时，列车调度员可根据施工负责人的要求，在施工命令中注明该次列车通过施工地点后即可开工（按自动闭塞法行车时刻安排施工路用列车跟踪该次列车进入区间），列车到达前方站后，再封锁区间。上述命令应抄交司机，该列车不得后退。

5.7.2　施工特定行车办法

遇有施工又必须接发列车的特殊情况时，可按以下施工特定行车办法办理：

（1）车站采用固定进路的办法接发列车。施工开始前，车站须将正线进路开通，并对进路上所有道岔按规定加锁（集中联锁良好的道岔可在控制台上进行单独锁闭）。有关道岔密贴的确认及具体的加锁办法，由铁路局规定。

（2）引导接车并正线通过时，准许列车司机凭特定引导手信号的显示，以不超过 60 km/h 速度进站。

（3）准许车站不向司机递交书面行车凭证和调度命令。车站仍按规定办理行车手续，并使用列车无线调度通信设备（其语音记录装置须作用良好）将行车凭证号码（路票为电话记录号码、绿色许可证为编号）和调度命令号码通知司机，得到司机复诵正确后，方可显示通过手信号。列车凭通过手信号通过车站。

其他具体安全行车办法，由铁路局规定。

5.7.3　路用列车开行

1. 行车凭证

向施工封锁区间开行路用列车时，列车进入封锁区间的行车凭证为调度命令。该命令中应包括列车车次、停车地点、到达车站的时刻等有关事项，需限速运行时，在命令中一并注明，见表 5-11。

表 5-11　施工开行路用列车的调度命令

2008 年 10 月 23 日 13 时 27 分　第 15 号

受令处所	甲站、乙站	调度员姓名	×××
内　容	因　站至　站间　行线施工，自　时　分（次列车到　站）起区间封锁，限　时　分施工完毕。 （1）准许工务部门在　km　m 至　km　m 处施工。 （2）准许供电部门在　km　m 至　km　m 处施工。 （3）准许　部门在　km　m 至　km　m 处施工。 准许　站开　次列车，进入封锁区间　km　m 防护点处停车，按施工负责人的指示进行作业，（返回开　次列车，）限　时　分前到达　站。 准许　站开　次列车，进入封锁区间　km　m 防护点处停车，按施工负责人的指示进行作业，（返回开　次列车，）限　时　分前到达　站。		

2. 注意事项

（1）向施工封锁区间开行路用列车（图 5–25），原则上每端只准进入一列，如超过时，其安全措施及运行办法由铁路局规定。

（2）路用列车应由施工单位指派胜任人员携带列车无线调度通信设备值乘，并在区间协助司机作业。

（3）路用列车或施工机械进入施工地段时，应在施工防护人员显示的停车手信号前停车，根据施工负责人的要求，按调车办法，进入指定地点。

图 5–25　捣固车和打磨车

3. 列车在区间卸车的要求

列车在区间装卸车时，装卸车负责人应指挥列车停于指定地点。装卸车完毕后，其负责人应负责检查装卸货物的装载、堆码状态，确认限界，清好道沿，关好车门，通知司机开车。

4. 路用列车开行程序

（1）驻站联络员施工前 1 h 按照施工计划在《行车设备施工登记簿》内登记相关施工内容，车站值班员和监控干部核对登记内容正确后，车站值班员向列车调度员或供电调度员申请施工命令。

（2）列车调度员或供电调度员核对施工内容正确后，向车站下达施工调度命令，车站值班员核对施工调度命令正确后签认。

（3）施工时间开始后，车站值班员将施工调度命令交付施工主休及配合单位，驻站联络员按照施工调度命令内容通知现场施工人员相关注意事项。

（4）施工时间开始后，车站值班员排列相关进路，进路行车后车站值班员将施工调度命令交付助理值班员或其他胜任人员，由助理值班员或其他胜任人员交付司机并当面核对调度命令。

（5）助理值班员命令交付后向车站值班员汇报，车站值班员询问司机：“×次司机×号调度命令收到没？”司机：“×号调度命令收到。”车站值班员执行车机联控：“×次×道去×行封锁区间进路好了。”司机复诵。司机凭施工调度命令进入封锁区间。路用列车区间返回时也执行车机联控。

（6）路用列车站内作业时，如需动车必须与车站值班员联系，准备进路后方可动车。

5.7.4　施工防护

1. 防护要求

凡妨碍行车的施工及故障地点的线路，均应设置防护。

未设好防护，禁止开工。线路状态未恢复到准许放行列车的条件，禁止撤除防护、放行列车。施工防护信号的设置与撤除，由施工负责人决定。

多个单位在同一个区间施工时，原则上应分别按规定进行防护，由施工主体单位负责划分各单位范围及分界。

2. 人员防护

区间或站内线路、道岔上封锁施工作业时，施工单位应在车站行车室设驻站联络员，施工地点设现场防护人员。驻站联络员和现场防护人员应由指定的、经过考试合格的人员担任。施工负责人可指派驻站联络员负责在车站办理施工封锁及开通手续，向施工负责人传达调度命令，通报列车运行情况，并向车站值班员传达开通线路请求。驻站联络员和现场防护人员在执行防护任务时，应佩戴标志，携带通信设备。现场防护人员还应携带必备的防护用品，随时观察施工现场和列车运行情况，发现异常情况时及时通报车站值班员和施工负责人。

驻站联络员应与现场防护人员保持联系。如联系中断，现场防护人员应立即通知施工负责人停止作业，必要时将线路恢复到准许放行列车的条件。

在线间距不足 6.5 m 地段施工维修而邻线行车时，邻线列车应限速 160 km/h 及以下，并按规定设置防护。施工单位在提报施工计划时，应提出邻线限速的条件。

邻线来车时，现场防护人员应及时通知作业人员，机具、物料或人员不得在两线间放置或停留，并应与列车保持安全距离，物料应堆码放置牢固。

3. 移动停车信号防护

在区间线路上施工时，使用移动停车信号防护。

项目自测

理论考核

一、选择题

1. 按自动闭塞法运行的列车，原则上不准退行，确因自然灾害等原因需要退行时，必须由（　　）确认区间内无追踪列车，并准许列车退行后方能退行。

A. 前方站值班员　　B. 两端车站值班员
C. 司机　　D. 列车调度员或后方站车站值班员

2. 遇列车调度电话不通时，如需向封锁区间开行救援列车，以（　　）的命令，作为进入封锁区间的许可。

A. 列车调度员　　B. 车站调度员　　C. 车站值班员　　D. 站长

3. 恢复双线行车的调度命令受令人是（　　）。

A. 车站值班员　　B. 随车机械师
C. 司机　　D. 车站值班员、司机

4. 双线反方向行车的调度命令受令人是（　　）。

A. 司机　　　　　　　　　　B. 司机、车站值班员
C. 车站值班员　　　　　　　D. 随车机械师

5. 双线改单线行车的调度命令受令人是（　　）。
A. 司机、运转车长　　　　　B. 司机、车站值班员
C. 车站值班员　　　　　　　D. 随车机械师

6. 车站值班员接收双线反方向行车的调度命令后需向（　　）转交。
A. 随车机械师　B. 列车员　C. 司机　D. 副司机

7. 列车分部运行时，原列车机车返回区间挂取遗留车辆的行车凭证是（　　）。
A. 路票　　　　　　　　　　B. 调度命令
C. 出站信号机进行信号　　　D. 红色许可证

8. 车站值班员接到列车分部运行的通知后，应立即向（　　）报告。
A. 列车调度员　B. 邻站值班员　C. 调度所　D. 安监办

9. 遇有施工又必须接发列车的特殊情况，引导接车并正线通过时，准许列车司机凭特定引导手信号的显示，以不超过（　　）速度进站。
A. 30 km/h　B. 20 km/h　C. 40 km/h　D. 60 km/h

10. 在不得已情况下，列车退行时，未得到后方站（线路所）车站值班员准许，双线区间列车不得退行到（　　）的内方。
A. 邻线进站信号机　　　　　B. 引导地点标
C. 本线站界标　　　　　　　D. 邻线预告标或特设的预告标

11. 双线自动闭塞区段列车因故退行，如列车调度员确知区间无列车，后方站无双向行车设备，车站值班员准许直接进站，列车凭（　　）进入车站。
A. 进站信号显示的绿色灯光　B. 引导信号机的显示状态
C. 引导手信号　　　　　　　D. 调车信号机显示的进行信号

12. 列车在区间被迫停车后，已请求救援时，从救援列车开来方向，距离列车不小于（　　）处放置响墩防护。
A. 200 m　B. 300 m　C. 400 m　D. 500 m

13. 列车分部运行，机车进入区间挂取遗留车列时，应从车列前方距离不小于（　　）处防护。
A. 200 m　B. 300 m　C. 400 m　D. 500 m

14. 最高运行速度为 160 km/h 的区间，旅客列车被迫停车妨碍邻线行车时，如确知邻线来车方向，应从妨碍地点来车方向（　　）处进行防护。
A. 800 m　B. 1 100 m　C. 1 400 m　D. 2 000 m

15. 列车退行时，未得到后方站（线路所）值班员准许，单线区间不得退行到车站（　　）的内方。
A. 最外方预告标或预告信号机　B. 进站信号机
C. 引导地点标　　　　　　　　D. 站界标

16. 列车在区间被迫停车，必须退行时，退行速度不得超过（　　）。
A. 10 km/h　B. 15 km/h　C. 20 km/h　D. 25 km/h

17. 使用响墩防护时，三个响墩之间应相隔（　　）。

A. 20 m　B. 15 m　C. 10 m　D. 30 m

18. 响墩爆炸声及火炬信号的火光，均要求（　　）。

A. 制动停车　B. 制动减速　C. 停车　D. 紧急停车

19. 响墩设置后，防护人员应返回第一个响墩内方（　　）的线路外侧进行防护。

A. 10 m　B. 15 m　C. 20 m　D. 25 m

20. 下列情况列车不准分部运行的是（　　）。

A. 可限速整列运行时　B. 对遗留车辆未采取防护措施时

C. 列车无线调度电话故障时　D. 遗留车辆无人看守时

二、简答题

1. 列车司机在列车运行中应开展哪些工作？
2. 车辆乘务员在列车运行中应开展哪些工作？
3. 哪些情况使用紧急制动阀？
4. 什么是列车在区间被迫停车？
5. 列车在区间被迫停车，司机应如何处理？
6. 哪些列车不准分部运行？
7. 列车分部运行如何处理？
8. 列车在区间被迫停车，如何进行防护？
9. 列车在区间被迫停车，哪些列车不准退行？
10. 列车退行应如何办理？
11. 救援设备包括哪些？
12. 什么是事故救援列车？
13. 救援列车进入区间的行车凭证是什么？

项目 6 信号显示

项目概述

铁路运输工作需高度集中和统一指挥才能实现在行车和调车工作中按照规定要求进行，从而保证作业安全。为实现指挥的有效性和及时性，需要对机车车辆发出正确的指令。铁路运输中指挥机车车辆移动的常见指令为各种信号。信号的载体有信号灯、信号表示器、通信设备、手信号旗等。铁路部门为保证机车车辆的移动安全、提高运输效率，对于信号的显示意义及要求作出了具体明确的规定，有关岗位的工作人员必须严格执行。本项目利用案例作为任务引入，对信号的种类、显示意义和要求进行了讲解。

教学目标

★ 知识目标

1. 了解信号的显示意义。
2. 掌握信号的种类。
3. 掌握色灯信号机的显示含义。
4. 掌握信号表示器的种类及显示含义。
5. 掌握信号机的关闭时机。
6. 掌握信号机显示不明或熄灭时的规定。
7. 掌握手信号的显示要求。

★ 能力目标

1. 能读懂信号机的显示含义。
2. 能区分色灯信号机与信号表示器。
3. 能按要求显示手信号。

★ 素质目标

1. 树立安全意识，培养学生爱岗敬业、精益求精的工匠精神。
2. 根植劳模精神，强化学生遵章守纪的意识，提升岗位技能。
3. 培养严谨务实的作风，树立安全第一的工作意识。
4. 培养学生职业荣誉感，牢记“交通强国、铁路先行”的理念。

任务 6.1 概 述

任务引入

2018 年 4 月 12 日，55122 次列车在 A 站出发后，司机发现列车运行监控装置发生了故障，没有报告，而是擅自关机运行。进入 B 站后，车站没有按规定进行车机联控，只联控了其中一架进路信号机，未联控关闭的 SZ3 进路信号机。司机和副司机没有按要求进行瞭望，最后导致列车冒进关闭的 SZ3 信号机，挤坏 103 号道岔。

请思考：

1. 铁路信号的含义和作用是什么？
2. 铁路信号机的种类有哪些？
3. 信号机关闭是什么意思？信号机的显示含义有哪些？

知识准备

6.1.1 铁路信号的含义

铁路信号是对行车或调车人员发出指示运行条件的命令，通过音响、颜色、形状、位置、灯光等来表示，有关行车人员必须严格执行。信号显示方式及使用方法，应按《技规》规定执行。在《技规》以外的信号显示方式，须经国铁集团批准，方可采用。各种信号机和表示器的灯光排列、颜色和外形尺寸，必须符合国家标准、铁道行业标准及国铁集团规定的标准。

6.1.2 铁路信号的种类

铁路信号包括视觉信号和听觉信号两大类。用信号机、信号旗、信号灯、信号牌、信号表示器、信号标志及火炬等显示的信号均属视觉信号。用号角、口笛、机车及自轮运转特种设备的鸣笛及响墩等发出的信号均属听觉信号。

视觉信号又可分为固定信号、移动信号和手信号。

1. 固定信号

1）按设置位置分

按设置位置可分为地面信号和机车信号。

（1）地面信号：信号机、信号表示器。

① 信号机类型：进站信号机、出站信号机、通过信号机、进路信号机、预告信号机、接近信号机、遮断信号机、驼峰信号机、驼峰辅助信号机、复示信号机、调车信号机。

② 信号表示器类型：道岔表示器、脱轨表示器、进路表示器、发车表示器、发车线路表示器、调车表示器及车挡表示器。

（2）机车信号：设于机车驾驶室内，用于复示地面信号。

2）信号显示颜色

铁路色灯信号机的基本颜色为红、黄、绿三种，再以辅助色蓝色、月白色和紫色（仅道岔表示器使用），构成色灯信号机的显示系统。不同色灯的显示组合代表不同含义，其中基本显示意义为：

红色——停车或禁止越过；黄色——注意或减速；绿色——按规定速度运行。

2. 移动信号

在地面上临时设置的可以移动的信号牌为移动信号，常见于防护线路施工地点、事故救援地点等，一般为表示停车用的红色方牌、减速使用的黄色圆牌、防护地段终端的绿色圆牌。

3. 手信号

手信号为工作人员在昼间使用手信号旗、夜间使用手信号灯，发出信号指挥列车运行或调车作业的信号。在显示手信号时必须横平竖直、灯正圈圆。凡昼间持有手信号旗的人员，在不显示信号时应将信号旗拢起，左手持红旗，右手持绿旗（扳道员右手持黄旗），顺直放于身体两侧。

6.1.3 色灯信号机显示含义

1. 进站色灯信号机的显示

1）三显示自动闭塞、半自动闭塞、自动站间闭塞区段进站色灯信号机

（1）一个绿色灯光——准许列车按规定速度经正线通过车站，表示出站及进路信号机在开放状态，进路上的道岔均开通直向位置。

（2）一个绿色灯光和一个黄色灯光——准许列车经道岔直向位置，进入站内越过次一架已经开放的信号机准备停车。

（3）一个黄色灯光——准许列车经道岔直向位置，进入站内正线准备停车。

（4）一个黄色闪光和一个黄色灯光——准许列车经 18 号及以上道岔侧向位置，进入站内越过次一架已经开放的信号机且该信号机防护的进路经道岔直向位置或 18 号及以上道岔侧向位置。

（5）两个黄色灯光——准许列车经道岔侧向位置［但不满足上述第（4）项条件］进入站内准备停车。

（6）一个红色灯光——不准列车越过该信号机。

2）四显示自动闭塞区段进站色灯信号机

（1）一个绿色灯光——准许列车按规定速度经道岔直向位置进入或通过车站，表示运行前方至少有三个闭塞分区空闲。

（2）一个绿色灯光和一个黄色灯光——准许列车按规定速度经道岔直向位置进入站内，表示次一架信号机经道岔直向位置开放一个黄灯。

（3）一个黄色灯光——准许列车按限速要求经道岔直向位置进入站内正线准备停车。

（4）一个黄色闪光和一个黄色灯光——准许列车经 18 号及以上道岔侧向位置，进入站内越过次一架已经开放的信号机且该信号机防护的进路经道岔直向位置或 18 号及以上道岔侧向位置。

（5）两个黄色灯光——准许列车按限速要求越过该信号机，经道岔侧向位置［但不满足上述第（4）项条件］进入站内准备停车。

（6）一个红色灯光——不准列车越过该信号机。

3）引导信号

进站进路、接车进路、接发车进路色灯信号机的引导信号显示一个红色灯光及一个月白

色灯光——准许列车在该信号机前方不停车，以不超过 20 km/h 速度进站或通过接车进路，并须准备随时停车。

2. 出站色灯信号机的显示

1）半自动闭塞或自动站间闭塞区段

（1）一个绿色灯光——准许列车由车站出发。

（2）两个绿色灯光——准许列车由车站出发，开往次要线路。

（3）一个红色灯光——不准列车越过该信号机。

（4）在兼作调车信号机时，一个月白色灯光——准许越过该信号机调车。

2）三显示自动闭塞区段

（1）一个绿色灯光——准许列车由车站出发，表示运行前方至少有两个闭塞分区空闲。

（2）一个黄色灯光——准许列车由车站出发，表示运行前方有一个闭塞分区空闲。

（3）两个绿色灯光——准许列车由车站出发，开往半自动闭塞或自动站间闭塞区间。

（4）一个红色灯光——不准列车越过该信号机。

（5）在兼作调车信号机时，一个月白色灯光——准许越过该信号机调车。

3）四显示自动闭塞区段

（1）一个绿色灯光——准许列车由车站出发，表示运行前方至少有三个闭塞分区空闲。

（2）一个绿色灯光和一个黄色灯光——准许列车由车站出发，表示运行前方有两个闭塞分区空闲。

（3）一个黄色灯光——准许列车由车站出发，表示运行前方有一个闭塞分区空闲。

（4）两个绿色灯光——准许列车由车站出发，开往半自动闭塞或自动站间闭塞区间。

（5）一个红色灯光——不准列车越过该信号机。

（6）在兼作调车信号机时，一个月白色灯光——准许越过该信号机调车。

3. 进路色灯信号机的显示

1）接车进路及接发车进路

接车进路及接发车进路色灯信号机的显示与进站色灯信号机相同。

2）三显示自动闭塞、半自动闭塞、自动站间闭塞区段的发车进路

三显示自动闭塞、半自动闭塞、自动站间闭塞区段的发车进路色灯信号机显示下列信号：

（1）一个绿色灯光——准许列车由车站经正线出发，表示出站和进路信号机均在开放状态。

（2）一个绿色灯光和一个黄色灯光——准许列车越过该信号机，表示该信号机列车运行前方次一架信号机在开放状态。

（3）一个黄色灯光——准许列车运行到次一架信号机之前准备停车。

（4）一个红色灯光——不准列车越过该信号机。

3）四显示自动闭塞区段发车进路

四显示自动闭塞区段发车进路色灯信号机显示下列信号：

（1）一个绿色灯光——表示该信号机列车运行前方至少有两架信号机经道岔直向位置在开放状态。

（2）一个绿色灯光和一个黄色灯光——表示该信号机列车运行前方次一架信号机经道岔直向位置在开放状态。

（3）一个黄色灯光——准许列车运行到次一架信号机之前准备停车。

（4）一个红色灯光——不准列车越过该信号机。

4）接车进路、发车进路及接发车进路

接车进路、发车进路及接发车进路色灯信号机兼作调车信号机时，一个月白色灯光——准许越过该信号机调车。

4. 通过色灯信号机的显示

1）半自动闭塞及自动站间闭塞区段

（1）一个绿色灯光——准许列车按规定速度运行。

（2）一个红色灯光——不准列车越过该信号机。

2）三显示自动闭塞区段

（1）一个绿色灯光——准许列车按规定速度运行，表示运行前方至少有两个闭塞分区空闲。

（2）一个黄色灯光——要求列车注意运行，表示运行前方有一个闭塞分区空闲。

（3）一个红色灯光——列车应在该信号机前停车。

3）四显示自动闭塞区段

（1）一个绿色灯光——准许列车按规定速度运行，表示运行前方至少有三个闭塞分区空闲。

（2）一个绿色灯光和一个黄色灯光——准许列车按规定速度运行，要求注意准备减速，表示运行前方有两个闭塞分区空闲。

（3）一个黄色灯光——要求列车减速运行，按规定限速要求越过该信号机，表示运行前方有一个闭塞分区空闲。

（4）一个红色灯光——列车应在该信号机前停车。

5. 遮断色灯信号机的显示

一个红色灯光——不准列车越过该信号机；不点灯时，不起信号作用。遮断及其预告信号机采用方形背板，并在机柱上涂有黑白相间的斜线，以区别于一般信号机。

6. 接近色灯信号机的显示

（1）一个绿色灯光——表示进站信号机开放一个绿色灯光或一个绿色灯光和一个黄色灯光。

（2）一个绿色灯光和一个黄色灯光——表示进站信号机开放一个黄色灯光。

（3）一个黄色灯光——表示进站信号机在关闭状态，或表示进站信号机显示两个黄色灯光或一个黄色闪光和一个黄色灯光。

7. 调车色灯信号机的显示

（1）一个月白色灯光——准许越过该信号机调车。

（2）一个月白色闪光灯光——装有平面溜放调车区集中联锁设备时，准许溜放调车。

（3）一个蓝色灯光——不准越过该信号机调车。

不办理闭塞的站内岔线，在岔线入口处设置的调车信号机，可用红色灯光代替蓝色灯光。起阻挡列车运行作用的调车信号机，应采用矮型三显示机构，增加红色灯光或用红色灯光代替蓝色灯光。当该信号机的红色灯光熄灭、显示不明或显示不正确时，应视为列车的停车信号。

8. 驼峰色灯信号机及其复示信号机的显示

（1）一个绿色灯光——准许机车车辆按规定速度向驼峰推进。

（2）一个绿色闪光灯光——指示机车车辆加速向驼峰推进。

（3）一个黄色闪光灯光——指示机车车辆减速向驼峰推进。

（4）一个红色灯光——不准机车车辆越过该信号机或指示机车车辆停止作业。

（5）一个红色闪光灯光——指示机车车辆自驼峰退回。

（6）一个月白色灯光——指示机车到峰下。

（7）一个月白色闪光灯光——指示机车车辆去禁溜线或迂回线。

驼峰色灯信号机的复示信号机平时无显示；当办理驼峰推送进路后，其灯光显示均与驼峰色灯信号机显示相同。

9. 驼峰色灯辅助信号机的显示

（1）一个黄色灯光——指示机车车辆向驼峰预先推送；当办理驼峰推送进路后，其灯光显示均与驼峰色灯信号机显示相同。

（2）驼峰色灯辅助信号机平时显示红色灯光，对列车起停车信号作用。

10. 预告信号机的显示

1）进站预告信号机

（1）半自动闭塞区段：一个黄色灯光——表示进站信号机未开放；一个绿色灯光——表示进站信号机开放（不包括开放引导信号）。

（2）自动闭塞区段：进站信号机外最近的一个通过色灯信号机起预告信号机作用。

2）遮断预告信号机

一个黄色灯光——表示遮断信号机显示红色灯光；不点灯时，不起信号作用。

11. 复示信号机的显示

1）进站进路、接车进路、接发车进路信号机的色灯复示信号机

进站进路、接车进路、接发车进路信号机的色灯复示信号机采用灯列式机构，显示含义如下：

（1）两个月白色灯光与水平线构成60°角显示——表示主体信号机显示经道岔直向位置向正线接车的信号。

（2）两个月白色灯光水平位置显示——表示主体信号机显示经道岔侧向位置接车的信号。

（3）无显示——表示主体信号机在关闭状态。

2）出站及发车进路信号机的色灯复示信号机

出站及发车进路信号机的色灯复示信号机显示含义如下：

（1）一个绿色灯光——表示主体信号机在开放状态。

（2）无显示——表示主体信号机在关闭状态。

3）调车色灯复示信号机

调车色灯复示信号机显示含义如下：

（1）一个月白色灯光——表示调车信号机在开放状态。

（2）无显示——表示调车信号机在关闭状态。

4）驼峰及驼峰辅助信号机的复示信号机

（1）驼峰色灯信号机的复示信号机平时无显示；当办理驼峰推送进路后，其灯光显示均

与驼峰色灯信号机显示相同。

（2）驼峰色灯辅助信号机的复示信号机平时无显示；当办理驼峰推送进路或驼峰预先推送进路后，其灯光显示均与驼峰色灯辅助信号机显示相同。

进站、出站、进路、驼峰及调车色灯复示信号机均采用方形背板，以区别于一般信号机。

6.1.4　信号表示器显示含义

1. 道岔表示器的显示

（1）昼间无显示；夜间为紫色灯光——表示道岔位置开通直向。

（2）昼间为中央画有一条鱼尾形黑线的黄色鱼尾形牌；夜间为黄色灯光——表示道岔位置开通侧向。

（3）在调车区为集中联锁时，进行连续溜放作业的分歧道岔应有道岔表示器，平时无显示；当进行溜放作业时，其显示方式如下：

① 紫色灯光——表示道岔开通直向。

② 黄色灯光——表示道岔开通侧向。

2. 脱轨表示器的显示

（1）带白边的红色长方牌及红色灯光——表示线路在遮断状态。

（2）带白边的绿色圆牌及月白色灯光——表示线路在开通状态。

3. 进路表示器的显示

进路表示器在其主体信号机开放时点亮，用于区别进路开通方向或双线区段反方向发车，不能独立构成信号显示。

1）两个发车方向

两个发车方向，当信号机在开放的条件下，分别按左、右两个白色灯光，区别进路开通方向。

2）三个发车方向

三个发车方向，其显示方式如下：

（1）信号机在开放状态及表示器左方显示一个白色灯光——表示进路开通，准许列车向左侧线路发车。

（2）信号机在开放状态及表示器中间显示一个白色灯光——表示进路开通，准许列车向中间线路发车。

（3）信号机在开放状态及表示器右方显示一个白色灯光——表示进路开通，准许列车向右侧线路发车。

3）四个及以上发车方向

四个及以上发车方向，显示方式参照《技规》的要求。

4）在双线区段仅用于区分反方向发车

在双线区段仅用于区分反方向发车时，其显示方式如下：

（1）信号机在开放状态且表示器不点亮——准许列车正方向发车。

（2）信号机在开放状态且表示器显示一个白色灯光——准许列车反方向发车。

4. 发车线路表示器的显示

（1）在线群出站信号机开放后显示一个白色灯光——准许该线路上的列车发车；不许发

车的线路，所属该线路的发车线路表示器不能点亮。

（2）发车线路表示器可用于驼峰调车场，作为调车线路表示器，显示一个白色灯光——准许调车。

5. 发车表示器的显示

（1）发车表示器常态不显示。

（2）显示一个白色灯光——表示车站人员准许发车。

6. 调车表示器的显示

（1）向调车区方向显示一个白色灯光——准许机车车辆自调车区向牵出线运行。

（2）向牵出线方向显示一个白色灯光——准许机车车辆自牵出线向调车区运行。

（3）向牵出线方向显示两个白色灯光——准许机车车辆自牵出线向调车区溜放。

7. 车挡表示器

车挡表示器设置在线路终端的车挡上，昼间为一个红色方牌，夜间显示一个红色灯光。安全线及避难线可不设置车挡表示器。

任务 6.2　信号显示要求

任务引入

××××年×月×日，30027 次列车在区间运行时，由于司机没有集中注意力，未发现 A 站上行进站信号机预告信号机灯光熄灭，以正常速度驶入上行接近区段，后经 A 站值班员通知，得知进站信号机内方无岔区段轨道电路故障，需要机外停车。此时紧急制动已经来不及，造成了冒进进站信号。

请思考：

1. 预告信号机在熄灭时有什么含义？
2. 信号机的定位显示有什么要求？
3. 信号机的显示距离有什么规定？

知识准备

6.2.1　信号机的显示要求

1. 视觉信号显示要求

视觉信号分为昼间、夜间及昼夜通用信号。

（1）在昼间遇降雾、暴风雨雪及其他情况，致使停车信号显示距离不足 1 000 m，注意或减速信号显示距离不足 400 m，调车信号及调车手信号显示距离不足 200 m 时，应使用夜间信号。

（2）隧道内只采用夜间或昼夜通用信号。

（3）铁路沿线及站内，禁止设置妨碍确认信号的红、黄、绿色的装饰彩布、标语和灯光。如已装有妨碍确认信号灯光的设备时，应拆除或采取遮光措施。

（4）在规定的信号显示距离内，不得种植影响信号显示的树木。对影响信号显示的树木，其处理办法由铁路局规定。

2. 色灯信号机定位显示要求

信号机的定位，是指无列车运行的条件下，信号机经常保持的显示状态。使用完毕后须立即恢复到规定的显示状态，即定位显示。

（1）进站、出站、进路、调车、驼峰、驼峰辅助信号机均以显示停车信号为定位。

（2）线路所的通过信号机以显示停车信号为定位，其他通过信号机以显示进行信号为定位（进行信号也称允许信号，是指准许列车或调车车列运行的各种信号显示的总称）。

（3）接近信号机、进站预告信号机、非自动闭塞区段通过信号机的预告信号机及通过臂板，以显示注意信号为定位（注意信号是指准许列车以准备在前方预定地点停车的速度运行的信号）。

（4）遮断、遮断预告、复示信号机以无显示为定位。

（5）在自动闭塞区段内的车站（线路所），如将进站、正线出站信号机及其直向进路内的进路信号机转为自动动作时，以显示进行信号为定位。

3. 信号机显示不明或熄灭时的规定

（1）进站、出站、进路和通过信号机的灯光熄灭、显示不明或显示不正确时，均视为停车信号。

（2）进站预告信号机或接近信号机的灯光熄灭、显示不明或显示不正确时，均视为进站信号机为关闭状态。

（3）非自动闭塞区段通过信号机的预告信号机的灯光熄灭、显示不明或显示不正确时，视为通过信号机为关闭状态。

4. 无效信号机的规定

（1）新设尚未开始使用及应撤除尚未撤掉的信号机，均应装设信号机无效标，并应熄灭灯光；如为臂板信号机，并须将臂板置于水平位置。

（2）信号机无效标为白色的十字交叉板。高柱色灯信号机的无效标装在机柱上，矮型色灯信号机的无效标装在信号机构上，臂板信号机的无效标装在臂板上，如图 6–1 所示。

（3）在新建铁路线上，新设但尚未开始使用的信号机（进站信号机暂用作防护车站时除外），可撤下臂板或将色灯机构向线路外侧扭转 90°，并熄灭灯光，作为无效。

图 6–1　信号机无效标位置

5. 显示距离要求

信号的显示距离，是指从机车上能够连续确认的显示距离。其前提条件是列车运行速度不超过 120 km/h 时，紧急制动距离应不大于 800 m。各种信号机或信号表示的显示距离如下：

（1）进站、通过、接近、遮断信号机，不得小于 1 000 m。进站、通过、接近、遮断信号机的显示距离规定为不小于 1 000 m，是考虑了 800 m 列车的紧急制动距离和 200 m 司机确认信号时间和开始制动列车走行的距离，这样在信号机显示红灯时，司机确认信号后可以保证在信号机前停车。

（2）高柱出站、高柱进路信号机，不得小于 800 m。高柱出站和高柱进路信号机因前方已有进站或进路信号机起到预告显示的作用，同时，这些信号机都设在站内，所以对其显示距离规定不小于 800 m。

（3）预告、驼峰、驼峰辅助信号机，不得小于 400 m。预告信号机本身没有停车信号的显示，仅仅是预告其主体信号机的显示状态；而驼峰信号机，因调车速度较低，所以显示距离规定不得小于 400 m。

（4）调车、矮型出站、矮型进路、复示信号机，容许、引导信号及各种表示器，不得小于 200 m。调车信号机，因调车速度较低；复示信号机是一种附属性质的信号重复主体信号机的显示；容许信号和引导信号是在司机未看到其显示之前，已经看到了主体信号机的显示；各种表示器，只是起到表示的作用，不是绝对信号，并受机体构造的限制。综上，显示距离规定不得小于 200 m。

（5）在地形、地物影响视线的地方，进站、通过、接近、预告、遮断信号机的显示距离，在最坏的条件下，不得小于 200 m。

6.2.2 信号机关闭时机的要求

（1）集中联锁车站的进站、进路、出站信号机及通过信号机，当机车或车辆第一轮对越过该信号机后自动关闭。

（2）调车信号机在调车车列全部越过调车信号机后自动关闭；当调车信号机外方不设轨道占用检查装置或虽设轨道占用检查装置而占用时，应在调车车列全部出清调车信号机内方第一轨道区段后自动关闭，根据需要也可在调车车列第一轮对进入调车信号机内方第一轨道区段后自动关闭。

（3）引导信号应在列车头部越过信号机后及时关闭。

（4）非集中联锁车站的进站信号机及线路所通过信号机，在列车进入接车线轨道区段后自动关闭，出站信号机应在列车进入出站方面轨道区段后自动关闭。

（5）非集中联锁车站，由手柄操纵的信号机：进站信号机在确认列车全部进入接车线警冲标内方，出站信号机在列车全部越过最外方道岔并确认列车全部进入出站方面轨道区段后，恢复手柄，关闭信号。

特殊站（场）执行上述规定有困难时，由铁路局规定。

任务 6.3　手信号

任务引入

×年×月×日，昆仑站在进行调车作业时，采用手信号的方式指挥调车作业。调车长李×在指挥连挂作业时，没有按要求及时显示停车信号，造成待连挂车辆压鞋。

请思考：

1. 手信号显示的时机有何规定？
2. 在显示手信号时有何具体要求？
3. 手信号的显示方法有哪些？

知识准备

6.3.1　手信号的显示规定

手信号是铁路行车有关人员在作业中进行指挥、联系等工作而广泛采用的视觉信号。根据行车工作的需要，可以机动地指挥列车运行和调车作业，也可联系和传达有关行车事项。

1. 显示信号的要求

1）显示要求

为确保手信号的显示正确并防止误认，行车有关人员显示手信号时，必须严肃认真，要位置适当、正确及时、横平竖直、灯正圈圆、角度准确、段落清晰。用手信号旗显示信号时，涉及摇动展开的信号旗，要注意旗不要卷起，在整个显示过程中保持旗面展开状态。

2）持旗要求

在显示手信号时，凡昼间持有手信号旗的人员，应将信号旗陇起，左手持红旗，右手持绿旗（扳道员右手持黄旗）。不持信号旗的行车有关人员需要显示手信号时，应徒手按规定方式显示信号。

调车指挥人登乘机车车辆，一手攀扶把手，一手显示展开的绿色信号旗时，手持的信号旗左、右可灵活掌握，但必须将拢起的红色信号旗置于绿色信号旗对向司机方向的前面，以便随时展开红色信号旗。

2. 列车运行时手信号的显示

列车运行时，有关人员应遵守下列手信号的显示：

1）停车信号：要求列车停车

昼间——展开的红色信号旗；夜间——红色灯光（图 6–2）。

昼间无红色信号旗时，两臂高举头上向两侧急剧摇动；夜间无红色灯光时，用白色灯光上下急剧摇动（图 6–3）。

2）减速信号：要求列车降低到要求的速度

昼间——展开的黄色信号旗；夜间——黄色灯光（图 6–4）。

昼间无黄色信号旗时，用绿色信号旗下压数次；夜间无黄色灯光时，用白色或绿色灯光下压数次（图 6–5）。

图 6–2　停车信号

图 6–3　徒手停车信号

图 6–4　减速信号（一）

图 6–5　减速信号（二）

3）发车信号：要求司机发车

昼间——展开的绿色信号旗上弧线向列车方面作圆形转动；夜间——绿色灯光上弧线向列车方面作圆形转动（图 6–6）。

在设有发车表示器的车站，按发车表示器显示发车。

图 6–6　发车信号

4）通过手信号：准许列车由车站（场）通过

昼间——展开的绿色信号旗；夜间——绿色灯光（图 6–7）。

图 6–7　通过手信号

5）引导手信号：准许列车进入车场或车站

昼间——展开的黄色信号旗高举头上左右摇动；夜间——黄色灯光高举头上左右摇动（图 6–8）。

图 6–8　引导手信号

6）特定引导手信号

昼间——展开的绿色信号旗高举头上左右摇动；夜间——绿色灯光高举头上左右摇动（图 6–9）。

图 6–9　特定引导手信号

3. 调车手信号的显示

1）停车信号

显示方式与图 6–2、图 6–3 相同。

2）减速信号

昼间——展开的绿色信号旗下压数次；夜间——绿色灯光下压数次（显示方式参照图 6-5）。

3）指挥机车向显示人方向来的信号

昼间——展开的绿色信号旗在下部左右摇动；夜间——绿色灯光在下部左右摇动（图 6-10）。

图 6-10　指挥机车向显示人方向来

4）指挥机车向显示人方向稍行移动的信号

昼间——拢起的红色信号旗直立平举，再用展开的绿色信号旗左右小动；夜间——绿色灯光下压数次后，再左右小动（图 6-11）。

图 6-11　指挥机车向显示人方向稍行移动

5）指挥机车向显示人反方向去的信号

昼间——展开的绿色信号旗上下摇动；夜间——绿色灯光上下摇动（图 6-12）。

图 6-12　指挥机车向显示人反方向去

6）指挥机车向显示人反方向稍行移动的信号

昼间——拢起的红色信号旗直立平举，再用展开的绿色信号旗上下小动；夜间——绿色灯光上下小动（图 6–13）。

图 6–13　指挥机车向显示人反方向稍行移动

对显示本条第 2）、3）、4）、5）、6）项中转信号时，昼间可用单臂，夜间可用白色灯光依式中转。

4. 联系用手信号的显示

1）道岔开通信号：表示进路道岔准备妥当

昼间——拢起的黄色信号旗高举头上左右摇动；夜间——白色灯光高举头上（图 6–14）。

图 6–14　道岔开通

机车出入段进路道岔准备妥当后，显示如下道岔开通信号：

昼间——展开的黄色信号旗高举头上左右摇动；夜间——黄色灯光高举头上左右摇动（图 6–15）。

图 6–15　机车出入段进路道岔准备妥当

2）股道号码信号：要道或回示股道开通号码

一道：昼间——两臂左右平伸；夜间——白色灯光左右摇动（图 6–16）。

二道：昼间——右臂向上直伸，左臂下垂；夜间——白色灯光左右摇动后，从左下方向右上方高举（图 6-17）。

三道：昼间——两臂向上直伸；夜间——白色灯光上下摇动（图 6-18）。

图 6-16　一道

图 6-17　二道

四道：昼间——右臂向右上方，左臂向左下方各斜伸 45° 角；夜间——白色灯光高举头上左右小动（图 6-19）。

图 6-18　三道

图 6-19　四道

五道：昼间——两臂交叉于头上；夜间——白色灯光作圆形转动（图 6-20）。

六道：昼间——左臂向左下方，右臂向右下方各斜伸 45° 角；夜间——白色灯光作圆形转动后，再左右摇动（图 6-21）。

图 6-20　五道

图 6-21　六道

七道：昼间——右臂向上直伸，左臂向左平伸；夜间——白色灯光作圆形转动后，左右摇动，然后再从左下方向右上方高举（图 6-22）。

八道：昼间——右臂向右平伸，左臂下垂；夜间——白色灯光作圆形转动后，再上下摇动（图 6–23）。

九道：昼间——右臂向右平伸，左臂向右下斜 45°角；夜间——白色灯光作圆形转动后，再高举头上左右小动（图 6–24）。

十道：昼间——左臂向左上方，右臂向右上方各斜伸 45°角；夜间——白色灯光左右摇动后，再上下摇动作成十字形（图 6–25）。

十一至十九道，须先显示十道股道号码，再显示所要股道号码的个位数信号。

二十道及以上的股道号码，各站根据需要自行规定，并纳入《站细》。

图 6–22　七道

图 6–23　八道

图 6–24　九道

图 6–25　十道

3）连结信号：表示连挂作业

昼间——两臂高举头上，使拢起的手信号旗杆成水平末端相接；夜间——红、绿色灯光（无绿色灯光的人员，用白色灯光）交互显示数次（图 6–26）。

图 6–26　连结信号

4）溜放信号：表示溜放作业

昼间——拢起手信号旗，两臂高举头上交叉后，急向左右摇动数次；夜间——红色灯光作圆形转动（图 6–27）。

图 6–27　溜放信号

5）停留车位置信号：表示车辆停留地点

夜间——白色灯光左右小摇动（图 6–28）。

图 6–28　停留车位置信号

6）十、五、三车距离信号：表示推进车辆的前端距被连挂车辆的距离

昼间——展开的绿色信号旗单臂平伸；夜间——绿色灯光。在距离停留车十车（约 110 m）时连续下压三次，五车（约 55 m）时连续下压两次，三车（约 33 m）时下压一次（图 6–29）。

7）取消信号：通知将前发信号取消

昼间——拢起手信号旗，两臂于前下方交叉后，急向左右摇动数次；夜间——红色灯光作圆形转动后，上下摇动（图 6–30）。

图 6–29　十、五、三车距离信号

图 6–30　取消信号

8）要求再度显示信号：前发信号不明，要求重新显示

昼间——拢起手信号旗，右臂向右方上下摇动；夜间——红色灯光上下摇动（图 6-31）。

9）告知显示错误的信号：告知对方信号显示错误

昼间——拢起手信号旗，两臂左右平伸同时上下摇动数次；夜间——红色灯光左右摇动（图 6-32）。

图 6-31　要求再度显示信号

图 6-32　告知显示错误的信号

10）联络信号：要求显示信号

昼间——拢起的手信号旗或徒手单臂向上高举；夜间——白色灯光向上高举。

11）试闸良好（钩已提开）信号：表示人力制动机已经试验良好或钩已经提开

昼间及夜间显示方式均同联络信号。

12）指示司机鸣笛信号：指示司机按规定鸣笛

昼间——拢起的手信号旗直立平举或单臂向上弯曲直立上下小动；夜间——绿色或白色灯光上下小动。

13）好了信号：通知此项作业已按规定正确完成

昼间——拢起的手信号旗或徒手弧线向车辆方向作圆形转动；夜间——白色灯光作圆形转动。

14）试拉信号

昼间——拢起的红色信号旗直立平举，展开的绿色信号旗上下摇动。徒手时，左小臂直立高举，右臂上下摇动。

夜间——绿色或白色灯光上下小动。

15）推进信号（领车信号）：表示前方进路可以运行

昼间——展开的绿色信号旗平伸。前部列车人员负责瞭望，正常可不显示信号。

夜间——绿色或白色灯光。

16）指示司机加速信号：指示司机加速运行

昼间——展开的绿色信号旗或单臂平伸左右迅速摇动；夜间——绿色或白色灯光高举左右迅速摇动。

17）领车信号

昼间——展开的绿色信号旗平伸。前部的调车人员负责瞭望，正常可不显示信号。

夜间——绿色或白色灯光。

6.3.2 无线调车信号的显示规定

1. 无线调车信号的显示规定

灯位如图 6–33 所示。

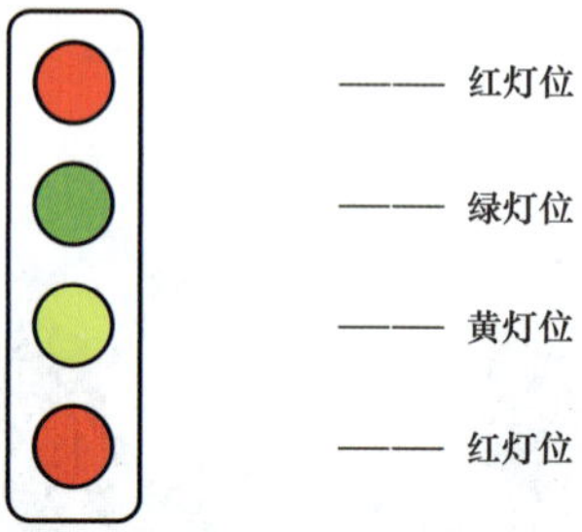

图 6–33 机控器

（1）一个红灯——停车信号。
（2）一个绿灯——推进信号
（3）绿灯闪数次后熄灭——起动信号。
（4）绿、红灯交替后绿灯长亮——连结信号。
（5）绿、黄灯交替后绿灯长亮——溜放信号。
（6）黄灯闪后绿灯长亮——减速信号。
（7）黄灯长亮——十、五、三车距离信号：
① 十车距离信号（加辅助语言提示）；
② 五车距离信号（加辅助语言提示）；
③ 三车距离信号（加辅助语言提示）。
（8）两个红灯——紧急停车信号。
（9）先两个红灯后熄灭一个红灯——解锁信号。

2. 使用无线调车灯显设备的规定

《技规》（普速铁路部分）第 282 条规定：使用机车进行调车作业时，应采用无线调车灯显设备（机车摘挂、转线等不进行车辆摘挂的作业，列车在到达线路内拉道口、直接后部摘车除外），并使用规定频率，其显示方式须符合有关要求。无线调车灯显设备应与列车运行监控装置配合使用。

无线调车灯显设备正常使用时停用手信号，对灯显以外的作业指令采用通话方式；无线调车灯显设备发生故障时，改用手信号作业。

无线调车灯显设备、无线调车机车信号和监控系统的使用、维修及管理办法由铁路局规定。

6.3.3 无线调车灯显及机控器的显示规定

平面无线调车系统调车指令，按表 6–1、表 6–2 办理（A、B 型）。

表 6-1 A 型调车灯显指令

内容 操作员	按钮指令	辅助语音	信令显示	注 释
调车长	红	停车	一个红灯	任何时候按下红键 1.5 s 或听到提示音后马上松开按键都能发出停车信号
	绿（2 s）	起动	绿灯闪亮数次后熄灭	单机起动、试拉、牵出信号
	绿绿	推进	一个绿灯	推进信号
	黄黄	减速	黄灯闪后绿灯长亮	减速信号
	绿红	连结	绿、红灯交替后绿灯长亮	连结、压钩信号
	绿黄	溜放	绿、黄灯交替后绿灯长亮	溜放信号
	黄（1.5 s）	十车	黄灯长亮	十、五、三车可以在任何时候发出
	黄（0.5 s）	五车	黄灯长亮	直接发五车时用“黄绿”
	黄（0.5 s）	三车	黄灯长亮	直接发三车时用“黄红”
	黄（0.5 s）	546 Hz 音频呼叫区长		只能在无测机信号时发送
制动员 连结员	红	紧急停车×号×号	二个红灯	二个红灯亮后封锁调车员的一切指令
	黄	×号解锁	先二个红灯后熄灭一个红灯	谁发的紧急停车，只能由同一人解锁，其他人不能解锁

表 6-2 B 型调车灯显指令

内容 操作员	按钮指令	辅助语音	信令显示	注 释
调车长	红	停车	一个红灯	任何时候按下红键 1.5 s 或听到提示音后马上松开按键都能发出停车信号
	绿（2 s）	起动	绿灯闪亮数次后熄灭	单机起动、试拉、牵出信号
	绿绿	推进	一个绿灯	推进信号
	黄（1.5 s）	减速	黄灯闪后绿灯长亮	减速信号
	绿红	连结	绿、红灯交替后绿灯长亮	连结、压钩信号
	绿黄	溜放	绿、黄灯交替后绿灯长亮	溜放信号
	黄黄黄	十车	黄灯长亮	十、五、三车可以在任何时候发出
	黄黄绿	五车	黄灯长亮	
	黄绿	三车	黄灯长亮	
	黄黄红	546 Hz 音频呼叫区长		
制动员 连结员	红	紧急停车×号×号	二个红灯	二个红灯亮后封锁调车员的一切指令
	绿	×号解锁	先二个红灯后熄灭一个红灯	谁发的紧急停车，只能由同一人解锁，其他人不能解锁

（1）调车指挥人在接班后，要组织本班成员对无线调车灯显设备进行检查试验；在首批调车作业前，必须与机车司机进行信号、通话检测，经双方确认设备状态良好，调车指挥人在司机手账中签字，司机在调车长“调车作业通知单”上签字后，方可进行作业。更换机车（指使用便携式机控器），电台必须重新试验。

（2）作业中，平面无线调车灯显设备发生故障，必须立即停车，由调车指挥人对作业方法重新布置。遇下列情况，必须改用手信号作业：

① 机控器故障；

② 调车指挥人电台故障；

③ 推进领车人员电台故障。

（3）指挥机车的调车指令，只能由调车长发出，但在发现危及人身和行车安全时，其他调车人员有权随时发出紧急停车指令，司机接到紧急停车信号后应立即停车，停车后有关人员要立即报告原因。

（4）使用无线调车灯显设备指挥调车时，必须正确及时、信号准确、用语标准、吐字清晰，不得用无线调车灯显设备讲与工作无关的事情。

项目自测

理论考核

一、选择题

1. 铁路信号分为视觉信号和（　　）两大类。

A. 手信号　　B. 地面信号　　C. 固定信号　　D. 听觉信号

2. 固定信号有（　　）和机车信号两种。

A. 信号表示器　　B. 地面信号　　C. 信号机　　D. 信号标志

3. 半自动闭塞区段进站信号机显示一个黄色灯光表示（　　）。

A. 列车经道岔直向位置，进入站内正线准备停车

B. 列车按规定速度经正线通过

C. 列车侧线停车

D. 列车减速通过车站

4. 四显示自动闭塞区段通过信号机显示一个绿色灯光表示前方至少（　　）个闭塞分区空闲。

A. 两　　B. 三　　C. 四　　D. 五

5. 三显示自动闭塞区段出站信号机显示一个黄色灯光表示（　　）。

A. 列车注意安全、缓速出站

B. 允许列车出发，运行前方至少一个闭塞分区空闲

C. 允许列车开往半自动闭塞区段

D. 允许列车出发，运行前方至少两个闭塞分区空闲

6. 进路色灯信号机显示一个黄色灯光表示（ ）。

A. 准许列车出站

B. 准许列车运行至次一架信号机前准备停车

C. 准许列车减速运行至出站信号机前

D. 提醒列车注意前方安全，准许列车出站

7. 遮断色灯信号机不点亮时表示（ ）。

A. 准许列车出站

B. 准许列车运行至次一架信号机前准备停车

C. 准许列车减速运行至出站信号机前

D. 提醒列车注意前方安全，准许列车出站

8. 调车色灯信号机显示一个蓝色灯光表示（ ）。

A. 准许越过该信号机调车　　B. 准许溜放调车

C. 不准许越过该信号机调车　　D. 不准许溜放调车

9. 驼峰色灯信号机显示一个绿色灯光表示（ ）。

A. 准许接车车辆按规定速度向驼峰推进

B. 指示机车道峰下

C. 指示机车车辆去禁溜线

D. 指示机车车辆加速向驼峰

10. 道岔表示器显示紫色灯光表示（ ）。

A. 道岔开通直向位置　　B. 道岔开通侧向位置

C. 道岔处于断轨状态　　D. 道岔处于四开状态

11. 脱轨表示器显示线路在遮断状态的显示方式是（ ）。

A. 带红边的白色长方牌及红色灯光

B. 带白边的红色圆牌及白色灯光

C. 带白边的红色长方牌及红色灯光

D. 带红边的白色长方牌及白色灯光

12. 在双线区段上显示向反方向发车时，进路表示器显示为（ ）。

A. 不点亮　　B. 一个白色灯光

C. 两个白色灯光　　D. 白色闪光灯光

13. 进站信号机的定位显示为（ ）。

A. 灭灯　　B. 红灯　　C. 黄灯　　D. 绿灯

14. 进站信号机显示不明时应视为（ ）。

A. 正常运行信号

B. 停车信号

C. 在保证安全的前提下、司机自行处理

D. 绿灯

15. 进站信号机显示距离不得小于（ ）m。

A. 800　　B. 1 200　　C. 1 000　　D. 1 400

16. 引导信号关闭的时机应该在（　　）。

A. 列车全部越过信号机之后　　B. 列车中部越过信号机之后

C. 列车头部越过信号机后　　D. 列车尾部越过信号机后

17. 调车指挥人使用无线调车灯显设备（B 型），发出起动指令应按（　　）。

A. 绿键长按 2 s　　B. 绿+红键

C. 红+黄键　　D. 黄键长按 1.5 s

18. 调车指挥人使用无线调车灯显设备（B 型），发出推进指令应按（　　）。

A. 绿键长按 1.5 s　　B. 绿+红键

C. 红+黄键　　D. 绿+绿键

二、简答题

1. 简述信号机的关闭时机。
2. 简述信号机显示不明或熄灭时的规定。
3. 简述进站信号机的显示含义（自动闭塞、半自动闭塞）。
4. 简述铁路信号的种类。
5. 简述出站色灯信号机的显示含义。
6. 简述调车色灯信号机的显示含义。

参 考 文 献

[1] 中国铁路总公司. 铁路技术管理规程：普速铁路部分［M］. 北京：中国铁道出版社，2014.
[2] 中国铁路总公司. 铁路技术管理规程：高速铁路部分［M］. 北京：中国铁道出版社，2014.
[3] 杨松尧，孙建晖. 铁路行车规章［M］. 成都：西南交通大学出版社，2015.
[4] 中国铁路总公司. 铁路运输调度规则：普速铁路部分［M］. 北京：中国铁道出版社，2017.